B1

On y va !

Der Französischkurs

Lehr- und Arbeitsbuch

Nicole Laudut
Catherine Patte-Möllmann

B1

Hueber

Beratende Mitarbeit:
Isabelle Dunand, Dozentin an der VHS Berlin
Dominique Kerschbaumer de Valon, Fachgruppenleiterin für Französisch an der VHS Wien
Benoît Marchal, Dozent an der VHS Köln
Véronique Marquet, Dozentin an der VHS Regensburg
Erika Vogt, Dozentin an der VHS Main-Taunus-Kreis

5. 4. 3. | Die letzten Ziffern
2017 16 15 14 13 | bezeichnen Zahl und Jahr des Druckes.
Alle Drucke dieser Auflage können, da unverändert, nebeneinander benutzt werden.
1. Auflage

Redaktion: Dr. Elke Haag, Hueber Verlag, Ismaning;
Isabelle Dupasquier, München; Agnès Roubille, München
Umschlaggestaltung: Lea-Sophie Bischoff, Hueber Verlag, Ismaning
Titelfotos: Gordes © Éric Dupasquier; Picknick © Getty Images/Cultura/Ghislain & Marie David de Lossy;
Allee © Getty Images/Photographer's Choice/Jeremy Walker
Zeichnungen: Bettina Kumpe, Braunschweig
Layout: Lea-Sophie Bischoff, Hueber Verlag, Ismaning
Satz: Verena Wieser, artesmedia GmbH, Grasbrunn
Herstellung: Astrid Hansen, Hueber Verlag, Ismaning
Druck und Bindung: Himmer AG, Augsburg
Printed in Germany
ISBN 978-3-19-003354-6

Liebe Lernerin, lieber Lerner,

On y va ! (*Auf geht's!*) sagt man in Frankreich, wenn man etwas Neues beginnt.

Mit *On y va !*, unserem dreibändigen Französischlehrwerk für Erwachsene, können Sie die französische Sprache in kleinen Schritten (aber voller Schwung) entdecken und erlernen. Mit *On y va ! A1* und *On y va ! A2* haben Sie bereits solide Grundkenntnisse erworben, die Sie mit *On y va ! B1* nun vertiefen und erweitern können.
Der dritte Band unseres Lehrwerks führt Sie zum **Niveau B1** des Gemeinsamen Europäischen Referenzrahmens und bereitet Sie optimal auf die entsprechenden Prüfungen vor (siehe auch Modelltest im Anhang).

On y va ! wurde gemäß den Richtlinien des Gemeinsamen Europäischen Referenzrahmens für Sprachen erarbeitet und setzt dessen Empfehlungen sichtbar um:

- **Lernerautonomie:** In *On y va !* können Sie Ihren Lernweg selbst mitbestimmen. Das *Journal d'apprentissage (Lerntagebuch)* gibt Ihnen die Möglichkeit, Ihren Lernfortschritt eigenständig zu überprüfen sowie die Inhalte der Lektion gezielt zu wiederholen. Mithilfe der Rubrik *Réflexion sur l'apprentissage* machen Sie sich Ihre persönlichen Ziele und Lernstrategien bewusst.
- **Selbstentdeckendes Lernen:** Was man selbst erarbeitet, prägt sich meist am besten ein. In *On y va !* haben Sie deshalb Gelegenheit, relevante Grammatikregeln selbst zu erschließen.
- **Handlungsorientierung:** *On y va !* bereitet Sie durch vielfältige authentische Sprechanlässe realitätsnah auf die Verwendung des Französischen außerhalb des Unterrichts vor. Die interaktiven Übungen (wie z.B. an einer Tauschbörse für Dienstleistungen teilnehmen, Werbeslogans erfinden oder das Konzept für einen Freizeitpark entwerfen) sind so angelegt, dass Sie sich von Anfang an mit den anderen Kursteilnehmern auf Französisch austauschen können.

On y va ! B1 enthält 9 Lektionen, die wie folgt strukturiert sind:

- Die **Einstiegsseite** nennt die Lernziele der Lektion und führt Sie mit einem ansprechenden großen Foto in das jeweilige Thema ein: Hier erleben Sie Frankreich *en direct*.
- Lebendige, authentische und humorvolle Texte und Dokumente bilden den Kern der Lektion.
- Die **Grammatikseiten**, nach Bedarf einsetzbar, begleiten Ihr Lernen, ohne es zu bestimmen.
- Die Seite ***Info-zapping*** bietet Ihnen wichtige und unterhaltsame interkulturelle Informationen.
- Mit der Seite ***Objectif Profession*** können Sie Ihren Kontakt zur französischen Arbeitswelt vertiefen.
- Ein Übungsteil ***Cahier d'exercices*** schließt jede Lektion ab: Er dient der Vertiefung des Gelernten, im Kurs oder auch zu Hause.
- Die letzte Seite mit den Rubriken ***Réflexion sur l'apprentissage*** und ***Journal d'apprentissage*** ermöglicht Ihnen einen klaren Überblick über Ihre Lernmotivation und Ihre Fortschritte.
- Die ***Post-its***  sind als Hilfe gedacht und enthalten kurze Sprach-Informationen oder Redemittel, die für die dazugehörige Aktivität wichtig sind.
- Das Post-it ***Vous vous souvenez ?*** lädt zu einer (willkommenen) Wiederholung einer bestimmten Sprachstruktur ein.

Nach Lektion 3, 6 und 9 haben Sie jeweils die Möglichkeit, kurz Bilanz zu ziehen (*Avant d'aller plus loin...*).
Die beiden ersten Wiederholungspausen sind spielerisch-kommunikativ, die dritte als Projekt angelegt.

Der Serviceteil im Anhang bietet Ihnen:

- weitere interessante **Lesetexte** im *Coin lecture*, sowie ein lustiges *chanson*,
- einen **Modelltest** *Français B1*,
- eine systematische Darstellung der in *On y va ! B1* behandelten **Grammatik mit ausführlicher Verbtabelle**,
- den **Wortschatz**, geordnet nach Lektionen,
- eine zweisprachige **alphabetische Wortliste**,
- den **Lösungsschlüssel** zu den Übungen des *Cahier d'exercices*,
- einen ***Mini-guide de conversation*** in der hinteren Umschlagseite mit den wichtigsten Redemitteln.

Auf Ihrer Reise durch die französischsprachige Welt begleiten Sie außerdem folgende **Karten**:

- eine Frankreich-Karte in der vorderen Umschlagsseite,
- eine Karte der *Frankophonie*, Seite 215.

Das Verweissystem in *On y va ! B1*:

- Gr. ... verweist auf den entsprechenden Grammatik-Punkt innerhalb der Lektion.
- Ü ... verweist auf jeweils passende Übungen im *Cahier d'exercices*.
- Gr. S. ... führt Sie von der Grammatikseite in der Lektion zu einer ausführlicheren Darstellung dieses Grammatik-Punktes im Anhang.

Bedeutung der Piktogramme:

Sie arbeiten mit einem Partner oder in der Kleingruppe.

Zu dieser Übung gibt es einen Hörtext auf der CD.

Diese Aufgabe eignet sich besonders für Ihre Französischmappe.
(Bestandteil des europäischen Sprachenportfolios)

Die drei Farben des *Journal d'apprentissage* entsprechen den Farben einer Ampel:
Grün: weiterfahren, gelb: Vorsicht, langsamer werden, rot: stehen bleiben und wiederholen (siehe Rückverweis auf die jeweilige Aktivität bzw. Seite).

Wir wünschen Ihnen weiterhin viel Spaß und viel Erfolg mit *On y va !*

Autorinnen und Verlag

Inhalt

Qui suis-je ?
Qui sont les autres ?
Qui sommes-nous ?

a Remplissez ce questionnaire pour vous. Notez le numéro de la question et vos réponses sur une feuille séparée.

1 Un objet que vous utilisez chaque jour

2 Une qualité que vous appréciez particulièrement chez les autres

3 Un mot que vous n'aimez pas

4 Le dernier film que vous avez vu

5 Votre méthode pour résister au stress des temps modernes

6 Votre fleur

7 Vos deux loisirs préférés

8 Le talent que vous aimeriez avoir

9 Enfant, que vouliez-vous devenir ?

10 Votre paysage préféré

11 Un proverbe qui vous plaît

12 Votre niveau en français

b Redistribuez les feuilles. À tour de rôle, lisez une réponse de votre choix : le participant qui a donné cette réponse donne des précisions ou non. Les autres peuvent réagir.

Je me présente

Deux mots suffisent pour se présenter : un nom et un prénom.
Pour leurs enfants, les Français préfèrent actuellement pour les filles les prénoms en -a : Emma, Sarah, Lola, Eva, Louna, Lisa, Lena, etc. et pour les garçons, les prénoms en -o : Enzo, Théo, Léo, Hugo, etc.

Notez ici votre prénom : ______________________________
Connaissez-vous l'origine et la signification de votre prénom ?
Choisir un prénom, c'est choisir un destin : êtes-vous d'accord ?

c Avant de participer au Forum *« Aimez-vous votre prénom ? »*. Lisez les réponses de quelques internautes.

1 Je m'appelle Cyrille et je précise tout de suite que c'est bien un prénom de garçon et que le féminin c'est Cyriel ou Cyrielle. Oui, j'aime bien mon prénom.

2 Je n'aime pas mon prénom. Mes parents voulaient un garçon, ils ont choisi un prénom qui allait aussi bien aux garçons qu'aux filles... Je m'appelle Dominique. Pour mes deux enfants, j'ai choisi des prénoms bien garçon DAVID et bien fille MAGALI.

3 Plus jeune, je n'aimais pas mon prénom, car personne ne le prononçait correctement. Aujourd'hui, je l'aime beaucoup, car il est plutôt « rare » et représente un pays que j'adore et qui me correspond tout à fait : l'Irlande. Maureen… prononcer « M O R I N E ».

4 Moi, c'est Ludovic, enfin Ludo et j'aime bien ! C'est un prénom d'origine germanique, je crois, mais je ne sais pas ce qu'il signifie.

5 Moi, mon prénom, c'est Léocadie. JE DÉTESTE !!!

6 Moi, c'est Jean-Gabriel. C'est plutôt rare et ça fait un peu snob. Je n'aime pas trop.

7 Moi, je m'appelle Mégane. Mes parents m'ont donné un nom de voiture !!! En fait, cela n'a pas d'importance. Le prénom ne nous définit pas puisque ce n'est pas nous qui le choisissons.

À vous ! (Et… n'oubliez pas le smiley…)

____

____

____

d Faites un acrostiche avec votre prénom.

Hier
Il faisait beau
Le soleil était au rendez-vous
Dans le jardin
Elle s'est installée pour lire.

Tour de France

Dans cette leçon, vous allez…

- présenter une région : ses habitants, ses paysages, son économie
- formuler des hypothèses pour des conditions réelles
- trouver et transmettre les informations importantes d'un texte
- donner votre avis : approuver / contredire / nuancer
- réfléchir et débattre sur les stéréotypes nationaux
- découvrir quelques langues régionales
- @ préparer une visite d'entreprise

1 La France
de long en large

a Connaissez-vous la France et ses régions ?

❍ pas du tout ❍ un peu ❍ comme ma poche

> **Vous vous souvenez ?**
> **Le futur simple**
>
> | | |
> |---|---|
> | je loue**rai** | nous loue**rons** |
> | tu loue**ras** | vous loue**rez** |
> | il loue**ra** | ils loue**ront** |

b Formez des groupes de trois personnes et faites le quiz. Puis vérifiez vos réponses en plénum.

1 Si vous adorez la mer, les vagues et les grandes plages de sable, les dunes et les pins, vous passerez vos vacances… ❍ dans les Landes. ❍ sur la Côte d'Azur. ❍ en Corse.

2 Pour les Maillard, la montagne, il n'y a que ça ! Ils adorent la haute montagne pour la randonnée en été et pour la neige en hiver. Ils vont donc louer un gîte…
❍ dans les Vosges. ❍ en Auvergne. ❍ dans les Pyrénées.

3 À chaque pays, son hymne. Comment commence « *La Marseillaise* » ?
❍ Douce France… ❍ Marchons, marchons… ❍ Allons enfants de la Patrie…

4 Si vous ne mangez pas de poisson, ne commandez surtout pas de…
❍ bouillabaisse. ❍ cassoulet. ❍ choucroute.

5 Pierre et Jeanne ne sont pas du tout amateurs de ces cathédrales gothiques imposantes et prétentieuses. Ils préfèrent l'art roman, les petites églises modestes et paisibles ! Leur rêve deviendra réalité s'ils font…
❍ la Bourgogne à pied. ❍ un circuit en Picardie. ❍ un voyage d'études en Bretagne.

6 Marc est un fan des châteaux de la Renaissance. Il pourra en visiter s'il va…
❍ en Provence. ❍ dans la vallée de la Loire. ❍ dans le Jura.

7 À partir de mai, les festivals fleurissent un peu partout en France. Si vous voulez voir du théâtre, achetez tout de suite un billet pour le festival… ❍ de Cannes. ❍ d'Avignon. ❍ d'Angoulême.

8 Paris, capitale de la France. Mais ça, tout le monde le sait. Quelle est donc la deuxième ville de France ? C'est une ville cosmopolite et très vivante. Allez-y vite si vous n'êtes pas déjà allé/e à…
❍ Marseille. ❍ Lille. ❍ Toulouse.

9 Amélie et Emma ont décidé de partir six mois en Afrique. Si elles veulent aller dans un pays francophone, elles n'iront pas…
❍ au Sénégal. ❍ au Gabon. ❍ en Afrique du Sud.

→Gr.1
→Ü1 – Ü4

c En vous inspirant du test précédent, préparez trois questions pour fabriquer un quiz collectif sur votre pays. Réunissez les résultats en plénum.

Ile-de-France → la région parisienne

2 Îles de France

a Formez deux groupes. Le groupe **A** lit le texte sur *La Corse*, le groupe **B** celui sur *Mayotte* (p. 14). Répondez aux questions et notez vos réponses sur une feuille.

A La Corse, l'île de Beauté

1 Où se trouve la Corse ?
2 Combien de villes sont citées dans le texte ?
3 Quelles langues parle-t-on en Corse ?
4 Vous projetez d'aller en Corse. Que voulez-vous voir absolument ?
5 Quelles sont les trois informations les plus intéressantes pour vous ?
6 Notez un aspect négatif.

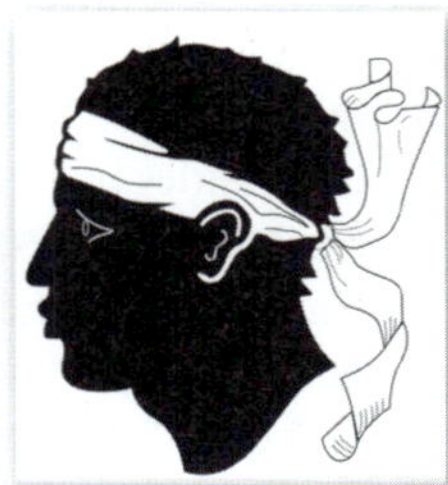

La Corse est la 4e île de la Méditerranée après la Sicile, la Sardaigne et Chypre. Elle est devenue française en 1768, un an avant la naissance de Napoleone Buonaparte dont on peut visiter la maison natale à Ajaccio, capitale de la Corse du sud.
Située à 170 km des côtes françaises et à environ 80 km de l'Italie, la Corse, qui est *surnommée*[1] l'île de Beauté et que ses habitants appellent Corsica, est une région française formée de deux départements (Corse du sud et Haute-Corse). C'est une « montagne dans la mer », montagne dont le sommet (le Monte Cinto) atteint 2710 mètres.
Bastia, ville culturelle et centre économique dynamique, est l'une des plus belles villes de l'île. Son quartier le plus *pittoresque*[2] reste le vieux port avec ses jolies maisons colorées.
Mais la Corse est surtout connue pour la beauté de ses paysages, ses 200 plages de sable fin, ses criques et ses falaises, ses montagnes sauvages, ses forêts où poussent pins et *châtaigniers*[3], ses rivières aux piscines d'eau claire dont la plus importante est le Golo. Le tourisme, avec plus de 2 millions de visiteurs par an, est l'activité la plus importante de l'île de Beauté.
Deux choses dont les Corses sont très fiers : leur langue et leurs *chants polyphoniques*[4] que l'on peut entendre pendant les pèlerinages et à l'occasion de fêtes de villages. Bien sûr, on parle français en Corse, mais la langue corse (un dialecte proche de l'italien), enseignée dans les écoles primaires, est présente partout dans la vie quotidienne.
La Corse, le paradis sur terre dont tout le monde rêve ? Oui, mais… seule *ombre au tableau*[5], le mouvement séparatiste qui depuis les années 1970, n'hésite pas à employer la violence pour obtenir l'indépendance.

[1] *genannt*
[2] *malerisch*
[3] *Kastanienbaum*
[4] *mehrstimmiger Gesang*
[5] *Nachteil, ‚Haken an der Sache"*

b En vous aidant des réponses données en **a**, présentez en chaîne la « région » dont vous venez de faire connaissance. Pour résumer, le groupe cite quelques points communs entre les deux îles.

Vous vous souvenez ?
la Corse **qui** est surnommée…
la Corse **que** ses habitants appellent…
ses forêts **où** poussent pins et châtaigniers…

→Ü5 – Ü6
→Gr.2
→Ü7 – Ü9

a Lisez le texte sur Mayotte, puis répondez aux questions. Notez vos réponses sur une feuille.

B *Mayotte, l'île aux parfums*

1 Où se trouve Mayotte ?
2 Quel est le statut administratif de Mayotte depuis 2009 ?
3 Combien de groupes ethniques sont cités dans le texte ?
4 Quelles langues parle-t-on à Mayotte ?
5 Quelles sont les trois informations les plus intéressantes pour vous ?
6 Notez un aspect négatif.

Superficie :	376 km^2
Capitale :	Mamoudzou (53 000 habitants)
Population :	environ 180 000 habitants
Climat :	tropical humide
Monnaie :	l'euro

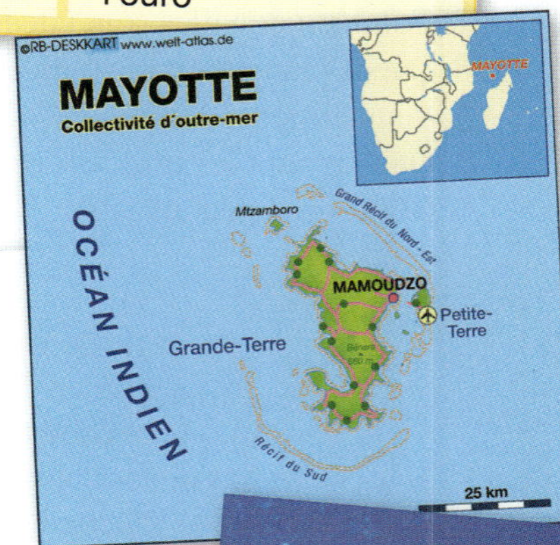

Située dans l'océan Indien, Mayotte dont on n'entendait jusqu'ici pas souvent parler est devenue, depuis le *référendum*[1] du 29 mars 2009, un département d'outre-mer (le 5e) et le 101e département français. Elle comprend deux îles principales : la Grande-Terre (où se trouve la capitale Mamoudzou) et la Petite-Terre ainsi qu'une trentaine de très petites îles non habitées.

Mayotte est entourée d'un superbe lagon, formé par un *récif de corail*[2]. À Mayotte, il fait chaud toute l'année (env. 25°C). Il n'y a pas d'hiver mais une saison sèche qui dure de mai à octobre.

La population est composée à 61 % de Mahorais, ainsi que d'Indiens, de Noirs africains, de Malgaches, de Métis et de Blancs. Mayotte a une population très jeune (plus de la moitié a moins de 20 ans). Le français est langue officielle, mais de très nombreuses personnes (surtout les adultes) ne le parlent pas. Les enfants ne sont pas francophones quand ils entrent à l'école. Les deux langues les plus parlées sont le shimaore et le kibushi.

La religion musulmane (env. 97 % de la population) occupe une place dominante dans l'organisation de la vie sociale où droit français et droit islamique cohabitent. Mais depuis 2003, la polygamie est interdite pour les nouveaux mariages.

Mayotte est un véritable « paradis tropical » que les touristes apprécient pour son climat, pour ses paysages, sa faune et sa flore, ses plages et ses eaux turquoise, ses parfums (vanille, fruits exotiques, etc.). L'agriculture et la pêche sont des activités traditionnelles et familiales. L'aquaculture et le tourisme sont des secteurs qui commencent à se développer.

Si vous allez à Mayotte, faites attention aux moustiques dont les piqûres peuvent transmettre le *paludisme*[3] et le *chikungunya*[4]. Suivez bien les conseils de prévention.

[1] *Volksabstimmung*
[2] *Korallenriff*
[3] *Malaria*
[4] *Chikungunyafieber (tropische Krankheit)*

b En vous aidant des réponses données en **a**, présentez en chaîne la « région » dont vous venez de faire connaissance. Pour résumer, le groupe cite quelques points communs entre les deux îles.

→Ü5 – Ü6
→Gr.2
→Ü7 – Ü9

Vous vous souvenez ?
une saison sèche **qui** dure...
un paradis tropical **que** les touristes...
la GrandeTerre **où** se trouve...

3 Les Allemands sont-ils encore francophiles ?

a Dans l'interview que vous allez entendre, des personnes disent ce qu'elles aiment ou n'aiment pas chez les Français. À votre avis, quels sont les éléments cités ? Faites des hypothèses.

- ❍ l'art de vivre
- ❍ l'élégance
- ☒ l'amour exagéré pour leurs chiens
- ❍ la musique
- ☒ leur caractère
- ❍ ____________________

1 1-2 **b** Écoutez l'interview réalisée par des élèves d'un lycée franco-allemand. Quels éléments de **a** retrouvez-vous ? Notez quelques points positifs et négatifs.

Et vous ?

Qu'est-ce que vous aimez chez les Français ?

1 ____________________

2 ____________________

Qu'est-ce que vous n'aimez pas ?

1 ____________________

2 ____________________

D'après *Julie Hanke*

1 1-2 **c** Écoutez de nouveau et complétez les expressions utilisées pour exprimer son accord, son désaccord ou formuler un avis plus nuancé. Comparez avec votre voisin/e.

Accord

Ça, c'est bien ____________________.

Je suis entièrement de ____________________.

Moi, je trouve ça ____________________.

Désaccord

Alors là, je ne suis pas du tout ____________________ !

Jamais de la ____________________ !

C'est tout ____________________.

Pour nuancer

C'est vrai que (…). Mais ____________________…

Oui, mais ____________________ un peu…

d Faites le *portrait chinois* des Français. Travaillez en deux groupes. Le groupe **A** complète la fiche **A** et le groupe **B** la fiche **B**, comme dans les exemples suivants :

Si c'était une atmosphère, ce serait la convivialité.
Si c'était un poète, ce serait Victor Hugo.

A

Si c'était un homme célèbre, …
Si c'était un prénom, …
Si c'était un défaut, …
Si c'était…

B

Si c'était une femme célèbre, …
Si c'était un mot, …
Si c'était une qualité, …
Si c'était…

La structure *Si c'était…, ce serait…* vous permet de jouer au jeu du portrait chinois.

e Discussion

1 Est-ce que les clichés sur votre pays vous dérangent ?
2 Connaissez-vous d'autres clichés très courants sur des pays ? Sur des professions ? Sur les hommes et les femmes ?
3 Les clichés, sont-ils dangereux ?
4 D'où viennent les clichés ? Est-ce qu'ils correspondent à une certaine réalité ?

→Ü10 – Ü11

1 Der *si*-Satz (1): Die erfüllbare Bedingung

Gr. S. 175

Vous regardez. Ergänzen Sie die Sätze. Nehmen Sie die *activité* **1 b** auf S. 12 zu Hilfe.

1 ______________________________, ne commandez surtout pas de bouillabaisse.

2 Leur rêve deviendra réalité ______________________________.

3 Il pourra en visiter ______________________________.

4 Si elles veulent aller dans un pays francophone, ______________________________.

Vous comprenez. Kreuzen Sie die passende Aussage an.

1 In den oben stehenden Sätzen hat *si* die Bedeutung von ❍ wenn ❍ falls ❍ als ❍ ob
und führt ❍ eine Zeitangabe ❍ eine erfüllbare Bedingung ein.

2 Das Verb im Nebensatz mit *si* steht ❍ im Futur. ❍ im Präsens.

3 *Si* wird zu *s'* ❍ vor *il*. ❍ vor *elle*.

Vous pratiquez. Verbinden Sie Haupt- und Nebensätze.

1 Je passerai chez toi demain	si tu aimes les histoires d'amour.
2 Nous pourrons vous aider	si ça ne te dérange pas.
3 Va voir ce film	si les places ne sont pas trop chères.
4 J'irai à ce concert	si vous avez un problème.

2 Das Relativpronomen *dont* (Relativsätze mit *dont* werden vorwiegend in der Schriftsprache verwendet.)

Gr. S. 168

Vous regardez. Unterstreichen Sie das Wort, auf das sich *dont* bezieht und übersetzen Sie die Sätze laut.

1 Napoléon **dont** on peut visiter la maison natale…	(la maison natale **de Napoléon**)
2 Les moustiques **dont** les piqûres peuvent transmettre…	(les piqûres **des** moustiques)
3 Deux choses **dont** les Corses sont fiers…	(être fier **de** quelque chose)
4 Mayotte **dont** on n'entendait jusqu'ici pas souvent parler…	(parler **de** quelque chose)

Vous comprenez. Kreuzen Sie **Vrai** oder **Faux** an.	Vrai	Faux
1 *Dont* wird immer mit „dessen" oder „deren" übersetzt.	❍	❍
2 *Dont* steht für eine Ergänzung mit *de* (*du, de la, de l', des*).	❍	❍
3 *Dont* ist unveränderlich.	❍	❍

Vous pratiquez.

a Markieren Sie jeweils das passende Pronomen.

1 Je dîne avec un ami (que / dont) j'ai connu en vacances.

2 Cette île (qui / dont) j'ai oublié le nom, se trouve dans l'océan Indien.

3 L'appartement (où / dont) tu habites est très bien situé.

4 Ce travail (qu' / dont) elle est si fière, qu'est-ce que c'est exactement ?

5 Le film (que / dont) j'ai vu hier soir était très intéressant.

6 C'est une expérience (que / dont) je me souviens avec plaisir.

Ergänzungen mit *de*:

Verben	Adjektive
parler de	fier de
se souvenir de	content de
s'occuper de	responsable de
avoir envie de	

b Wie würde man *dont* in den obigen Sätzen im Deutschen wiedergegeben?

Une France polyglotte ?

a Regardez les documents et faites des hypothèses. Quel est le sujet traité ici ?

§ La langue de la République est le français.
Art. 2 de la Constitution

La France refuse toujours de signer la Charte européenne pour les langues minoritaires !
Cette charte vise à promouvoir et favoriser l'emploi des langues régionales ou minoritaires dans la vie privée et publique de l'espace européen.

En France, il y a de nombreuses langues régionales qui sont de véritables langues. Elles sont enseignées de manière facultative dans certaines écoles. Il ne s'agit donc pas de dialectes.

© Françoise Ménager

b Dans quels pays retrouvez-vous des langues apparentées ? Reliez.

1 le breton	2 le basque	3 l'alsacien	4 le corse	5 le catalan
en Allemagne	en Italie	en Espagne	nulle part	en Irlande

c Formez des groupes et racontez. Parlez-vous la langue régionale ou le dialecte de la région dont vous êtes originaire / où vous habitez ? À quelle occasion ?

d Présentez vos résultats sous forme de résumé.

Dans notre groupe, deux personnes parlent le dialecte, mais seulement quand ils sont dans leur famille…

e Discussion

1 Quels sont les avantages ou les inconvénients des langues régionales ?

2 Quelles mesures peut-on prendre pour promouvoir les langues régionales ou minoritaires ?

Visite d’entreprise

a Voici une liste de questions utiles pour préparer la visite d’une entreprise. Auxquelles pouvez-vous répondre après la lecture de la page d’accueil de cette entreprise ?

1 ❍ Qui a fondé l’entreprise ?
2 ❍ Qui sont les clients ?
3 ❍ S’agit-il d’une entreprise familiale ?
4 ❍ Quand peut-on la visiter ?
5 ❍ Qu’est-ce qu’elle produit ?
6 ❍ Quels sont ses effectifs ?
7 ❍ Quels sont les tarifs pratiqués pour les groupes ?
8 ❍ Est-ce que l’entreprise propose une dégustation de ses produits ?

Nom de l’entreprise :	
Date de création :	
Fondateur :	
Secteur d’activité :	❍ tourisme ❍ cosmétique ❍ alimentaire ❍ textile
Lieu d’implantation :	
Effectifs :	

b Complétez, à partir du document ci-dessous, la fiche de l’entreprise ci-dessus.

Les Confitures du Climont

Présentation de l’entreprise

Statut :
Entreprise individuelle créée en 1985 par Fabrice KRENCKER et inscrite à la chambre des métiers de Strasbourg.

Activité :
Fabrication de plus de 32 sortes de confitures et gelées selon des recettes perpétuées par la tradition (fruit et sucre uniquement, pas de gélifiant, pas de conservateurs). En 2007, les *Confitures du Climont* ont produit 85 000 pots de 350 g et 75 000 pots de 50 g, soit environ 38 tonnes (125 kg par jour).

Le personnel : 6 personnes à temps complet.

Les locaux :

L’entreprise est installée dans une ancienne colonie de vacances. Après de nombreux travaux de rénovation et de mise aux normes, le réfectoire est devenu **salle de cuisson**, et l’ancienne cuisine, une **salle de préparation des fruits.**
L’ex-salle de jeu fait place au **magasin de vente directe**. Au 1er étage, les anciens dortoirs ont été décloisonnés afin de créer un espace de stockage et de préparation des commandes. Devinez où est le bureau du chef ? Dans l’infirmerie !

Les Confitures du Climont
La Salcée – 67420 Ranrupt

OUVERT TOUTE L’ANNEE
DIMANCHES ET JOURS FERIES INCLUS
DE 10H À 12H ET DE 14H À 18H
(LUNDI JOUR DE REPOS)

TEL: 33 03 88 97 72 01
FAX: 33 03 88 97 78 25
EMAIL: CONFITURESDUCLIMONT@WANADOO.FR
WWW.CONFITURESDUCLIMONT.COM

D’après *http://www.confituresduclimont.com*

c Vous téléphonez pour annoncer votre visite. Vous vérifiez les modalités et demandez des informations supplémentaires (durée de la visite, tarifs, dégustation, etc.).

Bonjour Madame, je vous téléphone pour…
Je voudrais quelques renseignements sur…
Pouvez-vous me dire…
J’ai encore une question…

→Ü12 – Ü13

1 Complétez les phrases avec les mots proposés.

sable · pins · montagne · rivière · vagues · neige · dune · plage

1 À Pâques nous sommes allés à la ____________ pour faire du ski, mais il n'y avait presque plus de ____________.
2 De la ____________ on regardait la mer et les jeunes qui surfaient sur des ____________ énormes.
3 Les enfants ont fait des châteaux de ____________ sur la ____________.
4 Nous avons campé dans les Landes au milieu d'une forêt de ____________.
5 L'année prochaine, nous louerons un gîte au bord du Doubs, une très jolie ____________ de l'Est de la France.

2 Pour réviser le futur

a Complétez le tableau.

présent	**futur**
1 Je prends mes vacances en août.	Je *prendrai* mes vacances en août.
2 Il fait beau, le soleil est au rendez-vous.	Il ____________ beau, le soleil ____________ au rendez-vous.
3 Nous avons des invités ce week-end.	Nous ____________ des invités ce week-end.
4 Vous ____________ y aller demain.	Vous pourrez y aller demain.
5 Ils viennent avec leurs enfants.	Ils ____________ avec leurs enfants.
6 On va en France cet été.	On ____________ en France cet été.
7 Tu ____________ quand tu ____________.	Tu partiras quand tu voudras.

b Soulignez les formes irrégulières du futur.

3 Imaginez une condition

a Complétez chaque phrase.
1 Il gagnera plus d'argent *s'il part travailler à l'étranger*.
2 Je prendrai un taxi ____________.
3 ____________, nous appellerons la police.
4 ____________, vous ferez très vite des progrès en français.
5 Nous ferons une visite guidée de la ville ____________.
6 Passez me voir demain ____________.

b Commencez deux autres phrases que votre voisin/e de cours doit ensuite compléter.
1 ____________
2 ____________

4

Transformez les phrases comme dans le modèle.

1 avoir le temps / pouvoir venir avec nous ❍ Tu *pourras venir avec nous si tu as le temps.*
2 ne plus être malade / pouvoir aller à la piscine ❍ Vous ______________.
3 partir plus tôt / s'ennuyer à la fête ❍ Je ______________.
4 avoir assez d'argent / acheter une nouvelle voiture ❍ Elles ______________.
5 dormir sur le canapé / ne pas vouloir rentrer à la maison ❍ Il ______________.
6 annuler la randonnée / pleuvoir ❍ Nous ______________.

5

Parler d'une région

a Relisez les textes sur la Corse et sur Mayotte et soulignez les informations concernant les paysages et les activités économiques. Utilisez deux couleurs différentes.

b Écrivez un texte court sur une région de votre pays pour réaliser un mini-guide touristique (donnez des informations sur la géographie, la population et l'économie). Apportez des photos si vous voulez.

6

À l'office de tourisme de Nevers

Léonie est à l'office de tourisme et se renseigne sur un circuit à vélo le long du canal du Nivernais (canal de la Loire à la Seine).

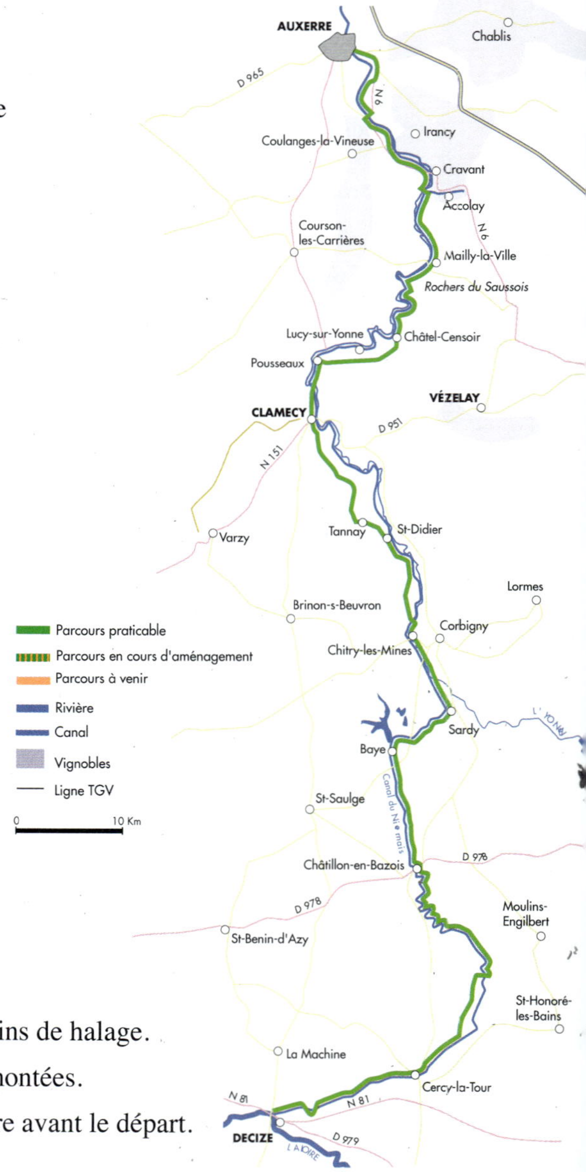

a Écoutez le dialogue une première fois et numérotez les questions dans l'ordre où vous les entendez.

_____ Il y a des dépanneurs sur le trajet ?
_____ Et l'itinéraire fait combien de km ?
_____ Vous pouvez peut-être me renseigner ?
_____ Vous avez une carte ?
_____ Alors, ce n'est pas un itinéraire trop difficile ?
_____ Je peux vous aider ?
_____ Ça vous intéresse ?

b Lisez les phrases suivantes, puis écoutez de nouveau. Cochez l'affirmation exacte.

1 Le canal du Nivernais est ❍ un des plus longs d'Europe. ❍ un des plus beaux d'Europe.
2 Le canal est célèbre pour ❍ la diversité des paysages. ❍ sa richesse culturelle.
3 On peut y admirer ❍ de nombreux oiseaux aquatiques. ❍ de nombreux châteaux.
4 L'itinéraire fait ❍ 180 km. ❍ 280 km.
5 On roule surtout sur ❍ des chemins en forêt. ❍ des chemins de halage.
6 Sur cet itinéraire, il y a ❍ beaucoup de montées. ❍ peu de montées.
7 Il est conseillé de ❍ prendre une assurance supplémentaire avant le départ. ❍ bien vérifier son matériel.
8 L'office de tourisme propose des circuits organisés pour un montant de ❍ 433 € ❍ 453 € par personne.

7 Les pronoms relatifs. Reliez les phrases qui vont ensemble.

1 Je connais des gens
2 C'est une histoire
3 Karambolage est une émission
4 C'est un appareil
5 C'est une région

a dont on a parlé dans les journaux.
b où il pleut souvent.
c qui pratiquent l'échange d'appartements.
d que nous aimons regarder.
e dont je ne me sers jamais.

8 De quoi parle-t-on ici ?

a Ajoutez le pronom relatif qui convient (*qui, que, où* ou *dont*), puis notez la réponse.

1 C'est un arbre ______ la dernière lettre est un R,
______ ne pousse pas seulement dans les forêts corses,
______ on mange les fruits en automne. ______

2 C'est une île ______ vous avez fait connaissance dans cette leçon,
______ vous pouvez passer des vacances de rêve,
______ est très loin de la France. ______

3 C'est une région ______ a une frontière avec la Suisse et l'Allemagne,
______ on trouve du très bon vin (blanc surtout),
______ Strasbourg est la capitale. ______

b Préparez une devinette pour le cours prochain.
Laissez un blanc, comme sur le modèle ci-dessus pour le pronom relatif (*qui, que, dont, où*).

C'est ... ______
______
______ ______

9 Transformez les phrases selon le modèle.

1 Les enfants lui ont offert un portable. Il ne se sert jamais de son portable.
Les enfants lui ont offert un portable dont il ne se sert jamais.

2 Je ne trouve pas l'annuaire téléphonique. J'ai besoin **de** l'annuaire téléphonique.
______.

3 Elle a épousé son voisin. Elle était amoureuse **de** son voisin depuis des années.
______.

4 Voilà les dossiers. Je m'occupe personnellement **des** dossiers.
______.

5 C'était un voyage extraordinaire. Il parle encore **de** ce voyage.
______.

6 Voici la nouvelle stagiaire. Je vous ai parlé **de** cette stagiaire hier.
______.

10 Portrait chinois

Faites le portrait chinois des habitants de votre pays. Reprenez les éléments proposés dans l'activité **3d** (page 15) : *Si c'était un homme / une femme célèbre…*
Le groupe se mettra d'accord sur un portrait final.

11 Portrait-robot du Français moyen

a Lisez le texte puis cochez **Vrai** ou **Faux**.

	Vrai	Faux
1 M. Tout-le-monde a toujours connu un emploi stable.	❍	❍
2 La durée moyenne de ses vacances est de trois semaines.	❍	❍
3 Il adore les parcs de loisirs et de plein air.	❍	❍
4 Il habite à la campagne.	❍	❍
5 Il déjeune tous les matins.	❍	❍
6 Il dépense plus pour son alimentation que pour son logement.	❍	❍

Le Français moyen n'existe pas en tant qu'individu, mais on peut essayer de faire le portrait-robot des membres de la classe moyenne. M. Tout-le-Monde et son épouse sont cadres moyens ou employés. Tous deux travaillent dans une activité de service (informatique, transport, commerce, administration…). Pessimiste sur la suite de sa carrière, il sait qu'il devra suivre des formations pour évoluer professionnellement, ce qui n'était pas le cas dans les années 70. Il a connu au moins une fois une période de chômage. Il *éprouve*[1] toujours des difficultés à s'adapter à un système de management plus individualiste et contrôlé qu'avant.

Ses week-ends
Depuis les *RTT*[2], les parcs de loisirs et de plein air *affichent complet*[3] : 70 millions de visiteurs l'année dernière, alors que la durée moyenne des vacances a diminué, passant de trois semaines à 10 jours en 30 ans.
Ses enfants
S'ils sont nés dans les années 90, les enfants s'appellent Manon et Alexandre, prénoms les plus donnés à cette époque.
Sa taille
Les Français grandissent. En moyenne : 1,63 m pour Madame et 1,76 m pour Monsieur.
Sa maison
C'est un pavillon construit dans une ville de plus de 2000 habitants en grande banlieue. Il *possède*[4] 4 pièces avec une surface de 91 m² (contre 70 m² il y a 30 ans).
Sa voiture
Un couple sur deux possède deux voitures : une Renault Mégane pour Monsieur et une Clio pour Madame, achetées d'occasion.
Ses repas
Il consacre 15 min à son petit déjeuner (trois fois plus de temps qu'il y a 30 ans) et 45 min à son dîner.
Ses achats
Il dépense 10 000 € par an pour son logement (dont 2000 pour les meubles et l'*électroménager*[5]) et 6300 € pour son alimentation.
Ses *déchets*[6]
360 kg de déchets par an, ce qui fait 1500 kg de déchets pour un ménage avec deux enfants, dont seulement 300 kg sont recyclés.
Son animal
S'il vit dans une maison, il a choisi un chien pour animal de compagnie.

D'après *Ça m'intéresse*, avril 2008, « *Y a-t-il encore un Français moyen ?* »

[1] *empfinden*
[2] *(réduction du temps de travail) : Reduzierung der Arbeitszeit auf 35 Wochenstunden*
[3] *ausgebucht sein*
[4] *besitzen*
[5] *Elektrogeräte*
[6] *Abfälle*

b Soulignez dans le texte l'équivalent des expressions.

1 Monsieur Tout-le-monde
2 On peut essayer de décrire…
3 Les parcs de loisirs sont pleins.
4 Les Français sont plus grands en taille.
5 Il est propriétaire d'un F4.
6 Il passe 15 minutes à prendre son petit déjeuner.

c Notez quelques différences ou points communs entre le Français et l'Allemand moyen. Vous pouvez, si vous le voulez, faire des recherches sur Internet.

____.
____.
____.

12

Faites quelques recherches et établissez la fiche d'une entreprise de votre choix que vous présenterez au cours suivant.

Nom de l'entreprise :	
Date de création :	
Fondateur :	
Secteur d'activité :	
Lieu d'implantation :	
Effectifs :	

13

D'une langue à l'autre

Complétez les expressions avec les mots proposés puis retrouvez la signification.

forêt montagne mer

1 s'en faire toute une ______________
2 Ce n'est pas la ______________ à boire.
3 l'arbre qui cache la ______________

a Ce n'est pas très compliqué.
b On fait trop attention aux détails et on ne voit pas l'ensemble.
c se faire du souci plus qu'il est nécessaire

Clin d'œil

« Savez-vous pourquoi les Français ont choisi le coq comme emblème ?
C'est parce que c'est le seul oiseau qui arrive à chanter les pieds dans la merde ! »

Michel Colucci, dit Coluche

Réflexion
sur l'apprentissage –
Ma biographie langagière

TIPP!
Ne ratez aucune occasion d'être en contact avec la langue : écrit, radio, télé, cinéma, publicité… Les opportunités sont nombreuses. Profitez-en !

→ La / les langue(s) que j'ai apprise(s) : ____________________

→ La / les langue(s) que j'aimerais savoir parler : ____________________

→ Mes contacts avec la langue et la culture française : ____________________

Où ?	❍ en vacances	❍ chez moi	❍ ______
Avec qui ?	❍ des amis	❍ des membres de ma famille	❍ ______
Quand ?	❍ dans la vie quotidienne	❍ tous les jours	❍ ______
Comment ?	❍ sur Internet	❍ avec les journaux	❍ ______

→ Mes séjours en France ou dans un pays francophone :

Lieu	Date	Dans quelle situation ?
à la Martinique	*mai 2010*	*J'ai passé 2 semaines à l'hôtel.*

Journal d'apprentissage

Maintenant je peux…

- présenter une région : ses habitants, ses paysages, son économie : — p. 13
  La Corse est une île ______ .
- formuler des hypothèses réelles : — p. 12
  Je viendrai te voir ______ .
- donner mon avis : approuver, contredire et nuancer : — p. 15
  C'est vrai que ______ *, mais* ______ .
- débattre sur les clichés : — p. 15
  À mon avis, les clichés ______ .
- @ préparer une visite d'entreprise. — p. 18

Pour cela, j'ai appris…

- de nouvelles expressions pour décrire un paysage, la population d'un pays : — p. 13
  une île, des eaux turquoise, une population jeune, ______ .
- à former des phrases conditionnelles avec *si* + présent. — p. 16
- à utiliser le pronom relatif *dont* : — p. 16
  J'ai entendu parler de ce livre. → C'est un livre ______ .

et j'ai révisé…

- le futur simple.
- les pronoms relatifs *qui*, *que* et *où*.

Apprendre pour le plaisir

Dans cette leçon, vous allez…

- parler de ce que vous savez ou ne savez pas faire
- raconter où, quand et comment vous avez appris à faire certaines choses
- formuler des hypothèses pour des conditions irréelles
- exprimer votre étonnement
- rédiger une annonce pour échanger un service contre un autre
- comprendre et donner quelques conseils pour positiver
- comparer le système scolaire français avec celui de votre pays
- @ vous préparer à un entretien d'embauche

1 Qu'est-ce qu'on peut apprendre ?

a Reliez chaque photo à l'activité correspondante. Entourez les quatre mots / expressions qui restent.

apprendre à + verbe
J'apprends à jouer du piano.

apprendre + substantif
J'apprends le piano.

1

2

3

4

5

se taire
l'informatique
la calligraphie
repasser les chemises
se détendre
faire du vélo d'acrobatie
faire de la poterie
nager
piloter un hélicoptère
l'astrologie

6

b Que peut-on apprendre d'autre ? Faites une liste à deux.

apprendre à + verbe	*apprendre* + substantif
… conduire	… une langue
… être heureux	… la patience
______	______
______	______
______	______

→Ü1

1 4

c Trois personnes nous parlent d'un apprentissage.
Écoutez et complétez le tableau.

1

2

3

	Apprentissage	Où et quand ?	Comment / Avec qui ?
1	le tricot		
2			
3			

d Lisez les textes à deux et cochez les affirmations qui correspondent à chaque témoignage.

1 a ❍ Tout le monde devrait apprendre à tricoter, c'est indispensable.
b ❍ Tricoter, à notre époque, c'est un peu passé de mode.
c ❍ Quand on sait tricoter, c'est pour la vie.

2 a ❍ Il y a un âge pour apprendre à faire du vélo. Après, c'est trop tard.
b ❍ Pour bien faire du vélo, il faut avoir le sens de l'équilibre.
c ❍ Apprendre à faire du vélo jeune, c'est mieux.

3 a ❍ Savoir dire non, c'est très important.
b ❍ Celui qui dit toujours oui se fait beaucoup d'amis.
c ❍ Quand on dit non, on se sent toujours un peu coupable.

1 Ben moi… je sais… euh… je sais tricoter. C'est ma mère qui m'a appris… oh, je devais avoir sept ou huit ans à l'époque. Autrefois, je tricotais beaucoup – Regardez, c'est moi qui ai fait cette couverture – mais maintenant, je n'aime plus ça. Manque de motivation, sans doute et puis… ce n'est plus dans l'air du temps. En plus, la laine, c'est cher et il y a tellement de jolis pulls bon marché que ça ne vaut pas la peine… Mais je sais encore tricoter, c'est une chose qu'on n'oublie pas.

2 **J'ai grandi dans un petit village des Alpes. Vous n'allez pas me croire, mais personne n'avait de vélo là-bas, je n'ai donc pas appris à en faire quand j'étais enfant. C'est seulement à l'âge de trente ans que j'ai appris à monter sur un vélo. Mon mari m'a offert un VTT et c'est lui qui a été mon professeur. Ça n'a pas été un apprentissage facile, croyez-moi. D'ailleurs, aujourd'hui, le vélo reste une activité que je n'aime pas beaucoup. J'ai du mal à garder l'équilibre.**

3 Moi, j'ai appris à dire **non**. C'est plus difficile qu'on croit, mais c'est possible. J'ai passé ma vie à dire oui, euh… à mes parents euh…, à mon patron, à ma femme, à mes enfants… mais à moi, je ne me disais jamais oui. Il y a quelques années, je suis tombé sur « Affirmez-vous » du Docteur Fanget. Un livre sur la timidité que je vous recommande… un livre qui propose euh… qui propose des petits trucs simples à mettre en pratique immédiatement. Depuis, c'est moi qui décide. Quand je n'ai pas envie de faire quelque chose, je dis non, sans culpabiliser. Et ce n'est pas pour ça que j'ai moins d'amis qu'avant, j'en ai même peut-être plus.

Vous vous souvenez ?

moi	*nous*
toi	*vous*
lui/elle	*eux/elles*

→Gr.1
→Ü2 – Ü4

e Et vous, que savez-vous faire ? Parlez avec votre voisin/e.
Où et quand avez-vous appris à le faire ? (enfant / à l'école / en vacances, etc.)
Et comment ? (seul/e / stage / cours du soir / CD-Rom / Internet / cours particulier, etc.).

Une chose que vous ne savez pas faire et que vous aimeriez apprendre : ____________.

f Présentez ensuite votre partenaire au groupe et donnez une ou deux informations intéressantes.

→Ü5, Ü6

2 Troc de compétences

1 5-7 **a** Écoutez les trois conversations et cochez **Vrai** ou **Faux**.

	Vrai	Faux
Julien doit refaire l'électricité de son logement.		
1 Son ami lui conseille de s'inscrire sur le site *Troc de compétences*.	❍	❍
2 L'inscription est payante.	❍	❍
3 Julien pourrait proposer des cours d'informatique contre des travaux d'électricité.	❍	❍
Marie montre un manteau à son amie.		
1 Marie a acheté ce manteau dans une boutique très chic de la ville.	❍	❍
2 Marie est un as en couture.	❍	❍
3 Son amie regrette de ne pas savoir coudre.	❍	❍
Paul a décidé d'apprendre à jouer de la clarinette.		
1 Jacques, son ami, trouve que c'est une très bonne idée.	❍	❍
2 En échange des cours de clarinette, Paul propose du baby-sitting.	❍	❍
3 Jacques, lui, aimerait se remettre à l'anglais.	❍	❍

1 5-7 **b** Écoutez de nouveau et complétez les phrases.

1 ❍ Si j'étais toi, Julien, je ____________________ *Troc de compétences*.

2 ❍ Ce ____________________ bien si je pouvais trouver quelqu'un…

→Gr.2
3 ❍ Si j'avais le courage, je me ____________________ bien à la couture.

→Ü7 – Ü9
4 ❍ Moi, si j'avais du temps, je me ____________________ à l'anglais.

Vous vous souvenez ?
Le conditionnel

je trouv**erais**	nous trouv**erions**
tu trouv**erais**	vous trouv**eriez**
il trouv**erait**	ils trouv**eraient**

1 5-7 **c** Voici des expressions pour dire son étonnement. Réécoutez l'enregistrement et cochez celles que vous entendez.

❍ Ah bon, quelle drôle d'idée !
❍ Cela me surprend un peu.
❍ T'es pas sérieux !
❍ J'ai du mal à y croire.
❍ Quoi ?
❍ Sans blague !
❍ C'est vraiment étonnant.
❍ C'est pas possible !

d Et vous ? Qu'est-ce que vous apprendriez ou feriez…
… si vous aviez plus de temps ?
… si vous étiez plus jeune ?
… si c'était à refaire ?
… si vous étiez moins… ?

Vous vous souvenez ?
L'imparfait

j'av**ais**	nous av**ions**
tu av**ais**	vous av**iez**
il av**ait**	ils av**aient**

Rêvez un peu, n'hésitez pas à exagérer ☺. Le groupe réagit et manifeste son étonnement. Utilisez des expressions de **c**.

● Moi, si c'était à refaire, je partirais vivre à l'étranger.
● T'es pas sérieuse ! T'as jamais quitté ton village.

● Si j'avais plus de temps, moi, …

e Regardez les annonces et complétez les titres.

1 Troc : je propose *couture* contre *cours d'anglais*.

Je suis professeur d'anglais et souhaite me mettre à la couture (je suis débutante) pour faire mes propres vêtements mais souhaiterais des conseils... en échange je vous aide pour votre anglais !

2 Troc : je propose ______________ contre ______________.

Je propose mes services de repassage contre un panier de fruits et légumes du jardin. Si vous avez un jardin avec des légumes en trop... je fais votre repassage.

3 Troc : je propose ______________ contre ______________.

Je vous propose coupe coloration pour votre famille contre l'installation de 4 paires de volets en bois.

4 Troc : je propose ______________ contre ______________.

Recherche personne pour accorder mon piano. Je peux en échange installer ou réparer votre P.C

5 Troc : je propose ______________ contre ______________.

Je cherche nounou pour ma fille contre initiation à la peinture.

f Sur une feuille séparée, rédigez une annonce pour proposer un ou deux service/s.

g Consultez les différentes annonces. Avec qui allez-vous faire un troc de compétences et qu'est-ce que vous allez échanger ? Mettez-vous d'accord sur le jour, l'heure, les conditions, etc. Présentez ensuite vos projets au groupe.

3 Apprentissage original

a Survolez ces trois textes. Quel est leur thème commun ? ____________________

b Associez à chaque texte le titre correspondant. Rayez le titre qui ne va avec rien.

La psychologie positive, une nouvelle mode ?

Recette pour nager dans le bonheur

Le bonheur des uns fait le malheur des autres

Le bonheur : une matière d'apprentissage comme les autres ?

1 ____________________

Aux États-Unis, le bonheur est entré à l'école. Ainsi, Tal Ben Sahar, auteur de « L'Apprentissage du bonheur », enseigne le bonheur à l'université de Harvard. Au début peu recherché, ce cours connaît aujourd'hui un énorme succès : le nombre d'étudiants est passé en trois ans de 6 à 800. Actuellement, plus de 200 universités américaines proposent l'étude de la psychologie du bonheur dans leur programme. Et cette vague commence à déferler sur l'Europe. Ainsi, à Heidelberg (Allemagne), une école propose un cours de « Préparation à la vie », cours qui rencontre un grand succès auprès des élèves. Même chose en Grande-Bretagne où le Wellington College (un établissement scolaire privé très chic) propose des cours de psychologie positive : deux fois par mois, les élèves ont droit à une leçon de bonheur. La France, elle, ne semble pas encore prête à enseigner cette matière dans ses écoles.

D'après le magazine *Madame Figaro*

2 ____________________

Peut-on vraiment enseigner le bonheur comme une matière scolaire ordinaire ? Personne n'est heureux de la même façon ni des mêmes choses. Le bonheur est subjectif et difficile à définir. Pour Christophe André, psychiatre, « on a la quasi-certitude que 50 % de notre aptitude au bonheur provient d'une base génétique. Les 50 % restants dépendraient de notre mode de vie et surtout de nos efforts personnels. » Et c'est sur ses 50 % que veulent agir les adeptes de la psychologie positive.

D'après le magazine *Madame Figaro*

3 ____________________

1 Décidez d'être heureux. Apprenez à trouver du plaisir dans les choses simples.
2 Ne vous prenez pas trop au sérieux et surtout ne croyez pas que le malheur n'arrive qu'à vous.
3 Relativisez les critiques. On ne peut pas plaire à tout le monde.
4 Débarrassez-vous de vos sentiments négatifs : la haine, la colère et l'envie n'apportent que frustration, insatisfaction. Ouvrez la porte aux sentiments positifs !
5 Fixez vous-même vos buts. Ne laissez pas les autres décider pour vous.
6 Multipliez vos centres d'intérêt : si vous n'avez pas les moyens de voyager, voyagez avec les livres.
7 Ayez de l'initiative. Soyez actif. Quand on est occupé, on n'a pas le temps d'être malheureux.
8 Choisissez de vivre une vie heureuse plutôt que de pleurer sur vos malheurs.

c Parmi les conseils formulés dans le texte n° 3, lesquels sont pour vous les plus utiles (citez-en trois), lesquels trouvez-vous plutôt inutiles ou banals ? Notez le numéro.

☺ ______, ______, ______

☹ ____________

Befehlsform von *être* und *avoir*

Sois actif.	*Soyez actif !*
Aie de l'initiative.	*Ayez de l'initiative !*

d Comparez avec votre voisin/e, puis ajoutez à deux quelques conseils supplémentaires.

____

____

e Discussion
En mini groupes, trouvez des arguments pour ou contre l'enseignement du bonheur dans les écoles. Regroupez-vous puis discutez en plénum.

pour	**contre**
1 ____________	1 ____________
2 ____________	2 ____________
3 ____________	3 ____________

→Ü10 – Ü11

1 Die Hervorhebung durch *c'est... qui* und *c'est... que*

Gr. S. 174

Vous regardez.
Unterstreichen Sie in den Sätzen links jeweils das Element, das durch *c'est... qui / c'est... que* hervorgehoben wird.

neutrale Formulierung	**Hervorhebung mit *c'est... qui***
1 j'ai fait cette couverture	1 c'est moi qui ai fait cette couverture
2 ma mère m'a appris	2 c'est ma mère qui m'a appris
3 il a été mon professeur	3 c'est lui qui a été mon professeur

neutrale Formulierung	**Hervorhebung mit *c'est... que/qu'***
1 on n'oublie pas cette chose	1 c'est une chose qu'on n'oublie pas
2 je vous recommande ce livre	2 c'est un livre que je vous recommande
3 je n'aime pas beaucoup cette activité	3 c'est une activité que je n'aime pas beaucoup

Vous comprenez. Kreuzen Sie **ja** oder **nein** an:	**ja**	**nein**
1 *C'est... qui* hebt nur das Subjekt (Frage Wer / Was?) des Satzes hervor.	❍	❍
2 Andere Satzelemente werden mit *c'est... que* hervorgehoben.	❍	❍
3 Nach *c'est... qui* steht das Verb immer in der dritten Person Singular (*il/elle*).	❍	❍
4 Zwischen *c'est* und *qui* steht die betonte Form des Pronomens (*moi, toi, ...*).	❍	❍

Vous pratiquez.

C'est… qui oder *c'est… que/qu'*? Heben Sie jeweils das unterstrichene Element hervor.

neutral	hervorgehoben
1 Vous avez raison.	______________________.
2 Son père lui a donné 100 euros.	______________________.
3 J'ai lu ce livre trois fois.	______________________.
4 Elle a mangé tout le gâteau ?	______________________.
5 J'ai fait ça pour toi.	______________________.

2 Der *si*-Satz (2): Die nicht erfüllbare Bedingung

Gr. S. 175

Vous regardez et **Vous comprenez.**

Lesen Sie die Sätze und kreuzen Sie dann die jeweils passende Aussage an.

1 Si j'étais toi, je consulterais *Troc de compétences*.
2 Ce serait bien si je pouvais trouver quelqu'un.
3 Moi, si j'étais plus jeune, je me remettrais à l'anglais.

1 Im *si*-Satz steht ❍ immer ❍ niemals das *conditionnel*: *si* ______________________.

2 Das *imparfait* im *si*-Satz entspricht einem deutschen ❍ Präteritum (ich war) ❍ Konjuktiv II (ich wäre): *si **j'étais** toi* = wenn ich du ____________.

3 Der *si*-Satz ❍ steht immer am Anfang. ❍ kann voran- oder nachgestellt werden.

Vous pratiquez. Verbinden Sie die Elemente links und rechts und fügen Sie ein eigenes Beispiel an.

1 Si je le savais,	a tu serais en meilleure santé.
2 Si elle travaillait plus,	b je te le dirais.
3 Si tu mangeais moins,	c nous devrions déménager.
4 Si le loyer augmentait encore,	d elle gagnerait plus d'argent.
5 ______________________,	______________________.

Rentrée des classes

1 8 **a** Écoutez les quatre personnes et repérez dans le tableau de gauche la classe dont elles parlent.

âge	école	classe
3	**maternelle** (facultative)	petite section
4		moyenne section
5		grande section
6	**primaire**	CP (cours préparatoire)
7		CE1 (cours élémentaire 1)
8		CE2 (cours élémentaire 2)
9		CM1 (cours moyen 1)
10		CM2 (cours moyen 2)
11	**collège**	sixième
12		cinquième
13		quatrième
14		troisième → **brevet des collèges**
15	**lycée**	seconde
16		première
17/18		terminale → **baccalauréat**

école	classe

b Regardez le tableau de gauche et répondez aux questions.

1 À partir de quel âge l'école est-elle obligatoire en France ?
2 Quelles sont les trois grandes étapes (obligatoires) du système scolaire français ?
3 Combien de classes y a-t-il au collège ?
4 Quel diplôme obtient-on à la fin de la terminale ?

c Remplissez, à deux, le tableau du système scolaire de votre pays, puis comparez les deux systèmes.

1 *En France, l'école primaire dure cinq ans. Ici, elle ne dure que quatre ans.*
2 ______________________________
3 ______________________________

d Lisez les textes. Que pensez-vous de ces affirmations ? Êtes-vous surpris/e ? Discutez.

En France, dès la maternelle, on parle « apprentissage » et « évaluation ». On suit un programme national très précis. Les enfants ne jouent plus.

En Finlande, les élèves ne sont pas évalués et il n'y a pas de redoublement. Les journées sont courtes et la musique, l'art et les sports sont valorisés comme toute autre matière. D'après l'étude Pisa, les élèves finlandais sont les meilleurs en lecture, en langues, également en maths.

« L'instruction obligatoire peut être donnée soit dans des établissements ou écoles publiques ou privées, soit dans les familles par les parents, ou l'un d'entre eux, ou toute personne de leur choix. » (Code de l'éducation, Article IV) On estime à 3000 le nombre des enfants instruits dans la famille en France.

Préparation à l'entretien d'embauche

1 9-12 **a** *On ne va pas à un entretien d'embauche sans se préparer.* Écoutez quelques extraits d'un entretien d'embauche et retrouvez sur le plan du jeu les phrases du DRH.

- Nous aimerions vous connaître mieux…
- Quel est votre emploi actuel ?
- Quels sont vos trois points forts, vos trois points faibles ?
- Aimez-vous le travail d'équipe ?
- C'est quoi, réussir, pour vous ?
- Êtes-vous mobile ?
- Savez-vous dire non ?
- Lisez-vous régulièrement la presse ?
- Pourquoi avez-vous postulé pour cet emploi ?
- Quels sont vos projets à long terme ?
- Seriez-vous prêt/e à faire du télétravail ?
- Parlez-nous de vous. Que faites-vous pendant vos loisirs ?
- Avez-vous une autre question à poser ?
- Nous vous contacterons très prochainement…

1 9-12 **b** Écoutez de nouveau. Lisez les affirmations suivantes et cochez **Vrai** ou **Faux** ou **On ne sait pas**.

	Vrai	Faux	On ne sait pas
1 Marc Couderc travaille chez Ducatel. Il est responsable de la qualité des produits de l'entreprise.	❍	❍	❍
2 Le poste proposé est mieux payé.	❍	❍	❍
3 Marc a appris l'allemand au collège et au lycée. Il le parle couramment.	❍	❍	❍
4 Il regarde les informations à la télé tous les soirs.	❍	❍	❍
5 Marc est célibataire.	❍	❍	❍
6 Il n'a aucune expérience du télétravail.	❍	❍	❍
7 Il pourrait commencer à travailler tout de suite.	❍	❍	❍
8 Ses points forts sont le sens du contact, l'esprit d'initiative et la curiosité.	❍	❍	❍

c Vous avez 10 minutes pour jouer au jeu de l'entretien d'embauche. Lancez le dé et répondez à la question notée sur la case où vous arrivez. Développez vos réponses et donnez des exemples concrets, comme Marc Couderc. Vous n'êtes pas obligé/e de dire la vérité. Prenez le temps de réfléchir à votre réponse.

- Quels sont vos trois points forts, vos trois points faibles ?
- Euh pour les points forts… j'ai le sens du contact… je suis un bon organisateur et je sais écouter les autres. Pour les points faibles… j'ai du mal à déléguer, je suis un peu autoritaire… trop spontané peut-être…

1

Activités diverses. Reliez les éléments qui vont ensemble. Il y a deux réponses par verbe.

1 faire
2 repasser
3 apprendre
4 savoir

se taire — des chemises — écouter les autres — un métier — une langue étrangère — de la poterie — du vélo d'acrobatie — des pantalons

2

Retrouvez dans les trois témoignages page 27 les expressions équivalentes.

1 a je crois que j'avais sept ou huit ans ____
b ce n'est plus à la mode ____

2 a c'est difficile à croire ____
b j'ai eu du mal à apprendre ____

3 a j'ai toujours dit oui ____
b j'ai découvert il y a quelque temps… ____

3

C'est… ***qui*** ou *c'est…* ***que/qu'*** ?
Complétez les phrases avec le pronom relatif qui convient.

1 L'anglais, c'était une matière *que* j'aimais beaucoup à l'école.
2 C'est un film ____ nous avons vu à la télé la semaine dernière.
3 C'est une musique ____ vous met tout de suite de bonne humeur.
4 C'est au Japon ____ ils se sont rencontrés.
5 C'est lundi ____ ils arrivent.
6 C'est le jeune homme ____ m'a aidé à porter mes bagages.

4

Qui prépare quoi pour la fête ?

1 (elle / faire la liste des invités) → *C'est elle qui fait la liste des invités.*
2 (je / écrire les invitations) → ____.
3 (il / commander les boissons) → ____.
4 (tu / s'occuper des fleurs) → ____.
5 (nous / choisir la musique) → ____.
6 (vous / prendre les photos) → ____.

5

1 13-15

Que savent faire ces personnes et où / comment ont-elles appris à le faire ? Écoutez et cochez les bonnes réponses.

Il / Elle a appris…

1 à se servir ❍ de la main droite ❍ des deux mains — ❍ à l'école ❍ à la maison.
2 ❍ à jardiner ❍ à bricoler — ❍ avec des livres ❍ en cours du soir.
3 ❍ l'œnologie ❍ la chimie — ❍ à l'université ❍ pendant un stage.

6 Différents types d'apprenants (Verschiedene Lernertypen)
Voici la description de quatre types d'apprenants pour vous inviter à réfléchir. N'oublions pas que le type « pur » n'existe pas.

a Notez le type d'apprenant décrit dans chaque texte.

auditif   tactile   communicatif   visuel

> **TIPP!**
> Ne prenez pas votre dictionnaire tout de suite.
> 1ère lecture : soulignez les mots que vous comprenez.
> 2e lecture : essayez de deviner le sens d'autres mots.
> 3e lecture : prenez votre dictionnaire pour les derniers mots.
> Vous verrez, il n'en reste plus beaucoup.

1 ______________

Moi, pour apprendre un texte, je dois le lire à haute voix. J'aime travailler avec le CD. Je connais plein de poèmes par cœur. Quand je travaille, j'aime avoir un fond musical. J'ai passé un an en Angleterre et j'ai appris l'anglais comme ça. J'écoutais aussi beaucoup la radio. Je retiens très facilement les mélodies.

2 ______________

Moi, quand je travaille, quand je lis un texte par exemple, j'ai toujours un crayon pour souligner les choses importantes. En cours, je demande souvent au professeur d'écrire le mot au tableau. Je n'aime pas trop tout ce qui est CD, radio, etc. Enfant, j'adorais les puzzles et les jeux de mémory.

3 ______________

Je déteste rester assis à mon bureau. J'ai besoin de bouger. Quand je dois apprendre un texte par exemple, je vais et je viens dans ma chambre. À l'école, j'aimais les expériences. Quand je parle, je fais toujours beaucoup de gestes. J'aime découvrir les choses seul, je ne lis jamais les modes d'emploi des appareils que j'achète.

4 ______________

Moi, j'aime le travail en groupe, les jeux de rôles etc. Au lycée, j'aimais les professeurs qui nous invitaient à discuter, à poser des questions. Les cours magistraux, très peu pour moi. J'ai besoin de parler avec les gens, de poser des questions. Je n'aime pas travailler seul.

b Et vous ? Comment vous voyez-vous ? Entourez dans les textes les éléments qui vous correspondent, puis faites un bilan. Êtes-vous plutôt visuel, auditif, tactile ou communicatif ? Êtes-vous plusieurs types à la fois ? Écrivez un texte court.

____

____

____.

7 Pour réviser l'imparfait et le conditionnel. Complétez le tableau.

infinitif	imparfait	conditionnel
être	j' ______	tu ______
avoir	vous ______	nous ______
parler	tu ______	je ______
finir	on ______	ils ______
faire	je ______	vous ______
aller	elle ______	on ______
prendre	nous ______	je ______

8 Phrases puzzle : remettez les éléments des phrases dans l'ordre.

1 un chien / j'habitais / à la campagne / j'aurais / si

Si j'habitais à la campagne, ______.

2 s' / ils iraient / il faisait / à la plage / beau

______.

3 au cinéma / tu avais / si / aller / le temps / on pourrait

______.

4 vous pouviez / si / bien / nous aider / ce serait

______.

9 Complétez les phrases.

1 *Si les gens roulaient moins vite, il y aurait moins d'accidents.*

2 ______, nous serions très heureux.

3 Si vous commenciez votre travail à l'heure, ______.

4 ______, tu n'aurais pas tous ces problèmes.

10 Trouvez dans les deux premiers textes page 30 une phrase qui correspond aux thèses suivantes et notez-la.

1 Le cours de bonheur a de plus en plus de succès.

______.

2 Il n'y a pas encore de cours de bonheur en France.

______.

3 Il n'y a pas de réponse unique à la question « Qu'est-ce que le bonheur ? ».

______.

4 Nous sommes en partie responsables de notre bonheur.

______.

11 D'une langue à l'autre
Que signifient ces expressions ? Cochez l'explication correcte.

1 J'ai appris par cœur ce poème.
- a J'ai adoré apprendre ce poème.
- b Je peux réciter ce poème de mémoire.

2 J'y perds mon latin.
- a Je n'y comprends plus rien.
- b J'oublie tout ce que j'apprends.

Clin d'œil

- Lady Astor : Monsieur Churchill, si vous étiez mon mari, je vous servirais du poison.
- Churchill : Madame, si vous étiez ma femme, je le boirais.

Réflexion
sur l'apprentissage – Techniques d'apprentissage

Que faites vous quand…

… vous voulez apprendre un mot ?
❍ Je le répète plusieurs fois à voix haute. ❍ Je fais une phrase avec ce mot.
❍ ______________________________.

… vous voulez retenir une règle de grammaire ?
❍ J'apprends la règle par cœur. ❍ Je cherche des exemples qui illustrent cette règle dans un texte.
❍ ______________________________.

… vous voulez vous souvenir d'une information ?
❍ Je prends quelques notes. ❍ Je ferme les yeux et je me représente la situation visuellement.
❍ ______________________________.

Que font les autres ? Comparez vos réponses dans le groupe.

Journal d'apprentissage

Maintenant je peux…

- dire ce que je sais faire / ce que je ne sais pas faire : ● ● ● p. 27
  Je sais ______________. *Je ne sais pas* ______________.
- dire où, quand et comment j'ai appris à faire certaines choses : ● ● ● p. 27
  J'ai appris ______________.
- formuler des hypothèses pour des conditions irréelles : ● ● ● p. 28
  Si j'étais ______________. *Si j'avais* ______________.
- exprimer mon étonnement : ● ● ● p. 28
  Quelle drôle d'idée !
- rédiger une annonce pour échanger un service contre un autre : ● ● ● p. 29
  Je vous propose ______________.
- comprendre et donner des conseils pour positiver. ● ● ● p. 31
- comparer le système scolaire français avec celui de mon pays. ● ● ● p. 33
- @ répondre à des questions posées lors d'un entretien d'embauche. ● ● ● p. 34

Pour cela, j'ai appris à…

- mettre des éléments en valeur dans une phrase. ● ● ● p. 31
- former des phrases conditionnelles avec *si + imparfait*. ● ● ● p. 32

et j'ai révisé…

- l'imparfait.
- le conditionnel présent.

Ici, là-bas, ailleurs...

Dans cette leçon, vous allez...

- faire un test pour établir votre profil « ville ou campagne »
- argumenter pour ou contre la vie en ville ou à la campagne
- engager une réflexion sur l'expatriation
- demander l'avis d'une personne
- répondre de façon indirecte à une proposition
- découvrir une région française et sa problématique spécifique
- @ parler des avantages et des inconvénients du télétravail

1 Ville ou campagne ?

80 % de la population française vit en ville. Mais la campagne attire de plus en plus de gens. 15 % des citadins, soit à peu près trois millions de personnes, envisagent de s'installer à la campagne dans les cinq prochaines années.

a Êtes-vous comme les Français ? Faites le test pour répondre à cette question. Cochez la réponse qui vous correspond.

1 La grande ville, c'est :
- a du monde, du bruit, des voitures.
- b un week-end évasion.
- c de la vie et de l'ambiance.

2 Vous êtes bloqué/e dans un embouteillage :
- a vous essayez de vous faufiler.
- b énervé/e, vous klaxonnez.
- c vous restez cool et vous écoutez la radio.

3 Pour vous, les voisins c'est plutôt :
- a des commérages perpétuels.
- b « bonjour » et « au revoir ».
- c une entraide chaleureuse.

4 Vous trouvez déprimant :
- a le gris du béton et les graffitis.
- b de passer plus d'une heure par jour dans les transports.
- c des rues désertes après 20 heures.

5 Vous adorez :
- a les balades dans la nature.
- b suivre l'actualité artistique.
- c les sorties culturelles.

6 Un après-midi idéal, c'est :
- a des heures oisives au jardin.
- b faire du shopping dans des endroits à la mode.
- c observer le va-et-vient à la terrasse d'un café.

7 La campagne, c'est :
- a comme un jour sans soleil.
- b supportable, mais à petite dose.
- c le temps de vivre.

8 La maison de vos rêves :
- a une ancienne ferme rénovée.
- b une maison avec de grandes baies vitrées.
- c un appartement dans un immeuble bourgeois.

→Ü1 – Ü2

Vous vous souvenez ?

♂	♀
grand	grande
supportable	supportable
culturel	culturelle
ancien	ancienne
chaleureux	chaleureuse
oisif	oisive

b Ce test permet d'établir trois profils différents. Additionnez vos points à l'aide de la grille p. 221, puis lisez le commentaire qui correspond à votre profil. Êtes-vous surpris/e par ce résultat ?

1 Vous avez plus de 12 points : le rat de ville, citadin à 100% !
Le chant des oiseaux, le calme de la campagne, ce n'est pas votre truc. Et votre couleur préférée, ce n'est certainement pas le vert. Quel plaisir de se balader tranquillement dans les rues d'une grande ville !

2 Vous avez entre 5 et 12 points : le caméléon, à l'aise partout…
Pour vous, la ville et la campagne ont apparemment des avantages et des inconvénients. Vous seriez prêt/e à habiter en ville… mais pour le long terme, vous préférez nettement le calme de la campagne.

3 Vous avez moins de 5 points : le rat des champs, la campagne à tout prix !
Vous aimez vivre lentement… et l'air de la campagne est tellement meilleur ! Si vous habitez actuellement dans une grande ville, vous n'avez qu'une idée : déménager rapidement.

c À deux associez à chaque profil de **b**, le numéro du conseil correspondant.

Rat de ville : ____ Rat des champs : ____ Caméléon : ____

1 Et si vous arrêtiez un peu de vous plaindre constamment de la pollution et des autres ?
2 Vous êtes relativement accommodant/e, continuez comme ça.
3 Pensez à faire une pause de temps en temps et à prendre l'air régulièrement.

→Gr.1
→Ü3 – Ü4

d Fabriquez un test collectif sur le thème *Routine ou aventure* ? Voici les trois profils :

pantouflard

modéré

aventurier

Formez trois groupes. Chaque groupe choisit deux des six points suivants, puis formule, pour chaque point choisi, trois propositions (A, B et C).

1 Les traditions pour vous, c'est…
2 Vous trouvez déprimant…
3 Vous adorez…
4 Un après-midi idéal…
5 La vraie aventure pour vous, c'est…
6 Vous refusez…

À chaque proposition A, B ou C doit correspondre un des trois profils. Voici un exemple :

Des vacances de rêve…
A *aller au même endroit que l'année dernière.* ▸ profil pantouflard
B *faire un trekking au Népal.* ▸ profil aventurier
C *dans la région, il y a tellement de choses à découvrir près d'ici !* ▸ profil modéré

e Présentez vos trois propositions en plénum. Un/e secrétaire, choisi/e par le groupe, les note au tableau.

f Rédigez, pour un des trois profils, un commentaire que vous présenterez ensuite en plénum. Inspirez-vous des textes lus en **b**.

2 Envie d'autre chose ?

Dans sa chanson *L'agriculteur**, Ridan imagine une vie différente.

* Nadir Kouidri : *L'agriculteur*
© Universal Music Publ. MGB France SAS, Les Fleurs de Béton SVL. Musik Edition Discoton GmbH (Universal Music Publishing Group, Germany)

Ridan, de son vrai nom **Nadir Kouidri**, est un chanteur d'origine algérienne, né en banlieue parisienne en 1975. Son nom de scène Ridan, c'est tout simplement Nadir, son prénom, lu de droite à gauche.

1 16

a Écoutez le début de la chanson et réagissez.

1 Comment trouvez-vous la musique, la mélodie, le rythme, la voix du chanteur ?

2 Quel est le thème ? Cochez, puis comparez avec votre voisin.

❍ les métiers de la campagne ❍ quitter la ville ❍ les plaisirs de la pêche à la ligne

b Reliez les expressions de la chanson à l'expression correspondante.

1 on s'entasse	a j'échange
2 j'ai la folie	b j'en ai marre
3 si le blé m'file du bonheur	c on est les uns sur les autres
4 j'troque	d avancer sur son chemin
5 j'en ai ras-l'bol	e j'adore
6 suivre sa ligne	f si l'argent me rend heureux

1 16

c Lisez le texte, complétez-le avec les expressions de **b** (colonne de gauche), puis vérifiez avec le CD.

J'allume mon poste de télé
Pour admirer ce qu'il s'y passe
Un milliardaire s'envoie en l'air
Quitte l'atmosphère pour voir l'espace
__________________ son bol d'air et sa cuillère
Contre un p'tit verre sur ma terrasse
__________________ de tout c'béton } bis
__________________ des grands espaces }

Vous vous souvenez ?
In der französischen Umgangssprache kann das *-e-* teilweise entfallen, auch an Stellen, an denen es normalerweise gesprochen wird:
c'béton
le p'tit poisson
J'me ferai

Mais qu'est-ce qui se passe dans nos p'tites têtes
__________________ tous comme des sardines
Dans les grosses boîtes que l'on conserve
Le p'tit poisson doit __________________ } *bis*

Refrain
Et puis merde
J'ai décidé de vivre loin sur la colline
Vivre seul dans une maison
Avec la vue sur ma raison
J'préfère vivre pauvre avec mon âme
Que vivre riche avec la leur

____
J'me ferai peut-être agriculteur } *bis*

d Travaillez à deux. Qu'est-ce que vous apprenez sur le chanteur ?

1 Il habite __________________.

2 La ville pour lui, c'est __________________.

3 La campagne au contraire, c'est __________________.

4 Il a décidé de __________________.

e Travaillez en deux groupes. Notez le plus de raisons possible de quitter la campagne (groupe A) ou la ville (groupe B).

Fiche A	Fiche B

f Un groupe présente ses arguments, l'autre réagit et formule une objection. Ne soyez pas trop sérieux, réagissez avec humour ☺.

1 ● Nous, on veut quitter la ville parce qu'on aime les animaux.
● Ben, y'a des animaux en ville, dans les zoos par exemple.

2 ● Nous, on quitte la campagne parce qu'on est des fans de cinéma.
● Avec les DVD, on peut très bien passer une soirée cinéma… à la campagne.

→Ü5 – Ü7

3 Français à l'étranger

a D'après vous, quelles peuvent être les raisons de s'expatrier, c'est-à-dire de quitter son pays pour aller vivre à l'étranger ? Discutez en plénum.

1 17 **b** Le patron de M. Dumas lui a proposé un poste intéressant à Hanoï. Il en parle à sa famille. Écoutez la conversation et cochez les positions des différentes personnes.

	pour	contre	ne sait pas encore
le père			
la mère			
le fils			

1 17 **c** Écoutez une deuxième fois le dialogue et cochez **Vrai** ou **Faux**.

	Vrai	Faux
1 La mère hésite parce que son fils passe le bac en fin d'année.	❍	❍
2 Le fils propose d'habiter chez des cousins.	❍	❍
3 Madame Dumas pourrait enseigner au Centre culturel français de Hanoï.	❍	❍
4 Le couple rêve depuis longtemps de partir à l'étranger.	❍	❍
5 Le poste proposé à M. Dumas présente de nombreux avantages.	❍	❍
6 Le Vietnam ne fait pas partie de l'Organisation Internationale de la Francophonie.	❍	❍

1 17 **d** Écoutez de nouveau et complétez les expressions utilisées pour :

demander l'avis de quelqu'un

1 *D'accord ?* ______
2 ______ sympa, non ?
3 Qu'est-ce que ______ ?
4 Tu ______ pas ?

éviter de répondre directement

1 *Oui, bien sûr, mais...* ______
2 À vrai dire, ______.
3 On ______, d'accord ?

e Préparez un ou deux mini-dialogues : vous demandez l'avis de votre partenaire qui évite de répondre directement. Utilisez des expressions de **d**.

- Si on se faisait un petit week-end à Paris, ce serait sympa, non ?
- Oui, bien sûr, mais… tu penses qu'on a assez d'argent ?

f Lisez les textes sur deux expatriés français (p. 45). À quelles questions répondent ces textes ? Notez les numéros de ces questions à côté du nom de la personne.

1 Pour quelles raisons ont-ils quitté la France ?
2 Ont-ils eu du mal à s'adapter ?
3 Qu'est-ce qui leur manque le plus ?
4 Quel conseil donneraient-ils à une personne qui va s'expatrier ?
5 Retourneront-ils vivre en France un jour ?

Vous vous souvenez ?
Gesprochenes Französisch:
i = *il*
pas = *ne… pas*
Ben… Euh… Hein = Füllwörter

1 *Alice (Oslo)* ______

Ça fait maintenant six ans qu'Alice vit en Norvège. Au départ, elle a suivi son mari. Celui-ci avait trouvé un poste à Oslo. Au début, ç'a été très difficile. Tout était si différent. Et puis, elle a compris l'erreur à ne pas faire : celle de toujours tout comparer avec la France. Avec le temps, elle a appris la langue qu'elle parle couramment maintenant. Elle se sent bien intégrée mais elle n'envisage pas de finir ses jours en Norvège. La France lui manque toujours un peu. Mais une chose est sûre pour elle : vivre à l'étranger, c'est très enrichissant. Cela permet de perdre une certaine vision franco-française des événements et de mieux comprendre le monde.

2 *Alexandre (Calcutta)* ______

Alexandre ne peut pas s'imaginer passer sa vie au même endroit. Cette idée l'angoisse. Il a un besoin vital, celui de voyager, de découvrir le monde. Après trois années passées à Buenos Aires, deux à Singapour, il vit maintenant en Inde. Bien sûr, il a eu de la chance de trouver un emploi ici, une chance qui n'est pas toujours donnée à ceux et celles qui partent ainsi à l'aventure. La France ne lui manque pas, juste un peu de temps en temps… surtout sa famille et ses amis, enfin… ceux qui lui restent après tant d'années d'absence. Mais Alexandre ne regrette pas son choix. Il est retourné récemment en France, mais au bout de trois semaines, il avait déjà envie de repartir. Et après l'Inde ? Eh bien, on verra… Alexandre ne se fait pas de soucis. Le monde est tellement grand !

→Gr.2
→Ü8 – Ü9

g Discussion

1 Pourriez-vous vivre à l'étranger ? Pourquoi ?

2 Si vous deviez quitter votre pays, dans quel pays aimeriez-vous vivre ?

3 Qu'est-ce qui vous manquerait le plus ?

4 Connaissez-vous des personnes de votre pays qui sont parties vivre à l'étranger ? Pour quelles raisons ont-elles quitté leur pays?

1 Die Adverbien auf *-ment*

Gr. S. 168

Im Französischen haben Adverbien *(il travaille **correctement**)* und Adjektive *(un travail **correct**)* unterschiedliche Formen.

Vous regardez. Finden Sie auf Seite 41 die Adverbien zu folgenden Adjektiven:

Adjektiv		Adverb
maskulin	feminin	
1 lent	lente	
2 régulier	régulière	
3 constant	constante	
4 apparent	apparente	

„Berüchtigte" Ausnahmen
bon → bien
mauvais → mal
rapide → rapidement / vite

Vous comprenez. Unterstreichen Sie die jeweils passende Aussage.

1 Die Endung *-ment* wird in der Regel an die (maskuline / feminine) Form des Adjektivs angehängt.

2 Adjektive auf *-ant* bilden das Adverb auf (*-emment* / *-amment*).

3 Ein Adverb auf *-emment* weist auf ein Adjektiv auf (*-ant* / *-ent*) zurück.

Vous pratiquez. Ergänzen Sie das Adverb.

1 Il est lent et patient. → Il marche lentement et il attend patiemment.

2 Il est élégant et sérieux. → Il s'habille élégamment et travaille sérieusement.

3 Une femme tranquille et prudente. → Elle vit sa vie tranquillement et prudemment.

2 Die Demonstrativpronomen

Gr. S. 166

Vous regardez.

a Lesen Sie die Sätze und vervollständigen Sie die Tabelle.

	Singular	Plural
masculin	______	______
féminin	______	celles

1 Il a un besoin vital, celui de voyager…

2 … elle a compris l'erreur à ne pas faire : celle de toujours tout comparer avec la France.

3 ses amis… enfin ceux qui lui restent après tant d'années d'absence.

4 … elle a suivi son mari. Celui-ci avait trouvé un poste à Oslo.

b Unterstreichen Sie das Wort, das durch das Demonstrativpronomen ersetzt wird.

Vous comprenez. Kreuzen Sie die jeweils passenden Aussagen an.

1 Die Demonstrativpronomen sind ❍ veränderlich. ❍ unveränderlich.

2 *Celui*, *celle*, *ceux* und *celles* werden ergänzt durch ❍ *ci* oder *là*. ❍ einen Relativsatz. ❍ ein Adverb. ❍ eine präpositionale Ergänzung.

Vous pratiquez. Verbinden Sie die Satzteile rechts und links zu sinnvollen Sätzen.

1 Ces cartes postales sont jolies, mais celle

2 J'ai perdu mon pull bleu, tu sais celui

3 Merci à toutes celles

4 Je parle à tous mes voisins, sauf à ceux

a du deuxième.

b qui ont apporté un dessert.

c -ci est plus originale.

d que j'ai acheté à Paris.

Le Dordogneshire : une région qui bouge

1 18 **a** Écoutez le début de l'enregistrement. Regardez les photos. Quel est le sujet abordé ici ?

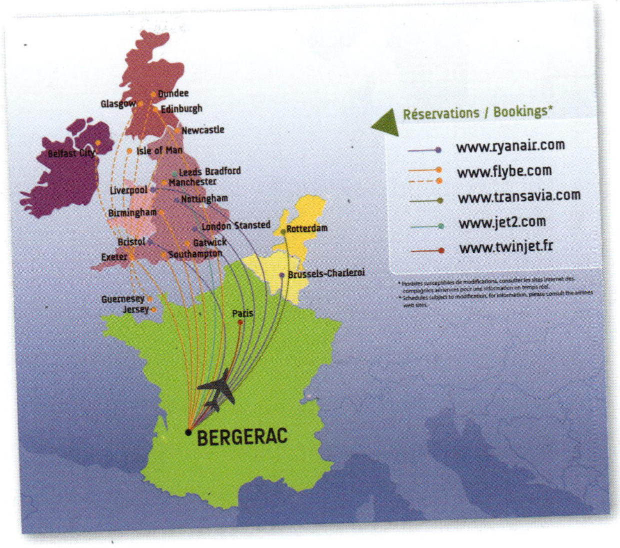

b Associez un titre à chacun des articles ci-dessous. Travaillez à deux.

A En Dordogne, les Britanniques ne mènent plus la vie de château

B Un village français *very british*

C Impossible de dire un chiffre…

1 ___ Le village d'Eymet est le plus anglais de la Dordogne. Ici on parle anglais, on mange anglais et on vit à l'anglaise. Sur les 2 650 habitants, 30 % viennent d'outre Manche et sur les 150 élèves, 20 % sont britanniques Dans la rue et sur le marché du jeudi, la langue de Shakespeare a détrôné celle de Molière.
D'après *http://www.lefigaro.fr*

2 ___ Combien sont-ils, ces British bergeracois ? Il est bien difficile de répondre. Certains sont là tout le temps, d'autres font la navette (ou le *shuttle* comme ils disent) entre leur demeure bergeracoise et leur bureau londonien, quelques-uns viennent tous les week-ends dans leur résidence secondaire ou y passent une partie de l'année.

3 ___ La chute de la livre et les suppressions d'emplois dans la finance ont beaucoup affecté le niveau de vie des citoyens britanniques vivant sous nos cieux. Les expatriés payés en livres ont vu leur pouvoir d'achat baisser de 30 %.

1 19 **c** Écoutez la suite de l'enregistrement et retrouvez pour chacun des trois documents audio l'article de **b** correspondant.

d Discussion

→ Et chez vous ? Connaissez-vous une situation comparable ?
→ Imaginez les problèmes posés, les chances offertes par une telle immigration.

→Ü10

Le télétravail

a Parmi ces professions, lesquelles vous paraissent indiquées ou non pour le télétravail. Justifiez vos réponses. Ajoutez deux professions compatibles avec le télétravail.

secrétaire traducteur professeur infirmier graphiste comptable

______________________ ______________________

b Assia et Renaud travaillent à la Commission européenne à Bruxelles. Écoutez leur conversation et cochez **Vrai** ou **Faux**.

	Vrai	Faux
1 Cette conversation a lieu dans un café.	❍	❍
2 Assia est comptable.	❍	❍
3 Assia et son collègue parlent d'un problème familial.	❍	❍
4 Assia ne travaille pas toute la semaine chez elle.	❍	❍
5 Elle est contente de ses nouvelles conditions de travail.	❍	❍

c Lisez le dialogue et complétez-le à deux avec les expressions ci-dessous. Vérifiez ensuite avec le CD.

● Assia ● Renaud

je m'occupe du stagiaire | en équipe | sur le réseau informatique | les contacts quotidiens | au télétravail | des horaires plus souples

● Ah tiens, salut Assia. Dis donc, on te voit plus beaucoup au bureau. Tu es à mi-temps ?
● Non, pas du tout. Mais je suis passée ______________________. Je travaille deux jours par semaine à la maison.
● Oh, je ne savais pas. Et… depuis quand ?
● Depuis trois mois. J'ai commencé par une journée et comme ça marchait bien, je suis passée à deux jours par semaine. Je ferais bien plus, mais ce n'est pas possible. Mon chef n'est pas d'accord. Il veut qu'on travaille ______________________.
● Ah bon ? C'est un travail plutôt solitaire, la traduction. On peut très bien le faire à la maison.
● Oui, quand tu traduis… mais quand tu relis un collègue, c'est quand même mieux de pouvoir parler avec lui des corrections. Et puis ______________________ Jacques. Donc, je dois être régulièrement à la Commission.
● Et comment ça se passe ? Pour le matériel, je veux dire.
● Le service de traduction a mis un ordinateur portable à ma disposition et je suis ______________________ de la Commission.
● Mais tu travailles où chez toi ?
● J'ai installé un vrai bureau, avec tout le matériel, dans l'ancienne chambre de Caroline.
● Et ______________________ avec les collègues ne te manquent pas ? C'est long une journée, assise seule devant son ordinateur, non ?
● Non, pas du tout. Tu sais, même si c'est sympa de bavarder de temps en temps… on perd aussi beaucoup de temps.
● Que du bonheur, alors ?
● Pour moi, oui. J'ai ______________________. Je ne vois pas notre cher chef tous les jours… et surtout, je n'ai plus ces déplacements quotidiens. Je passe des heures…

d Seriez-vous intéressé/e par cette forme de travail ? À deux, faites une liste des avantages et des inconvénients du télétravail. Réunissez vos résultats en plénum. Qu'est-ce qui domine : les avantages ou les inconvénients ?

→Ü11 – Ü12

1

Barrez l'intrus et remplacez-le par un mot de votre choix.

1 l'embouteillage – klaxonner – la voiture – ~~l'ambiance~~ → *le trafic*
2 la forêt – le béton – la nature – les balades → ____
3 l'actualité artistique – les sorties culturelles – les transports – les concerts → ____
4 la pollution – les commérages – l'entraide – le bruit → ____
5 le rat – le chat – le soleil – l'oiseau → ____
6 la maison – la boutique – l'immeuble – la ferme → ____

2

Pour réviser le féminin de l'adjectif

a Les formes régulières : complétez avec l'adjectif qui convient et mettez-le au féminin.

1 Écrivez un texte court pour la semaine ____.
2 Elle est très ____, elle ne s'occupe pas des affaires des autres.
3 La chambre donnait sur la mer. La vue était ____.
4 Au lycée, le latin est une matière ____.
5 Elle est toujours en retard. Elle n'a jamais été ____.
6 Je m'intéresse beaucoup à la politique ____.

européen – prochain – ponctuel – merveilleux – discret – facultatif

b Quelques formes irrégulières : complétez.

1 Cette fille est charmante, elle a une voix très ____.
2 C'est une ____ histoire que je ne peux pas vous raconter maintenant.
3 Pendant la saison ____, le vent est faible sur la côte.
4 Elle ne parle que de lui. Elle ne pense qu'à lui. Elle est ____ de lui.

doux – fou – sec – long

3

Les adverbes

a Complétez le tableau.

	adjectif masc.	adjectif fém.	adverbe
1	*long*		*longuement*
2		*officielle*	
3		*discrète*	
4	*agréable*		
5			*parfaitement*
6		*rapide*	

b Placez les adverbes du tableau dans les phrases suivantes.

1 Nous avons été ____ surpris par sa visite.
2 J'ai ____ réfléchi à cette proposition. Je crois que je vais accepter.
3 Elle parle ____ anglais.
4 La cérémonie commence ____ à 10 heures.
5 Personne n'a rien remarqué. Ils sont entrés ____ dans la pièce.
6 Je n'avais pas le temps, j'ai survolé ____ les textes.

4 Adjectif ou adverbe ? Barrez la forme qui ne convient pas.

1 Il a été (~~grave~~ / gravement) malade.
2 L'hôtel où nous voulions aller était (complet / complètement).
3 Nous avons (actuel / actuellement) deux stagiaires dans l'entreprise.
4 J'ai (rare / rarement) l'occasion de les rencontrer.
5 Dans ce restaurant, l'accueil est très (chaleureux / chaleureusement).
6 Elle a réagi (calme / calmement) quand elle a appris la nouvelle.

Angoulême

5 Paris ou province ?

1 21 **a** Écoutez le dialogue et cochez les affirmations correctes.

1 ❍ Clara téléphone à son amie pour lui donner rendez-vous.
2 ❍ Le mari de Myriam part travailler à Angoulême.
3 ❍ Myriam a déjà trouvé un nouvel emploi.
4 ❍ Elle ne regrette pas de partir.
5 ❍ Angoulême est à 2 h 30 de Paris en TGV.

La capitale

1 21 **b** Écoutez de nouveau et notez trois choses qui pourraient manquer à Myriam et trois choses qu'elle ne regrettera pas.

☹ ce qui pourrait lui manquer	☺ ce qu'elle ne regrettera pas
1 ______	1 ______
2 ______	2 ______
3 ______	3 ______

6 Faites un portrait positif de la ville ou de la campagne dans un texte court.

TIPP!
Le sens d'un mot dépend du contexte. Si vous travaillez avec le dictionnaire, lisez toutes les traductions / définitions pour trouver le sens exact du mot dans la phrase.

7 Un mot français = deux mots allemands

a À quel mot allemand correspond le mot français utilisé dans la phrase ? Soulignez-le.

1 **la raison** (<u>der Grund</u>; die Vernunft)
Pour quelles raisons veut-il quitter la ville ?

2 **le temps** (die Zeit; das Wetter)
Nous avons eu très beau temps.

3 **l'ordre** (der Befehl; die Ordnung)
Elle est très autoritaire : elle donne des ordres à tout le monde.

4 **gagner** (gewinnen; verdienen)
Combien gagnez-vous par mois ?

5 **voler** (stehlen; fliegen)
On m'a volé mon portefeuille.

b À vous. De quel mot français s'agit-il ? Préparez une phrase avec ce mot pour le cours.

1 le ______ = (der Stau; der Korken)
______.

2 le ______ = (die Erinnerung; das Urlaubsmitbringsel)
______.

3 la ______ = (das Stipendium; die Börse)
______.

8

Celui, *celle*, *ceux* oder *celles* ?
Remplacez la partie barrée de la phrase par le pronom démonstratif qui convient.

1 Si vous cherchez un hôtel pas trop cher, je vous conseille ~~cet hôtel~~-là → *celui*-là.
2 Quel train veut-il prendre ? – ~~Le train~~ ___________ de 11 h 00, je crois.
3 Passez-moi les livres. Lesquels ? – ~~Les livres~~ ___________ qui sont sur l'étagère.
4 C'est ta voiture? – Non, c'est ~~la voiture~~ ___________ de mes parents.
5 J'adore les histoires d'amour, surtout ~~les histoires d'amour~~ ___________ qui finissent bien.
6 Votre proposition est plus réaliste que ~~la proposition~~ ___________ de votre collègue.

9

Écoutez les mini-dialogues et numérotez l'objet correspondant.

1 22

____

____

____

____

10

Une année étrangère

Laura vient de quitter la France pour aller...
mais lisez le début du roman de Brigitte Giraud,
Une année étrangère si vous voulez en savoir plus.
Répondez ensuite aux questions de la page 52.

Cela se passe dans le froid d'un hiver allemand. Je descends du train après avoir *parcouru*[1] plus de mille kilomètres. Madame Bergen m'attend au bout du quai. Grande, grave et belle. Notre premier échange est bref et approximatif. Je ne suis pas sûre de comprendre tous les mots qu'elle prononce. Mais *je hoche la tête*[2] en signe de bonne volonté. Je ne sais exactement pourquoi je suis là. Ce que je laisse derrière moi ne peut se résumer en quelques mots.

Disons pour simplifier que mon *dessein*[3] officiel est de perfectionner mon allemand que je pratiquais au lycée comme première langue. Je suis là pour apprendre. Alors, ne perdons pas de temps. J'y suis, *consentante*[4]. Et dès le premier instant, malgré le sommeil qui me *guette*[5], j'apprends. J'apprends qu'on ne marche pas sur la glace en *baskets*[6]. J'apprends que, malgré quatre heures d'allemand hebdomadaires depuis plusieurs années, je ne comprends pas une seule phrase en entier. Je pose mon bagage à l'arrière de la voiture, un minibus Volkswagen.

Je souffle sur mes doigts[7] gelés. Je n'ai pas dormi depuis vingt-quatre heures mais je suis jeune et pleine de ressources, comme aiment à me le répéter mes parents. Cela se passe dans un petit port de *la mer Baltique*[8]. Je viens d'avoir dix-sept ans.

[1] *zurücklegen* [2] *nicken* [3] *Ziel* [4] *einverstanden / willig (zu lernen)* [5] *lauern auf* [6] *Turnschuhe*
[7] *in die Hände hauchen* [8] *die Ostsee*

a Cochez les réponses correctes ou possibles, puis complétez (n° 5). Lisez le texte de nouveau, si nécessaire.

1 Cette scène se passe…
❍ en Allemagne. ❍ à Hambourg. ❍ dans une gare. ❍ dans un train. ❍ dans une voiture.

2 Les personnages cités dans le texte sont…
❍ Laura. ❍ son frère. ❍ ses parents. ❍ Mme Bergen. ❍ les enfants de Mme Bergen.

3 Madame Bergen est...
❍ blonde. ❍ grande. ❍ brune. ❍ belle.

4 Laura est…
❍ stressée. ❍ fatiguée. ❍ déterminée. ❍ contente.

5 Son âge : ______ ans et la raison de sa venue : ______________________________.

b Le soir, chez les Bergen, Laura écrit son journal intime... et raconte son arrivée en Allemagne. Écrivez votre texte au passé.

Mon cher Journal,
Je suis enfin arrivée ______________________________

____

____

______________________________.

11

Retrouvez dans le dialogue page 48 l'équivalent des phrases suivantes et complétez :

1 Tu ne travailles plus à plein-temps ? → Tu es ______________ ?
2 Mon patron ne veut pas. → Mon ______ n'est ______________.
3 Un traducteur travaille seul, en général. → C'est un ______________, la traduction.
4 Je suis responsable du stagiaire. → Je ______________ stagiaire.
5 Mon employeur me prête un ordinateur. → Le service de traduction ______________ un ordinateur ______________.
6 Tout va pour le mieux. → ______________ bonheur !

12

D'une langue à l'autre
Reliez l'expression anglaise à l'expression *made in France* ☺ équivalente.

1 faire un brainstorming
2 faire un break
3 le fast-food
4 le carsharing

a faire une pause
b la voiture partagée
c faire un remue-méninges
d la restauration rapide

Clin d'œil

« On devrait construire les villes à la campagne, car l'air y est plus pur. »

Alphonse Allais

Réflexion
sur l'apprentissage – Continuer à apprendre en dehors du cours

Cochez ce qui vous concerne.

1 Je rencontre une personne du cours et nous travaillons ensemble.

❍ souvent ❍ de temps en temps ❍ jamais

2 J'écoute la radio française : météo, les informations, chansons, etc.

❍ souvent ❍ de temps en temps ❍ jamais

3 Je regarde certaines émissions à la télé : jeux, journal télévisé, feuilletons, etc.

❍ souvent ❍ de temps en temps ❍ jamais

4 Je surfe sur Internet et consulte des sites francophones.

❍ souvent ❍ de temps en temps ❍ jamais

Que font les autres ? Comparez vos réponses dans le groupe.

Journal d'apprentissage

Maintenant je peux…

- argumenter pour ou contre la vie en ville ou à la campagne : ● ● ● p. 43
  Moi, je ne pourrais pas vivre ______.
- citer des raisons de s'expatrier : ● ● ● p. 44
  Sur le plan professionnel ______.
- demander l'avis d'une personne : ● ● ● p. 44
  Regarde ______ ?
- répondre de façon indirecte à une proposition : ● ● ● p. 44
  Et si on achetait une nouvelle voiture ? ______
- parler de l'immigration anglaise en France : ● ● ● p. 47

@ parler des avantages et inconvénients du télétravail : ● ● ● p. 48
  Cela permet de ______.
  Par contre, ______.

Pour cela, j'ai appris…

- à former et utiliser des adverbes en *-ment*. ● ● ● p. 45
- à utiliser des pronoms démonstratifs. ● ● ● p. 46

et j'ai révisé…

- la formation du féminin de l'adjectif.
- quelques particularités du français oral.

Règles du jeu : **voir page 56.**

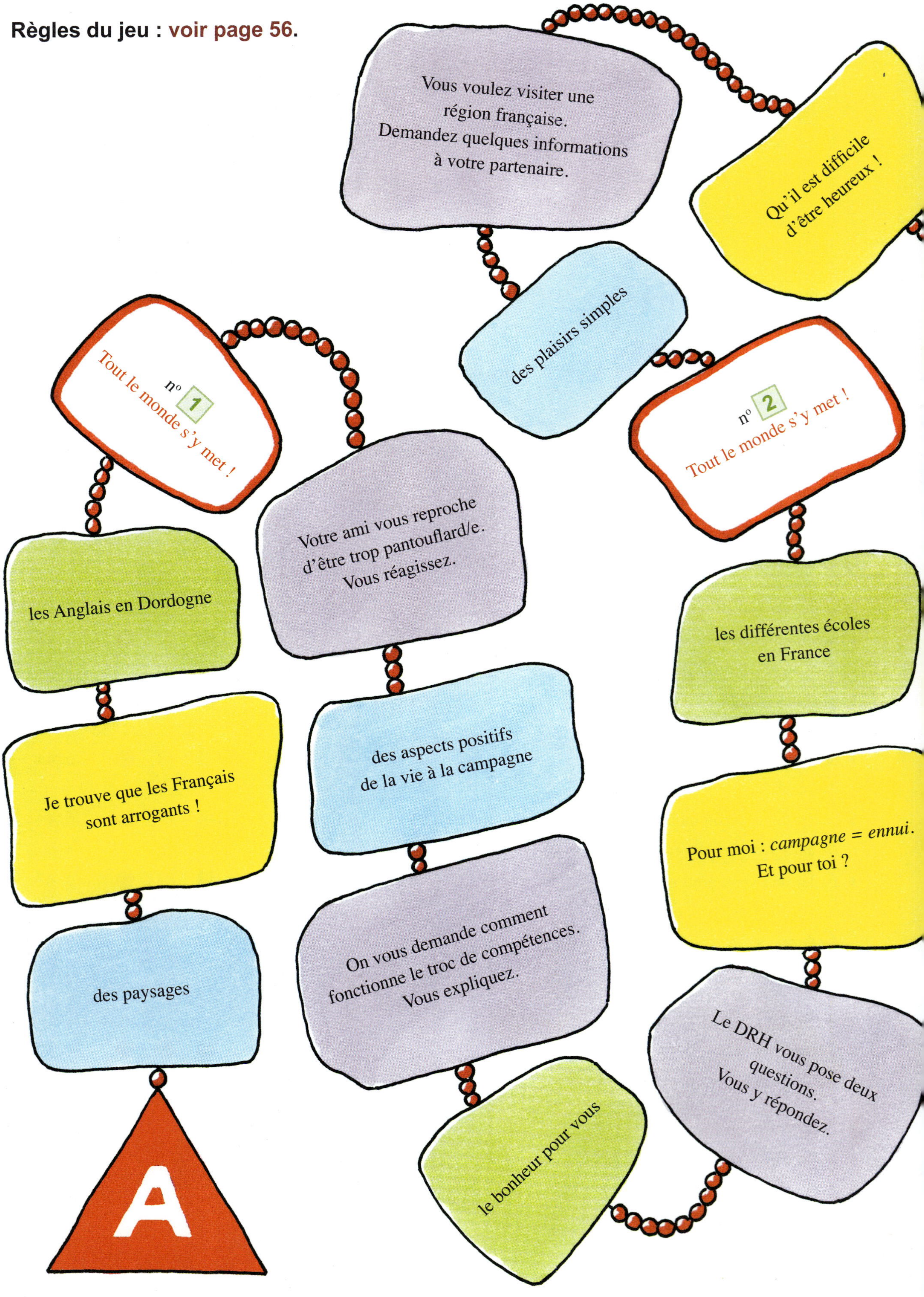

le cadre de vie idéal pour vous

Vous voulez passer au télétravail. Présentez quelques arguments à votre DRH.

Vivre à l'étranger, c'est toujours enrichissant.

des choses apprises dans votre enfance

Je voudrais aller dans un pays francophone, mais pas en Europe. Tu peux me conseiller quelque chose ?

des qualités et des défauts des Français

Vous téléphonez à une entreprise que vous voulez visiter. Posez quelques questions.

nº 3
Tout le monde s'y met !

des langues régionales parlées en France

Si j'étais plus jeune, j'apprendrais à jouer d'un instrument de musique.

des raisons de s'expatrier

des raisons d'aimer la France

B

Règles du jeu

1 Vous jouez en équipes de deux. Choisissez votre case départ **A** ou **B**.

2 Lancez le dé  et avancez d'autant de cases que le nombre indiqué.
Effectuez la tâche notée sur la « case » où vous arrivez.

3 Si vous répondez correctement, vous pouvez rester sur la case. Si vous ne répondez pas correctement, vous devez reculer de trois cases.

Trouvez le nombre de mots indiqué par le dé.

Parlez une minute sur le thème.

Jouez la scène avec votre partenaire.

Votre partenaire lit la phrase. Vous réagissez.

Si un joueur / une joueuse tombe sur la case ci-contre, c'est le groupe entier qui fait un des exercices ci-dessous correspondant.

n° **1** Tout le monde s'y met !

n° **2** Tout le monde s'y met !

n° **3** Tout le monde s'y met !

4 L'équipe gagnante est celle qui arrive la première sur la case opposée (**A** ou **B**).

1 Qui, que, dont, où ?

a Complétez.

C'est un jeu ________ j'aime bien.
________ les règles sont simples.
________ tout le monde gagne.
________ permet de réviser les premières leçons.

b Fabriquez une série sur ce modèle.

2 Si, si, si…

Formez des phrases conditionnelles irréelles comme dans l'exemple avec trois des expressions proposées, puis terminez la phrase.

gagner au loto | vivre à l'étranger | parler espagnol | être plus jeune | ne pas avoir d'enfants

1 *Si j'étais plus jeune*, j'apprendrais à piloter un hélicoptère.
2 ____.
3 ____.
4 ____.

3 Formez l'adverbe correspondant aux adjectifs suivants, puis complétez les phrases.

bon | patient | complet | courant | actuel | mauvais

1 Elle a attendu ________________ pendant des heures.
2 En vieillissant, j'entends de plus en plus ________________.
3 Nous avons ________________ trois stagiaires dans notre entreprise.
4 Ils ont ________________ rénové leur appartement.
5 Pour son âge (8 ans), elle joue déjà très ________________ du piano.
6 Je ne parle pas ________________ l'anglais, mais je me débrouille.

Carrefour des générations

Dans cette leçon, vous allez…

- raconter la vie d'une autre personne dans un contexte générationnel
- parler de changements importants dans la société et situer des événements dans le temps
- réfléchir aux rapports entre les générations
- exprimer la volonté, le souhait et l'obligation
- manifester votre impatience et réagir face à l'impatience d'autrui
- discuter des avantages et des inconvénients de la colocation intergénérationnelle
- réfléchir à la place de la femme dans la société française
- @ donner / transmettre des instructions

1 Générations :
signes des temps

a Lisez la vie de ces trois personnes. À votre avis, de qui et de quelle génération parle-t-on ici ? Complétez les fiches d'identité.

Génération *baby boom* | Paulette | Laura | Génération désenchantée | Génération entre deux guerres | Catherine

Vous vous souvenez ?
Elle avait 22 ans quand elle s'est mariée. (imparfait / passé composé)

1
Prénom : ____
Année de naissance : ____
Situation de famille : ____
Génération ____

Elle a connu la seconde guerre mondiale (elle avait la chance d'habiter en zone libre) et les années de croissance qui ont suivi (les Trente Glorieuses : 1945–1974). Elle est passée des tickets de rationnement pendant la guerre à la consommation de masse de l'après-guerre. Son modèle familial était traditionnel.
Elle avait 22 ans quand elle s'est mariée et 24 à la naissance de son premier enfant. Femme au foyer, quatre enfants, elle a tout connu : le monde sans et avec l'électricité, l'automobile, le téléphone, la télévision et Internet… Elle avait 67 ans en 1989 au moment de la chute du mur de Berlin. Depuis qu'elle est veuve (son mari est mort il y a cinq ans), elle habite chez l'une de ses filles. Elle a cinq arrière-petits-enfants.

2
Prénom : ____
Année de naissance : ____
Situation de famille : ____
Génération ____

Lorsqu'elle est née, la guerre de 39–45 était finie depuis cinq ans. Elle a eu une enfance facile, insouciante : le chômage n'existait pratiquement pas, on parlait croissance économique, plein emploi, augmentation des salaires. Bien sûr, il y avait la Guerre froide, le monde était divisé en deux camps (capitaliste et communiste), mais l'époque restait optimiste. Elle avait dix-huit ans en mai 1968. Elle a découvert l'amour en pleine libération sexuelle et avant le sida. Mariée, puis divorcée, elle a eu deux enfants. Elle vit actuellement avec un nouveau compagnon. Ancienne soixante-huitarde, elle a su s'installer dans la société des loisirs et aura une retraite confortable. Elle ne s'est pas beaucoup occupée de l'état de la planète.

3
Prénom : ____
Année de naissance : ____
Situation de famille : ____
Génération ____

Née en 1984, elle a grandi avec le chômage, la pollution et le 11 septembre. Elle aura sans doute une vie moins facile que ses parents car l'ascenseur social fonctionne mal. Elle appartient à la génération précaire, son avenir est incertain. L'époque est plus pessimiste : la crise économique est là, les caisses de retraite sont vides. Elle ne peut imaginer le monde sans ordinateur, Internet, blogues, *Facebook* et téléphone mobile. Elle a la passion des voyages et malgré son engagement pour l'écologie, c'est une grande consommatrice de vols *low cost*. Diplômée, ça fait un an qu'elle cherche du travail. On attend d'elle une mobilité sociale et géographique et une polyvalence sans limites. Dans une semaine, elle passe de nouveau un entretien d'embauche.

→Gr.1
→Ü1 – Ü4

D'après Véronique Dimet, *Réflexions sur le temps qui passe*

b Discussion. Relevez dans les textes les événements historiques importants et répondez.

1 Quels souvenirs personnels y associez-vous ?
2 Quels autres changements dans la société / Quelles nouveautés ont marqué votre vie ?
3 Retrouvez-vous votre génération dans ces témoignages ?

c Formez trois groupes. Chaque groupe choisit une personne célèbre dont il rédige le portrait sous un aspect personnel et générationnel (événements importants, évolution de la société, conditions économiques, etc.). Pendant la présentation des textes, les autres groupes devinent de qui il s'agit.

d On parle souvent du conflit des générations. Faites des hypothèses, à deux. Quelles sont, d'après vous, les principaux sujets de conflits entre les parents et les enfants ?

❍ les fréquentations et les sorties
❍ l'argent de poche ❍ le travail scolaire
❍ la participation aux tâches ménagères
❍ la façon de parler et la politesse
❍ la télévision et l'ordinateur ❍ le look

e Lisez la première partie du texte relatif à un sondage réalisé par des élèves français auprès de leurs camarades (140 jeunes élèves de collège et lycée) pour vérifier vos réponses. Avez-vous deviné juste ?

1 **On note quatre facteurs principaux de conflits** :
- la participation aux tâches ménagères et le rangement de la chambre (63 % des jeunes)
- le travail scolaire (51,2 %)
- les fréquentations et les sorties (50,4 %)
- la façon de parler et la politesse (42,4 %)

2 **La famille reste un groupe solidaire**
Les jeunes dialoguent en général assez facilement avec leurs parents : 65,8 % disent n'avoir aucun sujet tabou avec eux.
Parmi les sujets les plus difficiles à aborder avec les parents : la sexualité (12 %) et la vie affective (15,2 %).
En cas de problèmes, les parents restent un recours privilégié : seulement 4,8 % des jeunes déclarent ne pas se tourner vers eux pour chercher de l'aide, un soutien ou un conseil. La mère a alors un rôle très important (80,8 % – filles ou garçons – se tournent vers leur mère). Même si certains conflits demeurent, on ne peut pas dire que les parents et leurs enfants soient coupés les uns des autres.
Les relations entre les générations restent étroites. La famille continue d'être le recours privilégié en période de difficultés.

D'après *http://ww3.ac-poitiers.fr/ses/sequence/synth.htm*

f Lisez la deuxième partie du texte et dites si les affirmations suivantes sont vraies ou fausses.

	Vraix	Faux
1 Les jeunes ont de plus en plus de mal à dialoguer avec leurs parents.	❍	❍
2 La plupart des jeunes font appel à leurs parents en cas de problèmes.	❍	❍
3 La famille reste une structure rassurante pour la plupart des jeunes.	❍	❍

g À tour de rôle, présentez un exemple concret pour illustrer une relation « problématique » avec vos parents. Le groupe peut réagir quand il veut et chacun peut « passer ».

Moi, j'ai eu beaucoup de conflits avec mes parents l'année du bac. Ils étaient obsédés par cet examen. Je n'avais plus le droit de sortir, je devais travailler tout le week-end. Ma mère était constamment sur mon dos, à contrôler mes notes… C'était assez pénible.

→Ü5

2 Ça ne peut pas continuer comme ça !

a Notez devant chaque phrase le numéro du dessin correspondant. Une phrase reste. Laquelle ?

___ Je veux qu'ils finissent le travail avant demain. Sinon…

___ J'aimerais que tu m'écoutes quand je te parle.

___ Le cours commence à 8 heures. J'exige que vous soyez tous là à huit heures moins cinq.

___ Je voudrais que vous rangiez votre chambre.

___ Je ne veux pas qu'il prenne de risques.

___ Ça ne peut pas continuer comme ça ! Il faut que je leur parle…

→Gr.2
→Ü6 – Ü8

1 23-25

b Écoutez les dialogues. Qui sont les personnes et quel est le problème ? Complétez le tableau.

dialogue	personnes	problème
1		
2		
3		

1 23-25

c Écoutez de nouveau et notez le début des phrases.

1	______	QUE	tu comprennes que les jeux vidéo et l'école, ça va pas bien ensemble.
2	______		tu te mettes au travail.
3	______		tu prennes mes affaires sans demander.
4	______		je fasse tout ici.

→Gr.3
→Ü9

1 23-25

d Cochez dans la liste les expressions utilisées dans les dialogues pour…

exprimer l'agacement ou l'impatience

❍ C'est incroyable !
❍ J'en ai marre !
❍ J'en ai ras-le-bol !
❍ C'est pas possible !
❍ Je te l'ai déjà dit 100 fois !
❍ C'est vraiment énervant !

calmer le jeu

❍ Promis.
❍ C'est pas bien grave.
❍ T'énerve pas.
❍ Calmez-vous.
❍ Ne t'inquiète pas.
❍ Tu vas pas faire un drame pour ça.

e Imaginez à deux une situation difficile (*un collègue paresseux / des voisins bruyants…*) et préparez un dialogue. Reprenez quelques expressions de **d**. Présentez ensuite votre scène au groupe qui retrouve la situation de départ.

Exemple : un ami qui arrive toujours en retard :

- *Une heure que j'attends ! J'en ai vraiment marre. Tu n'es jamais à l'heure !*
- *Excuse-moi, je suis vraiment désolé, mais il y avait un embouteillage. J'ai dû passer par la gare.*
- *Tu trouves toujours une excuse. C'est vraiment pénible.*
- *T'énerve pas, la prochaine fois, je serai à l'heure. Promis !*

3 Un toit, deux générations

a Voici quelques expressions du texte que vous allez lire. Reliez chaque expression à sa définition.

1 la colocation intergénérationnelle	a rendre la vie quotidienne plus agréable
2 sans toit	b parler de son passé, de ses expériences
3 les tâches domestiques	c quand seniors et juniors partagent un logement
4 tisser des liens	d qui ne trouve pas à se loger
5 agrémenter le quotidien	e le travail de la maison
6 raconter son vécu	f établir des relations avec d'autres personnes

b Lisez le texte et cochez parmi les avantages listés ci-dessous, ceux qui sont cités dans le texte. Ajoutez un élément de votre choix à la liste.

pour les personnes âgées

❍ se sentir moins seul

❍ garder le contact avec la jeunesse

❍ rester dans sa maison

____

pour les jeunes

❍ faire des économies

❍ vivre comme à la maison

❍ trouver un logement

____

LA COLOCATION INTERGÉNÉRATIONNELLE : UNE IDÉE INTÉRESSANTE POUR SE LOGER

Idée novatrice et intéressante, la colocation intergénérationnelle se développe beaucoup en France, *notamment*[1] dans les grandes villes. Certaines personnes âgées ne souhaitent pas rester seules dans leur logement parfois assez spacieux et vivent en colocation avec des jeunes gens ou jeunes filles souvent étudiants n'ayant pas trouvé un toit. *Soit* ces locataires paient un petit loyer aux aînés, *soit*[2] ils effectuent des tâches ménagères, des courses, rendent service à ces personnes âgées.

Le concept est, *à plus d'un titre*[3], digne d'intérêt : non seulement, il permet à la jeunesse de trouver un logis, mais bien *au-delà*[4] de tout cela de tisser des liens avec des hommes et des femmes aux *tempes*[5] grises. Les deux agrémentent leur quotidien d'histoires, racontent leur vécu, échangent des services, les jeunes apprennent par exemple les nouvelles technologies aux personnes âgées.

Béatrice FUCHS, *http://damepolitiqueetlebiencommun.blog.tdg.ch/*

[1] *vor allem* [2] *entweder … oder …* [3] *in mehr als einer Hinsicht* [4] *darüber hinaus* [5] *Schläfen*

c Pourriez-vous envisager une colocation intergénérationnelle ? Si oui, à quelles conditions ? Si non, pourquoi ?

1 26-27 d Vivre ensemble
Écoutez les témoignages de deux personnes qui pratiquent la colocation.

TIPP!
Travailler avec le CD
1 Le titre ou l'introduction vous informent sur le contenu du texte.
2 Continuez à écouter, même si vous ne comprenez pas certains mots.
3 Écoutez plusieurs fois : à chaque fois, vous comprenez mieux.

Qui parle ?

1 ❍ un jeune ❍ une personne âgée

2 ❍ un jeune ❍ une personne âgée

Quelle est leur motivation principale ?

1 ❍ avoir un loyer pas cher ❍ avoir un jardin pour son chat

2 ❍ des raisons financières ❍ ne pas vivre seul

1 26-27 e Écoutez de nouveau et notez…

deux services que doit rendre le locataire.

1 ______

2 ______

deux avantages cités par la personne âgée.

1 ______

2 ______

f À deux, résumez chaque témoignage en une phrase.

1 ______.

2 ______.

g Choisissez une des deux situations et imaginez, à deux, un dialogue au téléphone : vous voulez quelques renseignements supplémentaires. Notez les points dont vous voulez parler.

A

Vous êtes seul(e) chez vous, et vous vous ennuyez… je serai là pour vous tenir compagnie et vous aider dans votre quotidien. En échange, juste une chambre…
Tél. : 05 61 52 06 69

B

Comme chez maman
Dame d'un certain âge loue chambre avec balcon à un étudiant ou une étudiante. Quartier du Grand Parc. Loyer modéré en échange de quelques travaux.
Pour plus d'infos, veuillez me contacter par téléphone : *05 61 77 13 24*

______

______

______

→Ü10 – Ü11

1 Zeitangaben

Vous regardez. Unterstreichen Sie die Zeitangaben und übersetzen Sie sie.

1 les tickets de rationnement pendant la guerre ___während des Krieges___
2 son mari est mort il y a cinq ans ______
3 la guerre de 39–45 était finie depuis cinq ans ______
4 elle avait dix-huit ans en mai 1968 ______
5 ça fait un an qu'elle cherche du travail ______
6 dans une semaine, elle passe de nouveau un entretien ______

Vous comprenez. Kreuzen Sie die jeweils passende Aussage an.

1 In Verbindung mit einer Zeitangabe hat *il y a* die Bedeutung ❍ vor. ❍ nach.
2 Für Handlungen, die in die Zukunft weisen, verwendet man ❍ *depuis*. ❍ *dans*.
3 Ein präzises Datum führt man mit ❍ *dans* ❍ *en* ein.
4 *Ça fait… que* und *depuis* haben ❍ die gleiche Bedeutung. ❍ unterschiedliche Bedeutung.

Vous pratiquez. Ergänzen Sie die Sätze, indem Sie verschiedene Zeitangaben verwenden.

1 J'ai appris à nager ______.
2 ______ je joue du piano.
3 Je pars en vacances ______.
4 Je vis ici ______.

2 Die Bildung des *subjonctif présent*

Gr. S. 171

Vous regardez. Ergänzen Sie die Verben aus **2 a**, Seite 60.

1 J'aimerais que tu m' ______ quand je te parle.
2 Il faut que je leur ______.
3 Je voudrais que vous ______ votre chambre.
4 Je veux qu'ils ______ le travail avant demain.
5 Je ne veux pas qu'il ______ de risques.

Vous comprenez. Vervollständigen Sie die Tabelle.

	écouter	*finir*	*prendre*	Endung
que je / j'	______	______	prenn**e**	-e
que tu	______	finiss**es**	______	– ______
qu' il	écout**e**	______	______	– ______
que nous	écout**ions**	______	pren**ions**	– ______
que vous	______	finiss**iez**	pren**iez**	– ______
qu' ils	écout**ent**	______	prenn**ent**	– ______

!!! Die Endungen des *subjonctif présent* werden – bei den regelmäßigen Verben – an den Stamm der 3. Person Plural (*ils*) des Indikativ Präsens angehängt:
*écouter → ils **écout**ent → que j'écoute / finir → ils **finiss**ent → que je finisse*

!!! Verben mit unterschiedlichem Stamm im Indikativ Präsens haben auch im *subjonctif* zwei Stammformen:
*prendre → ils **prenn**ent → que je prenne*
*nous **pren**ons / vous **pren**ez → que nous prenions / que vous preniez*

Vous pratiquez. Ergänzen Sie die fehlenden Verbformen.

Infinitiv	Indikativ Präsens	*subjonctif présent*
regarder	tu regardes ils ______	que tu regardes qu' ils ______
venir	nous ______ ils ______	que nous ______ qu' ils ______
acheter	vous ______ ils ______	que vous ______ qu' ils ______

Wichtige unregelmäßige Verben
faire → que je fasse
aller → que j'aille
que nous allions
être → que je sois / qu'il soit
que nous soyons
avoir → que j'aie / qu'il ait
que nous ayons

3 Der Gebrauch des *subjonctif présent*

Gr. S. 171

Vous regardez. Unterstreichen Sie in den Nebensätzen (*que*-Sätzen) die Verben im *subjonctif*.

1 Je ne veux pas que tu prennes mes affaires.
2 J'aimerais que tu te mettes au travail.
3 Tes professeurs disent que tes résultats sont insuffisants.
4 Je voudrais simplement que tu comprennes...
5 J'espère que tu as téléphoné à Paul.
6 Il faut que je fasse tout ici.

Vous comprenez. Stimmen die folgenden Regeln? Kreuzen Sie **ja** oder **nein** an.	**ja**	**nein**
1 Nach Verben der Willensäußerung (Befehl / Wunsch) steht der *subjonctif*.	❍	❍
2 Nach *espérer* und Verben des Sagens steht der *subjonctif*.	❍	❍
3 Die Wendung *il faut que* erfordert den *subjonctif*.	❍	❍

Vous pratiquez. Indikativ oder *subjonctif*? Entscheiden Sie.

1 J'espère qu'il (viendra / vienne) bientôt.
2 Il faut que nous (finissons / finissions) notre travail.
3 Je ne veux pas que vous (fumez / fumiez) dans la chambre.
4 Elle dit qu'elle (est / soit) très contente de venir.
5 Je voudrais qu'il me (répond / réponde) vite.
6 Nous souhaitons tous qu'elle (réussit / réussisse).

Würfeln Sie und bilden Sie Sätze mit dem *subjonctif*.

 la mère à son fils
 le professeur à ses élèves
 le maître à son chien
 la femme à son amant
 le médecin à son patient
 le patron à ses employés

Sie würfeln z. B. eine 1:
→ Je veux que tu ranges ta chambre.

Vive les femmes !

a Les droits des femmes
Voici quelques dates importantes pour les femmes en France. Reliez la date et l'événement correspondant. Travaillez en petits groupes. Quelles sont les trois dates qui vous paraissent les plus importantes ?

1945	a La journée internationale des droits de la femme est officialisée par les Nations Unies.
1965	b Légalisation de la pilule
1967	c Les femmes votent pour la première fois.
1972	d Loi sur la parité hommes / femmes dans les milieux politiques
1975	e Élection de la 1ère femme à l'Académie française (Marguerite Yourcenar)
1977	f Loi sur l'égalité des salaires entre hommes et femmes
1980	g Autorisation de l'avortement (la loi Veil)
2000	h Une femme peut travailler (et ouvrir un compte en banque) sans l'accord de son mari.

b Les métiers ont-ils un sexe ? Notez la forme féminine ou masculine des professions suivantes. Lesquelles vous paraissent plutôt réservées aux hommes ? Discutez avec votre voisin. Trouvez-vous cela normal ?

masculin	féminin	masculin	féminin
	pilote de ligne		chef d'orchestre
mathématicien		infirmier	
vendeur			maçonne
	conductrice de train	professeur	

CHAUFFEUR, n. m.
Conducteur, conductrice d'automobile. *Les chauffeurs du dimanche : les mauvais conducteurs.* (…) REM. le féminin, peu usité, est *une chauffeur* (parfois *chauffeuse* et *chauffeure*, sur le modèle québécois).

MÉDECIN, n. m.
Personne habilitée à exercer la médecine après obtention d'un diplôme (…). *Elle est médecin scolaire.* (…)
REM. Le féminin, rare, est *la médecin*.

D'après *Le Petit Robert, Dictionnaire de la langue française*, Paris 2009

c Des hommes et des femmes

1789 Déclaration des droits de l'homme et du citoyen.
Art. 1 : Les hommes naissent et demeurent libres et égaux en droits.

Quel est le problème illustré ici ?
❍ Il y a trop de monde dans la salle.
❍ Il n'y a qu'un homme et on parle au masculin.
❍ Le registre de langue ne convient pas.

Ce problème existe-t-il aussi dans votre langue ? Discutez dans le groupe.

Une réunion de travail

Madame Tourin, directrice de l'entreprise *Laclos* a convoqué quelques collaborateurs et collaboratrices pour mettre au point le programme de la visite de clients autrichiens et répartir les différentes tâches.

a Écoutez et cochez. Quels sont les éléments cités par Madame Tourin ?

- ❍ l'accueil à l'aéroport
- ❍ le discours de bienvenue
- ❍ la présentation *PowerPoint*
- ❍ la visite des ateliers
- ❍ l'animation de la table ronde
- ❍ la réservation d'une salle dans un restaurant
- ❍ l'envoi des invitations
- ❍ la présentation des dernières statistiques
- ❍ la préparation de la salle de réunion

Bachir

Laura

Martha

Pierre Simonet

Élise

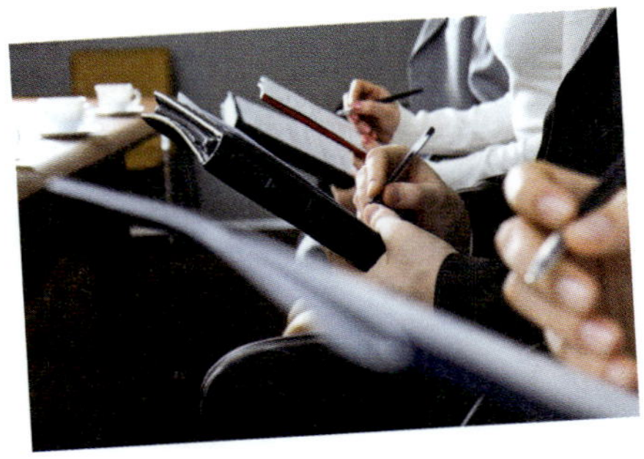

b Écoutez de nouveau et reliez le nom de la personne à sa mission.

c Reliez les éléments qui vont ensemble. Comparez avec votre voisin, puis vérifiez avec le CD.

1 Nous sommes réunis ce matin
2 9 h 30 ? Pas de problème,
3 Il faut juste
4 Autre chose. Martha est absente ce matin,
5 C'est noté,
6 Je voudrais aussi
7 Bon, c'est tout pour le moment,

a qu'une personne du marketing soit là.
b pour parler de la visite de nos clients autrichiens.
c je lui dirai.
d mais elle sera là demain.
e que je vérifie quelques détails.
f je vous remercie.
g j'y serai.

d Soulignez dans les phrases de **c**, les formules utilisées par Madame Tourin pour…
→ ouvrir la réunion,
→ annoncer un autre point,
→ clore la réunion.

e À deux, préparez un message que vous laisserez sur le répondeur de votre collègue absent/e (Pierre Simonet ou Martha) pour l'informer de ce qu'il/elle doit faire.

Bonjour,
Je ne suis pas là en ce moment.
Veuillez laisser un message. Merci.

1

Mots croisés. Retrouvez dans les textes p. 58 les mots qui correspondent aux définitions suivantes :

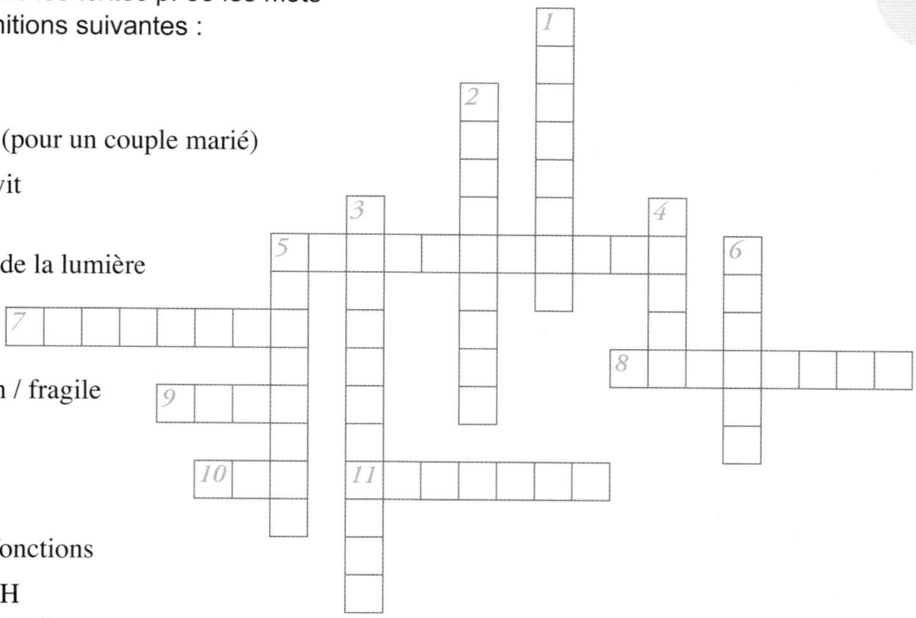

Verticalement

1 se séparer officiellement (pour un couple marié)
2 la personne avec qui on vit sans être marié
3 elle nous permet d'avoir de la lumière
4 femme dont le mari est mort
5 dont l'avenir est incertain / fragile
6 le contraire de la paix

Horizontalement

5 qui peut avoir plusieurs fonctions
7 qualité appréciée des DRH (quand elle est géographique)
8 l'argent que l'on reçoit quand on a travaillé toute sa vie
9 une maladie terrible apparue dans les années 80
10 celui de Berlin est tombé en 1989
11 période où l'on n'a plus de travail

2

Pour réviser : imparfait ou passé composé ? Racontez comme dans l'exemple.

1 entrer dans un magasin / ne rien trouver / ressortir / être déçu

Elle est entrée dans le magasin, elle n'a rien trouvé, elle est ressortie, elle était un peu déçue.

2 la voiture être en panne / essayer de la réparer / appeler *Auto-dépannage*

____.

3 commander une soupe à l'oignon / être trop salée / réclamer auprès du serveur

____.

4 avoir rendez-vous / grève des bus / prendre un taxi

____.

3

Complétez les phrases. Parlez de vous.

1 Quand je suis né/e, _______________________________.
2 À l'âge de 14 ans, _______________________________.
3 _______________________________ il y a _____ mois.
4 _______________________________ depuis longtemps.
5 Lorsqu'il pleut, _______________________________.
6 Dans _____ mois, _______________________________.
7 Depuis que je _______________________________.
8 Ça fait _____ ans que _______________________________.

4 La vie de Jacques Brel. Soulignez les expressions de temps, puis retrouvez l'ordre chronologique des événements.

Il est sans doute une des personnalités les plus passionnées et passionnantes de la chanson francophone. Peut-être connaissez-vous quelques-unes de ses chansons ?

1 Jacques Brel naît le 19 avril 1929 en Belgique dans une famille très catholique. Peu intéressé par l'école, il fonde avec des amis une troupe de théâtre.

____ À 18 ans, il monte plusieurs pièces de théâtre. C'est à cette époque aussi qu'il rencontre sa future femme, Thérèse Michielsen. De leur union naîtra un an plus tard (en 1951) leur première fille, Chantal.

____ En 1964, il sort un de ses titres les plus connus *Le plat pays*. Deux ans plus tard, il abandonne la chanson pour faire du théâtre et du cinéma. Il donnera son dernier récital à Roubaix en 1967.

____ En 1974, il est opéré d'un cancer du poumon. Après son opération, il se retire aux îles Marquises. En 1977, il sort un nouvel album *Les Marquises*.

____ À partir de 1952, il compose ses premières chansons qu'il joue dans des cabarets belges. Il signera son premier contrat le 12 février 1954 à Paris. Mais son tempérament ne plaît pas au public parisien qui le trouve provincial et lourd.

____ Brel meurt à Paris le 9 octobre 1978. Il est enterré sur l'île de Hiva Oa, à côté de Paul Gauguin. En décembre 2005, il est élu au rang de plus grand Belge de tous les temps par le public de la RTBF (Radio-télévision belge de la Communauté française).

____ Il réalise son premier film *Franz* en 1971. C'est pendant le tournage de *L'aventure, c'est l'aventure*, en 1972, qu'il rencontre Madly Bamy, jeune comédienne et danseuse qui restera avec lui jusqu'à la fin de sa vie.

____ En 1957, c'est enfin le succès. Après un triomphe à l'Alhambra, sa carrière commence vraiment.

D'après *http://www.linternaute.com/biographie/jacques-brel/biographie/*

5 Parlez de vos relations (actuelles ou passées) avec vos parents (conflits / harmonie (sorties / argent de poche / tâches ménagères, etc.). Écrivez un texte court sur une feuille séparée que vous lirez en cours si vous voulez.

6 Ajoutez les terminaisons des verbes au *subjonctif*.

1 Je ne veux pas qu'il regard ____ cette émission.
2 Je souhaite que vous lis ____ cet article.
3 Nous ne voulons qu'ils part ____ trop tard.
4 Il faut que je commenc ____ à faire mes valises.
5 Voulez-vous que nous finiss ____ le travail à votre place ?
6 Il faudrait que tu mang ____ plus de légumes.

7 Mettez les verbes suivants au *subjonctif présent*.

1 travailler	→ que je ____	qu'il ____	que nous ____
2 lire	→ qu'elle ____	que nous ____	qu'ils ____
3 boire	→ que tu ____	que vous ____	qu'ils ____
4 être	→ que je ____	qu'il ____	que vous ____
5 faire	→ que je ____	qu'elle ____	que nous ____
6 avoir	→ que tu ____	qu'il ____	que vous ____

8 Ces phrases ne sont pas logiques. Corrigez-les et notez le verbe correct.

être ~~partir~~ finir rencontrer venir recevoir

1 Excusez-moi, il faut que nous *chantions*, nous avons un bus à prendre. → nous partions
2 Nous exigeons que tu *achètes* tes études avant de partir faire le tour du monde. ______
3 J'aimerais vraiment qu'elle *tricote* au cinéma avec nous demain. ______
4 Si tu vas là-bas, il faudra que tu *fasses* prudent. Il y a des requins près des plages. ______
5 Nous souhaitons que tous nos clients *jettent* la nouvelle brochure. ______
6 C'est une personne intéressante. J'aimerais que vous la *lisiez*. ______

9 *Subjonctif* ou *indicatif* ? Complétez les phrases avec la forme correcte du verbe.

1 J'aimerais bien que vous ______. (passer demain)
2 Il faut que je ______. (prendre des médicaments)
3 Nous espérons qu'il ______. (aller bien)
4 Je ne veux pas que vous ______. (faire la vaisselle)
5 J'exige que vous ______. (rentrer avant 22 heures)
6 Elles disent que j' ______. (avoir de la chance)

10 Colocation

a Écoutez le dialogue et notez trois informations qui ne correspondent pas à l'annonce. (1 / 29)

Dame âgée sympathique et dynamique loue à petit prix (250,- €) grande chambre ensoleillée dans quartier calme avec tout confort en échange de quelques petits services.

1 ______.
2 ______.
3 ______.

b Olivier n'accepte pas la proposition. Il écrit un mail pour donner sa réponse et justifier son refus. Sur une feuille séparée, écrivez un texte court.

11 D'une langue à l'autre
Quand pouvez-vous utiliser ces expressions ? Notez le numéro de l'explication correcte.

1 Vous parlez d'un événement qui ne se produira jamais. ______ Il a fait son temps.
2 Vous parlez de quelque chose qui a eu lieu il y a très longtemps. ______ Quand les poules auront des dents.
3 Vous dites que quelque chose n'est plus à la mode. ______ Il y a belle lurette.

Clin d'œil

« Nos jeunes aiment le luxe, ont de mauvaises manières, se moquent de l'autorité et n'ont aucun respect pour l'âge. À notre époque, les enfants sont des tyrans. »

Socrate, 470 av. J.-C.

Réflexion
sur l'apprentissage – Ce qui me plaît et ce que j'aimerais pour le cours…

Cochez la réponse qui vous correspond.

Ce qui…	me plaît.	me plaît moins.
le travail en groupe	❍	❍
les tests / les bilans	❍	❍
______________________	❍	❍

J'aimerais que…

❍ nous commencions le cours à l'heure. ❍ nous lisions plus de textes.

❍ ______________________________

Journal d'apprentissage

Maintenant je peux…

▶ raconter la vie d'une autre personne dans un contexte générationnel : *Il / Elle est né/e À cette époque* ______.	●	●	●	p. 59
▶ parler de changements importants dans la société : *la consommation de masse* ______.	●	●	●	p. 59
▶ réfléchir aux rapports intergénérationnels : *Pour moi, le conflit de générations* ______.	●	●	●	p. 59
▶ exprimer la volonté, le souhait et l'obligation : *Je veux que* ______. *j'aimerais que* ______.	●	●	●	p. 60
▶ manifester son impatience et réagir face à l'impatience d'autrui : *J'en ai marre* ______.	●	●	●	p. 60
▶ discuter des avantages et des inconvénients de la colocation intergénérationnelle : *On paie un petit loyer* ______.	●	●	●	p. 61
▶ parler de la situation des femmes.	●	●	●	p. 65
@ donner / transmettre des instructions.	●	●	●	p. 66

Pour cela, j'ai appris…

▶ à situer des événements dans le temps.	●	●	●	p. 63
▶ à utiliser le subjonctif présent.	●	●	●	p. 64

et j'ai révisé…

▶ l'emploi de l'imparfait et du passé composé.

Du côté des consommateurs

Dans cette leçon, vous allez…

- comprendre et interpréter un poème
- décrire de façon précise le déroulement d'une action
- débattre sur l'ouverture des magasins le dimanche
- interrompre quelqu'un et reprendre la parole
- parler de vos habitudes de consommation
- présenter une recette de cuisine
- découvrir quelques inventions françaises
- @ faire une réclamation par téléphone

1 Histoire d'argent

a À quoi ça sert l'argent ? Lisez et complétez.

Avec l'argent, on peut s'acheter…

1 un lit, mais pas le sommeil.
2 des livres, mais pas le savoir.
3 une montre, mais pas le temps.
4 ________________, mais pas l'élégance.
5 des médicaments, ________________.
6 ________________, ________________.

1 30

b Écoutez la première strophe du poème *Chez la fleuriste* de Jacques Prévert.

1 Où se passe la scène ?
2 Qui sont les personnes ?
3 Quel est l'incident ?

1 30

c Écoutez la suite du poème et cochez les affirmations correctes.

1 Quand le client tombe, la fleuriste ❍ panique. ❍ téléphone au SAMU.
2 À la fin du poème, le regard de la fleuriste s'arrête sur
❍ l'homme. ❍ l'argent. ❍ les fleurs.
3 L'homme ❍ est mort. ❍ se relève et quitte le magasin. ❍ part en ambulance à l'hôpital.

d Lisez le poème sur la page de droite pour contrôler vos réponses.

e Voici une liste de questions. Discutez avec votre voisin/e.

1 L'homme veut acheter des fleurs. Pour qui ? Pourquoi ? Quelles fleurs ?
2 Lorsque l'homme tombe, la fleuriste ne réagit pas. Pourquoi ?
3 Que pourrait-elle faire ?
4 Retrouvez dans ce poème des caractéristiques de la poésie de Prévert citées dans la fiche d'identité du poète.
5 Est-ce que ce poème vous plaît ?
6 Quelle expression / Quelle image vous paraît la plus importante ?

f Choisissez une des deux propositions, puis, comme dans la première strophe du poème, décrivez-en tous ensemble le déroulement de façon précise. Citez au moins six étapes.

Vous voulez prendre une photo de la classe.
Vous voulez écrire un mail.

→Ü1

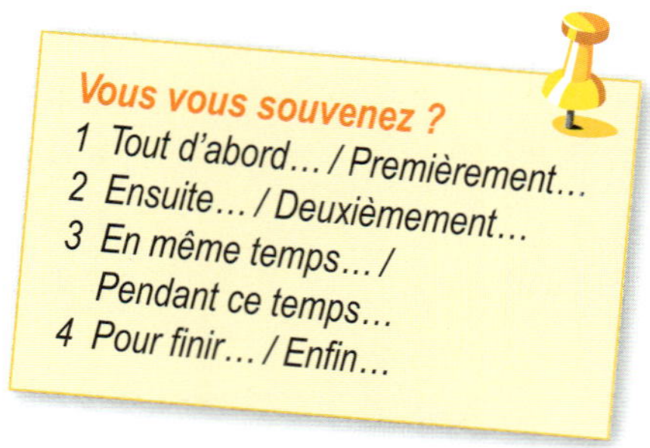

Chez la fleuriste

Un homme entre chez une fleuriste
et choisit des fleurs
la fleuriste enveloppe les fleurs
l'homme met la main à sa poche
pour chercher l'argent
l'argent pour payer les fleurs
mais il met en même temps
subitement
la main sur son cœur
et il tombe

En même temps qu'il tombe
l'argent roule à terre
et puis les fleurs tombent
en même temps que l'homme
en même temps que l'argent
et la fleuriste reste là
avec l'argent qui roule
avec les fleurs qui s'abîment
avec l'homme qui meurt
évidemment tout cela est très triste
et il faut qu'elle fasse quelque chose
la fleuriste
mais elle ne sait pas comment s'y prendre
elle ne sait pas
par quel bout commencer

Il y a tant de choses à faire
avec cet homme qui meurt
ces fleurs qui s'abîment
et cet argent
cet argent qui roule
qui n'arrête pas de rouler.

J. Prévert, *Chez la fleuriste*, in *Paroles*, © éd. Gallimard

Jacques Prévert (1900 – 1977)

Auteur de pièces de théâtre, de scénarios, de films, de livres pour la jeunesse, mais surtout poète.

Il aime :
la liberté, les oiseaux et les fleurs, l'amour, l'humour et les petites gens.

Il déteste :
l'armée, l'Église, la bourgeoisie.

Il écrit :
des poèmes simples, émouvants, mélancoliques, humains et drôles…

2 Consommer toujours plus ?

a Quel consommateur / Quelle consommatrice êtes-vous ? Lisez et cochez les comportements qui vous correspondent. Si vous ne vous retrouvez pas dans cette liste, complétez-la.

❍ Je n'ai pas le temps de regarder les prix.

❍ Moi, je profite des offres promotionnelles et je fréquente surtout les magasins de *hard discount*.

❍ Ce n'est pas moi qui fais les courses.

❍ J'adore faire les soldes et je fais souvent de bonnes affaires.

❍ Je suis plutôt dépensier/-ière, surtout quand je n'ai pas le moral.

❍ J'achète (et je vends) beaucoup sur eBay : c'est très pratique.

❍ ______________________________.

b Comparez vos réponses et discutez avec votre voisin/e. Présentez-le/la ensuite au groupe.

Lisa est plutôt dépensière et elle adore faire les soldes.

c Remue-méninges collectif : où, quand et comment peut-on consommer ?

d Lisez le texte suivant et prenez des notes. Retrouvez-vous les éléments cités par le groupe en **c** ?

Aujourd'hui, on peut consommer partout et tout le temps : dans les galeries marchandes, dans les cinémas, dans les aéroports et dans les gares. On peut faire ses achats aux heures habituelles d'ouverture des magasins, en prenant le temps de comparer, de choisir... mais aussi de plus en plus souvent, le dimanche, le soir, la nuit en se servant tout seul, en utilisant les distributeurs automatiques, en commandant par téléachat, en consultant le Net. Faire les courses le dimanche est devenu pour certaines personnes le passe-temps favori.

→Gr.1
→Ü2 – Ü4

1 / 31 **e** Écoutez le début de la conversation entre les trois amis (Céline, Arnaud et Jeanne).

De quoi parlent-ils ? ______________________

1 / 32 **f** Écoutez la conversation en entier et cochez les affirmations correctes. Comparez ensuite avec votre voisin/e.

1 ❍ Céline est déçue par son séjour en Irlande.
2 ❍ En Irlande, il n'y a pas de fermeture des magasins le dimanche.
3 ❍ Céline pense que c'est une bonne chose.
4 ❍ Pour Arnaud, l'ouverture des magasins le dimanche profite surtout aux grandes surfaces.
5 ❍ Selon lui, le dimanche, on devrait faire autre chose que les courses.
6 ❍ Il interrompt deux fois Céline.
7 ❍ Jeanne suit attentivement la conversation.
8 ❍ Elle n'a pas d'avis précis sur la question.

1 / 32 **g** Écoutez de nouveau et retrouvez les expressions pour...

→ interrompre quelqu'un : ______________________
→ reprendre la parole : ______________________
→ demander l'avis de quelqu'un : ______________________
→ signaler son désintérêt : ______________________

h Formez deux groupes et réunissez des arguments pour (groupe **A**) ou contre (groupe **B**) l'ouverture des magasins le dimanche. Pensez à vous en tant que client/e et au personnel qui travaille ce jour-là. Présentez votre travail et discutez dans le groupe.

→Ü5, Ü6

3 Habitudes alimentaires

a Avant de lire les textes, reliez chaque mot/expression à son explication.

1 le comportement alimentaire	a le principe
2 prêt à consommer	b fruits et légumes récoltés dans la région
3 le locavore	c celui / celle qu'on préfère
4 le chouchou	d qu'on n'a pas besoin de préparer
5 une exploitation locale	e ce qu'on mange / la manière de se nourrir
6 le credo	f bon/ne pour la santé
7 sain/e	g celui / celle qui mange des produits du terroir
8 des produits de proximité	h une ferme de la région

b Lisez les textes, puis, à deux, donnez-leur un titre.

____

Selon une étude réalisée en 2009, les Français consacrent 14 % de leur budget à l'alimentation. Leur comportement alimentaire a changé : ils achètent moins de produits prêts à consommer, plus de produits régionaux et de saison. La crise marque le retour de vieilles habitudes, par exemple la cuisine faite maison, plus économique, plus conviviale et plus saine. L'étude ne dit pas si les Français boivent autant de vin qu'autrefois…

D'après *www.coutdefourchette.fr*

→Gr. 2
→Ü7

____

Ça y est, les locavores sont devenus les chouchous des médias. En l'espace de quelques semaines, on a assisté à une explosion du nombre d'articles de presse et de reportages sur cette espèce de gastronomes qui s'alimentent exclusivement de produits de saison issus d'exploitations 100 % locales. Manger des produits de proximité pour réduire les dépenses d'énergie, relancer des micro-terroirs et respecter les saisons, tel est le credo de ces nouveaux consommateurs. Est-ce une bonne idée ? Le débat est lancé...

D'après *www.guide-ecofood.fr*

c Vous retrouvez-vous dans ces tendances ? Discutez en plénum.

d Formez deux groupes : **A** fait une liste de produits agricoles courants régionaux, **B** de produits agricoles d'importation. Chaque groupe devine en trois minutes le plus de mots possible de la liste de l'autre.

e Voici deux recettes de cuisine : laquelle avez-vous envie d'essayer ? Pourquoi ?

Terrine de courgettes

Ingrédients (pour 4 personnes)
1 kilo de courgettes
1 filet d'huile d'olive
4 cuillères à soupe de crème fraîche
3 jaunes d'œufs
1 petite poignée de basilic, ail, sel, poivre

- Huilez le moule avec l'huile d'olive
- Tapissez le fond et le bord de quelques rondelles de courgettes que vous avez fait revenir à la poêle
- Épluchez les courgettes, coupez-les et faites-les cuire à la vapeur
- Préparez une purée en passant les courgettes au mixeur.
- Ajoutez la crème fraîche, les jaunes d'œufs le basilic, l'ail haché fin, le sel et poivre
- Faites cuire au bain marie à four moyen pendant 20 minutes environ
- Servez chaud ou froid

Vous vous souvenez ?
1 kilo **de** courgettes
1 filet **d'**huile d'olive
4 cuillères à soupe **de** crème fraîche

Soyez tendance, essayez les verrines !

Verrines des tropiques

Pour 4 personnes – Préparation : 20 min

Ingrédients
20 crevettes moyennes décortiquées
tarama
piment rouge
2 avocats
coriandre
le jus d'un demi-citron vert

1 Mélangez les crevettes avec du piment rouge frais haché. Épluchez les avocats et coupez-les en tranches fines. Ajoutez la coriandre entre les tranches d'avocats, puis arrosez le tout avec le jus du demi-citron vert.

2 Dans 4 verres à whisky plats, déposez les crevettes, les tranches d'avocat avec la coriandre et terminez par 4 cuillerées à soupe de tarama. Mettez au frais environ une heure avant de déguster. Servez avec des triangles de pain grillé.

Vous vous souvenez ?
du piment rouge
de la coriandre
de l'avocat
des triangles de pain grillé

f Soulignez dans les deux textes les verbes utiles pour donner une recette.

g On prépare un buffet pour le cours. Formez des groupes. Chaque groupe propose un ou deux plat(s) simples et en donne la recette. Aidez-vous du vocabulaire des textes lus en **e**.

→Ü8

h Présentez vos suggestions en plénum et établissez ensemble le menu de votre buffet. Mettez-vous d'accord : combien de plats préparerez-vous ? Qui fera quoi ?

1 Das *gérondif*

Gr. S. 172

Vous regardez et **Vous comprenez.**

Unterstreichen Sie die Subjekte (Frage *Wer?*) in den folgenden Sätzen.

1 On peut faire ses achats et on prend le temps de comparer.
→ On peut faire ses achats en prenant le temps de comparer.

2 Si tu prends un taxi, tu arriveras à l'heure.
→ En prenant un taxi, tu arriveras à l'heure.

3 Je n'ai pas fermé la porte quand je suis parti.
→ Je n'ai pas fermé la porte en partant.

4 Si les magasins ouvrent le dimanche, les gens consomment plus.
→ ~~En ouvrant le dimanche, les gens consomment plus.~~

5 Il s'est cassé un bras parce qu'il est tombé.
→ Il s'est cassé un bras en tombant.

Verbstamm 1. Person Pl. Präsens	gérondif
*nous **utilis**ons*	*→ en utilisant*
*nous **pren**ons*	*→ en prenant*

Nur 3 unregelmäßige Formen!

être	*→ en **étant***
avoir	*→ en **ayant***
savoir	*→ en **sachant***

Stimmen die folgenden Aussagen? Kreuzen Sie **ja** oder **nein** an.	ja	nein
1 Die Verbform *gérondif* existiert auch im Deutschen.	❍	❍
2 Das *gérondif* erfordert Subjektgleichheit in beiden Sätzen.	❍	❍
3 Das *gérondif* ersetzt immer einen temporalen Nebensatz (Gleichzeitigkeit).	❍	❍

Vous pratiquez. Unterstreichen Sie die Subjekte in den Sätzen und bilden Sie, wenn möglich, die entsprechende *gérondif*-Konstruktion.

1 Pendant que nous dînons, nous regardons la télé.
2 Je faisais du ski et je me suis cassé la jambe.
3 Je fais les courses pendant que tu fais le ménage.
4 Si vous partez tôt, vous éviterez les embouteillages.
5 Je vais t'expliquer, tu trouveras facilement.

2 Der Komparativ bei Mengenangaben

Gr. S. 165

Vous regardez. Unterstreichen Sie die Komparativformen in den folgenden Sätzen.

1 Ils achètent moins de produits prêts à consommer, plus de produits régionaux et de saison.
2 Les Français boivent autant de vin qu'autrefois.

Vous comprenez. Ergänzen Sie die folgenden Regeln.

1 Beim Vergleich von Mengen wird
→ *mehr* mit *plus de* wiedergegeben.
→ *genauso viel* mit ____________ wiedergegeben.
→ *weniger* mit ____________ wiedergegeben.

2 Die Vergleichspartikel (*als* oder *wie*) heißt ________.

Vous pratiquez. Bilden Sie Vergleiche mit *plus de… / moins de… / autant de... que/qu'…*

acheter *consommer* *avoir* *regarder* *dépenser*

produits régionaux essence argent patience séries américaines

Produits *made in France* ☺

a Associez le mot à l'objet correspondant. Tous ces objets sont des inventions françaises, sauf un. Lequel, à votre avis ?

1

2

3

4

5

6

le sac à dos à armature	→ n° ___	la poubelle	→ n° ___
la boîte de conserve	→ n° ___	le moulin à légumes	→ n° ___
le digicode	→ n° ___	la bouteille thermos	→ n° ___

b À vous. Parlez avec votre voisin/e.

Lesquels de ces objets utilisez-vous ? Et pour quoi faire ?
Lesquels n'utilisez-vous jamais ? Pourquoi ?

c Notez devant chaque slogan le nom de l'objet correspondant. Travaillez à deux.

___________________ Redécouvrez le bon goût des potages maison !

___________________ *La sécurité au bout des doigts.*

___________________ ***Faites comme tout le monde,*** *allégez-la.*

___________________ Jamais sans mon thé !

___________________ Petit ou **grand** format, ouvrez et dégustez.

___________________ Voyagez les mains libres.

d Préparez à deux la description d'un objet d'utilisation courante, puis fabriquez un slogan. Présentez-le. Si le groupe ne devine pas, lisez votre description.

Slogan → *Avec moi, vous n'êtes jamais tout à fait seul…*

Description → *C'est un objet petit et très pratique pour rester en contact avec ses amis et être joignable à tout moment.*

→Ü9

Faire une réclamation par téléphone

1 33 **a** Écoutez la conversation téléphonique.

1 Qui sont les personnes ?

2 Quel est le problème ?

3 Quelle est la solution proposée ?

La FNAC
Chaîne de grands magasins spécialisée dans la vente de produits et de loisirs culturels.
On y trouve : livres, CD, DVD, jeux vidéo, appareils électroniques, hi-fi, etc.
On y réserve ou achète : des voyages, des billets de spectacles, …
Vous la trouverez dans plus de 50 villes de France ainsi que dans de nombreux autres pays (Belgique, Suisse, Espagne, Portugal, etc.).

1 33 **b** Voici quelques phrases du dialogue que vous allez entendre. Travaillez à deux et vérifiez avec le CD.

1 Numérotez-les dans l'ordre de leur apparition dans le dialogue.

2 Qui dit quoi ? Notez **E** pour l'employé/e et **C** pour le client. Écoutez le CD pour vérifier.

1	E	Que puis-je faire pour vous ?
___	___	… j'ai acheté un ordinateur portable qui fonctionne mal.
___	___	Le mieux, c'est que vous le rapportiez au magasin.
___	___	Je peux passer tout de suite à votre magasin ?
___	___	… je voudrais l'échanger.
___	___	Et qu'est-ce qu'il a, exactement ?
___	___	Et n'oubliez pas votre facture ou votre ticket de caisse.
___	___	Un instant, Monsieur, je vous passe notre service après-vente.
___	___	Vous pouvez m'en prêter un le temps de la réparation ?
___	___	Il plante sans arrêt.

c À deux, faites une liste de situations où vous pouvez réclamer ou échanger quelque chose :

→ *dans un magasin de vêtements*
→ ____________________
→ ____________________
→ ____________________

d Choisissez une de ces situations et préparez un mini-dialogue. Par exemple, vous avez acheté un pull avec un trou. Vous voulez l'échanger.

Bonjour, qu'est-ce que je peux faire pour vous ?
J'ai acheté ce pull et…

Votre situation : ____________________

e Présentez votre travail. Le groupe résume ensuite rapidement la situation.

FNAC CERGY PONTOISE
BIENVENUE DANS NOTRE MAGASIN
Numéro FNAC : 0825-020-020
(0.15 euro ttc/minute)

OUVERTURE DE VOTRE MAGASIN
DU LUNDI AU SAMEDI de 10h A 20h

UN ROMAN FRA/BEIGB 9782253134411 00515	6.50€
IL Y A LONGT/CLAUD 9782253127611 00515	6.50€
LA PLACE/ERNAUX A. 9782701154442 00592	4.00€
TOTAL 3 Article(s)	17.00€
ESPECES	20.00€
** RENDU MONNAIE	-3.00€

TVA+TSA	MT TVA.	MT H.T.	MT TTC
1> 5.50	0.89	16.11	17.00

005 / 0016 / 15/09/2010 / 19:11:37
Magasin : 04008 Ticket : 000311

ECHANGES OU REMBOURSEMENTS:
-dans les 15 jours suivants l'achat
-avec le ticket ou la facture
-dans son état d'origine et complet
PRODUITS TECHNIQUES DEBALLES
-échange ou note de crédit
CD,DVD,LOGICIELS,CASQUES
-repris non ouverts

→Ü10, Ü11

1 Chez la fleuriste

1/34 **a** Lequel des trois textes audio résume le poème de la page 73 ?

❍ texte 1 ❍ texte 2 ❍ texte 3

1/34 **b** Écoutez de nouveau et notez au moins trois erreurs entendues dans les deux autres textes.

1 ___

2 ___

3 ___

2 Le gérondif. Complétez le tableau.

infinitif	1ère personne pluriel	gérondif
aller	nous allons	en ___
voir		
surfer		
faire		
choisir		

3 Par quelle phrase pourriez-vous remplacer le gérondif ?

Cochez, puis ajoutez une dernière phrase.

1 Elle téléphone en conduisant. ❍ … parce qu'elle conduit. ❍ … pendant qu'elle conduit.

2 En allant sur le Net, tu trouveras l'information. ❍ Pendant que tu vas sur le Net… ❍ Si tu vas sur le Net…

3 Je l'ai rencontré en sortant du restaurant. ❍ … quand je suis sorti du restaurant. ❍ … si je sortais du restaurant.

4 Il a perdu trois kilos en faisant du sport. ❍ … quand il a fait du sport. ❍ … parce qu'il a fait du sport.

5 ___.

4 Donnez des conseils en utilisant le gérondif. Préparez une question supplémentaire pour le groupe.

1 Comment rencontrer des gens ?

→ *en suivant un cours à la VHS.*

→ *en chattant sur Internet.*

2 Comment consommer mieux ?

→ ___.

→ ___.

3 Comment s'informer sur l'actualité ?

→ ___.

→ ___.

4 ___ ?

5 Discussion sur le Net. *Êtes-vous pour ou contre la pub à la télévision après 20 heures ?*

a Lisez les messages et soulignez de couleurs différentes les arguments (pour ou contre) cités par les internautes.

Mike ☺
Pour les pubs. Pour moi, une soirée devant la télé sans pub, c'est très ennuyeux. Même pendant les films, j'aime bien la pub. Ça permet de bouger un peu, d'aller chercher un truc dans le frigo ou de faire pipi… Et puis ça permet aussi de découvrir de nouveaux produits. En plus, certains spots sont très drôles et très créatifs.

Ambre ☹☹
Je suis absolument contre. Ces pubs à répétition, surtout celles pour les produits alimentaires ou cosmétiques, c'est l'horreur. C'est simple, moi, dès que la pub arrive, je zappe… Pendant les films, c'est encore plus énervant. Et en plus, le film finit plus tard. Quand on doit se lever tôt, comme moi, c'est nul.

Ludovic 😐
Interdire complètement la publicité après 20 heures ? Peut être pas, mais la diminuer fortement, oui. En petite quantité, c'est cool et ça détend. Mais actuellement, les coupures sont trop longues et il y en a trop. C'est gênant pendant les films, je trouve.

b Participez au forum de discussion en écrivant un texte court pour donner votre avis.

6 Consommation : les cartes de fidélité

Anna Sam, qui a travaillé plusieurs années dans un hypermarché, parle de ses expériences de caissière.

a Lisez le texte (p 82) et cochez les affirmations correctes.

1 ❍ Les cartes de fidélité permettent de faire des économies intéressantes.
2 ❍ Elles poussent le consommateur à acheter le plus possible, le plus souvent possible.
3 ❍ Les points ou bons d'achat sont valables à vie.
4 ❍ Les cadeaux offerts sont des produits de qualité.
5 ❍ L'auteure porte un regard ironique sur le monde de la consommation.

La fabuleuse carte de fidélité dans toute sa complexe simplicité

Quel intérêt ? Aucun ou alors pas beaucoup (car non, ne rêvez pas vous ne deviendrez pas millionnaire avec). C'est juste un moyen (génial) de la part des *enseignes*[1] pour inciter les clients à revenir dans leurs magasins plutôt que de se rendre chez les concurrents. C'est vrai que gagner un *doudou-chat* au bout de 3 000 points (1 point gagné par euro dépensé dans le magasin), un *jeu de fléchettes* au bout de 5 000 points, un *compotier en plexi* au bout de 10 000, un voyage à Eurodisney par *tirage au sort*[2], un lecteur DVD portable (en panne dans une semaine) au bout de 90 000 points + 25 euros, ou recevoir un chèque-cadeau de 5 euros uniquement valable sur les articles en promotion… donne envie de *se battre bec et ongles*[3] pour obtenir la carte de fidélité de son supermarché et rend vital le besoin d'aller y acheter le plus de produits possible, le plus souvent possible. (…)

Mais jamais, au grand jamais, il ne vous faudra oublier la date de validité de vos précieux points ou bons d'achat car, si vous dépassez *la date butoir*[4], vous perdrez tous les bénéfices si difficilement *engrangés*[5] au fil des mois, voire des années et alors adieu jeu de 54 cartes, *nounours*[6] en polyester ou appareil à fondue…

Extrait du livre *Les tribulations d'une caissière* d'Anna Sam

[1] *Geschäfte*
[2] *Losverfahren, Verlosung*
[3] *mit aller Kraft, verbissen (mit Zähnen und Klauen) kämpfen*
[4] *Verfallsdatum*
[5] *horten*
[6] *Teddybär*

b Soulignez dans le texte tous les cadeaux que les clients peuvent gagner avec la carte de fidélité.

Combien en trouvez-vous ? ____________

Lequel aimeriez-vous gagner ? ________________________________

c Que pensez-vous des cartes de fidélité ? En avez-vous une ou plusieurs ? Avez-vous déjà gagné quelque chose ? Écrivez un texte court.

____

____

____

____

7 Trouvez les affirmations incorrectes, corrigez-les. Complétez par une comparaison vraie ou fausse.

1 Il y a autant de plages en France qu'en Allemagne. ________________

2 En Suisse, on mange plus de chocolat qu'en Norvège. ________________

3 Les Allemands consomment moins de bière que les Italiens. ________________

4 En France, on boit autant de champagne que de vin. ________________

5 Il y a moins d'habitants à Vienne qu'à Berlin. ________________

6 ____.

8 La tarte aux pommes

1 35 **a** Écoutez et notez la liste des ingrédients.

Ingrédients (pour 6 personnes)
une pâte brisée toute prête ______

______ ______

______ ______

1 35 **b** Écoutez de nouveau et complétez les expressions en ajoutant les verbes.

1 ______ la pâte brisée
2 *piquer* avec une fourchette
3 ______ les pommes
4 ______ en lamelles
5 ______ le jus de citron
6 ______ la pâte du four
7 ______ le fond
8 ______ harmonieusement
9 *saupoudrer* de sucre
10 ______ une demi-heure

9

Faites des recherches sur un produit / objet de votre choix que vous présenterez au prochain cours.

10

1 36-38 Réclamations. Écoutez les mini-dialogues et numérotez les dessins. Notez ensuite sous chaque dessin le problème et la solution proposée, s'il y en a une.

______ ______ ______

______ ______ ______

11

D'une langue à l'autre
Inscrivez le numéro de l'expression correspondant à chaque portrait.

1 Il veut le beurre et l'argent du beurre. 2 Il met de l'argent de côté. 3 L'argent lui brûle les doigts.

___ Dès qu'il a de l'argent, Léo le dépense.

___ Pierre veut tout à la fois.

___ Alex fait des économies parce qu'il voudrait s'acheter une nouvelle voiture.

Clin d'œil

« Si l'argent ne fait pas le bonheur, rendez-le ! »
Jules Renard, écrivain français

Réflexion sur l'apprentissage – Ma recette pour apprendre le français

Faites votre recette personnelle. Vous pouvez vous aider des mots proposés ou choisir d'autres ingrédients… De quoi avez-vous absolument besoin ?

Quantités

une tonne – un kilo – un bol – une cuillère – une livre – 200 grammes – une pincée

Ingrédients

motivation – plaisir – concentration – temps – bonne humeur – calme – musique

Pour bien apprendre le français, il me faut absolument…

1 __________

2 __________

3 __________

Comparez votre recette avec celle des autres personnes du groupe.

TIPP!

Le français : mode de consommation
Mieux vaut souvent et à petites doses que rarement et trop à la fois… ☺

Journal d'apprentissage

Maintenant je peux…

- comprendre et interpréter un poème. ● ● ● p. 72
- décrire de façon précise le déroulement d'une action : ● ● ● p. 72
  Tout d'abord __________.
- débattre sur l'ouverture des magasins le dimanche : ● ● ● p. 74
  Je suis pour / contre parce que __________.
- interrompre quelqu'un et reprendre la parole : ● ● ● p. 74
  Désolé de __________.
  Tu permets __________.
- parler de mes habitudes de consommation : ● ● ● p. 75
  Je suis plutôt __________.
  En général, je fais mes courses __________.
- présenter une recette de cuisine : ● ● ● p. 76
  Pour faire __________, *il faut* __________.
- parler de quelques inventions françaises. ● ● ● p. 78
- @ faire une réclamation par téléphone. ● ● ● p. 79

Pour cela, j'ai appris…

- à utiliser le gérondif. ● ● ● p. 77
- à comparer des quantités. ● ● ● p. 77

et j'ai révisé…

- l'article partitif et l'expression de la quantité.

Je, tu, il, elle, nous et les autres…

Dans cette leçon, vous allez…

- parler de vos rapports avec les autres
- caractériser une personne : ses qualités, ses défauts
- donner votre jugement sur une situation
- raconter une histoire d'amour
- aborder le thème de la solidarité et présenter une organisation humanitaire
- parler du handicap au quotidien
- @ juger des qualités qui facilitent le travail en équipe

1 Zoom
sur les amis

a Choisissez, à deux, trois mots pour caractériser l'amitié. Puis faites une phrase avec chacun.

essentiel · le respect · *pour la vie* · ~~la jalousie~~ · les affinités · la rivalité · l'intimité · se réconcilier · *compter sur* · le soutien · *le plaisir* · ~~la fidélité~~ · se confier · s'accepter · précieux · les disputes

la fidélité : En amitié comme en amour, la fidélité, c'est très important.

→Ü1 *la jalousie* : La véritable amitié exclut la jalousie.

TIPP!

Exprimez vos sentiments en cours.
Frustration ? Découragement ? Impatience ? ☹ Parlez-en.
Curiosité ? Plaisir ? Confiance ? ☺ Parlez-en aussi.
Et surtout, n'ayez pas peur de faire des fautes !

b Voici quelques adjectifs qui apparaîtront dans l'enregistrement. Associez chacun à son explication et accordez-le si nécessaire.

fidèle · inséparable · adorable · conformiste · méchant · original · hypocrite · ennuyeux · malheureux

1 ils sont toujours ensemble — ils sont ______
2 elle manque d'originalité — elle est ______
3 il est très fantaisiste — il est ______
4 il est faux, il ne dit pas ce qu'il pense — il est ______
5 il est constant en amour et amitié — il est ______
6 elle n'est pas intéressante — elle est ______
7 elle est charmante, très aimable — elle est ______
8 il n'est pas gentil — il est ______
9 il n'est pas heureux — il est ______

1 39 **c** Écoutez la conversation entre les trois amis.

1 De qui parlent-ils ?
2 À quel propos ?
3 Sont-ils du même avis ?

1 39 **d** Écoutez de nouveau et cochez l'affirmation correcte. Comparez avec votre voisin/e.

1 Pierre et Carine étaient ensemble ❍ depuis peu. ❍ depuis longtemps.
2 Ils se sont séparés parce que ❍ Pierre ❍ Carine a rencontré quelqu'un d'autre.
3 Selon Benoît, Carine est ❍ adorable, mais un peu ennuyeuse. ❍ adorable et très drôle.
4 Anne trouve que Pierre est ❍ très fidèle. ❍ un peu hypocrite.
5 Elle pense aussi que la décision de Carine est ❍ définitive. ❍ provisoire.

e Reliez les éléments des deux colonnes pour retrouver les phrases de l'enregistrement. Écoutez le CD pour contrôler.

1 39

1 C'est normal qu'ils
2 Je trouve très regrettable que cela
3 Il vaut peut-être mieux que je
4 Je comprends que Carine
5 Quel dommage qu'ils
6 Je doute que Carine
7 Je ne suis pas sûre que ce

a me taise.
b soit une très bonne idée.
c réagisse comme ça.
d aient envie d'avoir d'autres expériences.
e revienne sur sa décision.
f ne soient plus ensemble.
g ne te fasse pas plus de peine.

→Ü2
→Gr. 1
→Ü3 – Ü5

f Parlez de vous et d'un/e ami/e. Terminez les phrases, puis choisissez trois informations que vous lirez devant le groupe.

1 Nous nous connaissons depuis ____________________
2 Nous nous sommes rencontré(e)s ____________________
3 Ensemble, nous avons ____________________
4 J'aime particulièrement chez lui / chez elle ____________________
5 Je trouve très bien aussi qu'il / elle ____________________
6 Je regrette seulement que / qu' ____________________

g Discussion. Parmi ces citations, laquelle préférez-vous ? Pourquoi ? Avez-vous un exemple pour illustrer un des sentiments suivants ?

→ La joie, c'est en soi qu'on la trouve, pas ailleurs.
→ La colère est mauvaise conseillère.
→ La jalousie voit tout, excepté ce qui est.
→ Celui qui n'a pas peur n'est pas normal ; ça n'a rien à voir avec le courage.
→ Prenez garde à la tristesse, c'est un vice.
→ Il y a une espèce de honte d'être heureux à la vue de certaines misères.

2 ____________________

1 40

a Écoutez... Qu 'est-ce que vous associez à cette musique ? Proposez un titre pour cette séquence. Mettez-vous d'accord et notez-le plus haut.

1 Aimez-vous cet air ?
2 Connaissez-vous d'autres mélodies / chansons d'amour ?

Bizet 1838 – 1875
Son vrai prénom : Alexandre César Léopold
Son prénom d'adoption : Georges
Sa vie : la musique
Son œuvre la plus célèbre : Carmen (1872)
Carmen : une femme qui aime l'amour et la liberté par-dessus tout
Autres opéras : L'Arlésienne
Les Pêcheurs de Perles

b Lisez les textes et retrouvez les couples célèbres.

Pénélope et Ulysse *Gabrièle Russier et Christian R.* *Bonnie et Clyde* *Grace Kelly et le Prince Rainier* ~~*Roméo et Juliette*~~ *Camille Claudel et Rodin* *Jean-Paul Sartre et Simone de Beauvoir*

1 *Roméo et Juliette*

Deux adolescents qui s'aiment passionnément, qui se marient en secret. Deux familles qui se détestent. Leurs enfants en mourront : lui, en buvant du poison, elle en se tuant avec l'épée de son bien-aimé.

2 ____________

Son mari part à la guerre. Elle attendra son retour pendant vingt ans. Épouse fidèle, elle défait chaque nuit la tapisserie faite dans la journée, car elle a promis de se remarier lorsque celle-ci serait terminée.

3 ____________

Unis dans l'amour comme dans le crime, ces deux amants sont morts sous les balles de la police en 1934. Leur vie a inspiré de nombreux réalisateurs de cinéma.

4 ____________

Histoire d'amour ou pacte d'amour ? Pas de mariage, pas de vie commune, pas d'enfant. Rien ne devait les détourner de leur destin de « grand écrivain ». Ils ont vécu chacun de leur côté de nombreuses expériences et aventures amoureuses, mais ne se sont jamais quittés. Elle-même a dit plus tard : *Plus nous prenions nos distances (...) plus nous revenions l'un vers l'autre en sachant que nos deux existences ne devaient jamais se séparer.*

5 ____________

Elle a du génie, elle est très belle. Lui est un sculpteur célèbre, elle sa meilleure élève. Elle est folle d'amour pour lui. Elle le quitte parce qu'il ne peut pas se résoudre à se séparer de sa femme, mais elle ne se remettra jamais de cette rupture et finira sa vie dans un asile psychiatrique.

6 ____________

C'est l'histoire d'un prince (un vrai ☺) qui rencontre une jeune actrice américaine dont il tombe aussitôt amoureux : c'est le coup de foudre. Ils se marient et ils auront beaucoup d'enfants (trois en tout).

7 ____________

Elle a 42 ans, il en a 15 et ils s'aiment. Elle est son professeur, lui son élève. Les parents de ce dernier portent plainte pour détournement de mineur. Elle est condamnée à un an de prison avec sursis. Elle se suicide peu de temps après. Cela se passait en 1968...

c Laquelle de ces histoires connaissiez-vous déjà ? Laquelle vous émeut le plus ? Pourquoi ?

- Je connais bien sûr l'histoire de Roméo et Juliette. J'ai même vu la pièce au théâtre. C'est bouleversant.
- L'histoire la plus émouvante, pour moi, c'est celle du professeur et de son élève parce qu'à notre époque, ce drame n'arriverait peut-être plus.

d Travaillez à deux. Vous connaissez un autre couple célèbre (réel ou imaginaire) ? Faites un résumé écrit de leur histoire et laissez deviner les autres.

→Ü6 – Ü7

3 Portes ouvertes à la solidarité

a Remue-méninges : comment s'engager pour les autres ?

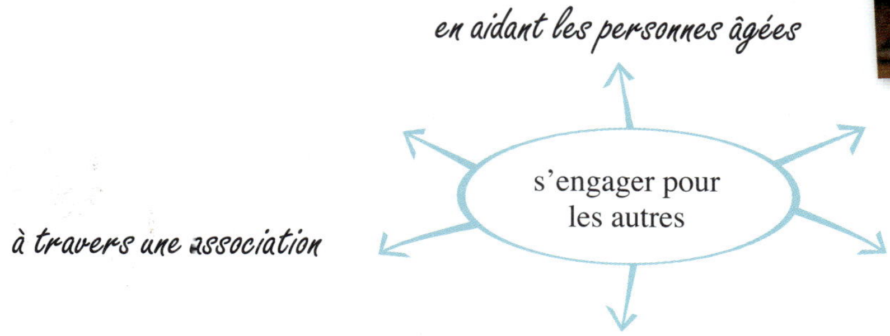

b Lisez les six textes, puis notez, à deux, dans le tableau le numéro du document correspondant au type d'engagement.

engagement régulier	faire un don	autres actions ponctuelles
1 / ____	____ / ____	____ / ____

1 Enfants handicapés, personnes âgées ou hospitalisées… Selon votre sensibilité, vous *accorderez*[1] quelques heures par semaine à tous ceux qui ont envie et besoin d'être *distraits*[2] et d'oublier un peu leur souffrance.
www.fondationclaudepompidou.fr

2 Vous en avez sûrement entendu parler : chaque année, le Secours Populaire organise sa « Journée des oubliés des vacances » et permet à des milliers d'enfants de passer quelques heures en bord de mer. L'organisation cherche des *bénévoles*[3] pour les *encadrer*[4].
www.secourspopulaire.fr

SECOURS POPULAIRE FRANÇAIS

3 La France n'y échappe pas : le diabète touche de plus en plus de personnes dans l'Hexagone. Il faut agir vite. La recherche coûte cher et le financement du gouvernement ne suffit pas. Grâce à votre don, même modeste, non seulement vous aiderez toutes les personnes vivant avec le diabète, mais vous participerez également à l'effort des chercheurs. Parlez-en autour de vous.
www.a-rd.fr

[1] *gewähren*
[2] *unterhalten*
[3] *ehrenamtliche Mitarbeiter*
[4] *betreuen*

4 Pensez-y : au moment des fêtes, la solitude est encore plus durement *ressentie*[5]. Mettez votre empathie et votre temps au service de ces personnes isolées en partageant avec elles un repas de fin d'année.
www.petitsfreres.asso.fr

les petits frères des Pauvres

5 Les Restos du Cœur offrent 100 millions de repas par an et aident 840 000 personnes à *s'en sortir*[6]. Vous pouvez y contribuer en faisant un don aux restos du cœur (un don en ligne, par *mandat*[7] ou par chèque).
www.restosducoeur.org

6 Ami/e des bêtes, vous n'avez pas peur de nettoyer leurs cages, de les nourrir… ni de les laisser partir lorsqu'un gentil maître souhaite les adopter. Contactez-nous :
www.30millionsdamis.fr

FONDATION 30 MILLIONS D'AMIS

[5] *empfunden*
[6] *zurechtkommen*
[7] *Überweisung*

→Gr. 2
→Ü8 – Ü9

c Vous voulez soutenir une association. Mettez-vous d'accord et choisissez une des actions proposées. Dites pourquoi vous avez fait ce choix.

Dans notre groupe, nous n'avons pas beaucoup de temps, nous avons choisi de faire un don à la recherche sur le diabète parce qu'il s'agit d'un problème de santé très grave. Dans notre pays aussi, le nombre de malades du diabète augmente très rapidement…

→Ü10

1 Der Gebrauch des *subjonctif* (2)

Gr. S. 171

Vous regardez. Unterstreichen Sie in den Nebensätzen (*que*-Sätzen) alle Verben im *subjonctif*.

1 Tu sais que Pierre et Carine se sont séparés ?
2 C'est normal qu'ils aient envie d'avoir d'autres expériences.
3 Je trouve regrettable que cela ne te fasse pas plus de peine.
4 Il vaut mieux que je me taise.
5 Je suis sûr qu'elle va le regretter.
6 Quel dommage qu'ils ne soient plus ensemble.
7 Je doute que Carine revienne sur sa décision.
8 Je ne suis pas sûre que ce soit une très bonne idée.

Vous comprenez. Stimmen die folgenden Behauptungen? Kreuzen Sie **ja** oder **nein** an.
Der *subjonctif* wird verwendet

	ja	nein
1 nach Verben / Wendungen, die Gefühle (wie Gefallen / Missfallen / Bedauern) ausdrücken.	❍	❍
2 nach Verben / Wendungen des Zweifelns.	❍	❍
3 nach Verben / Wendungen wie *être sûr, savoir, …*, die eine Gewissheit ausdrücken.	❍	❍
4 nach unpersönlichen (meist wertenden) Wendungen wie *il vaut mieux que / c'est normal que…*	❍	❍

Vous pratiquez. Indikativ oder *subjonctif*? Unterstreichen Sie die richtige Form.

1 Je suis désolé que tu (dois / doives) repartir si vite.
2 Je suis contente que Mélanie (vient / vienne) nous voir pendant les vacances.
3 Elle pense que (c'est / ce soit) une allergie à la laine.
4 Je doute que ce médicament (peut / puisse) t'aider.
5 Il vaut mieux que vous (faites / fassiez) ce travail en groupe.
6 Je suis sûr qu'elle n'(a / aie) pas de frère.

Vous vous souvenez ?
On y va pour dormir. → Au lit.
Je n'en mange pas souvent. → De la viande.

2 Die Pronomen *en* und *y*

Vous regardez.

a Unterstreichen Sie in den Sätzen links die Wortgruppe, die durch *y* oder *en* ersetzt wird.

Gr. S. 166

1 La misère est partout. Nous nous y habituons doucement. → s'habituer ___ quelque chose
2 Vous en avez entendu parler : chaque année le Secours Populaire organise sa *Journée des oubliés des vacances*. → entendre parler ___ quelque chose

b Ergänzen Sie anschließend rechts die zum Verb gehörende Präposition (*à* oder *de*).

Vous comprenez. Kreuzen Sie die passende Aussage an.

Y im Beispiel 1 …	*En* im Beispiel 2 …
– vertritt ❍ eine Ortsangabe. ❍ eine Sache.	– vertritt ❍ eine Zeitangabe. ❍ eine Sache.
– steht für eine Verbergänzung mit ❍ *à*. ❍ *de*.	– steht für eine Verbergänzung mit ❍ *à*. ❍ *de*.

Vous pratiquez. Ergänzen Sie *en* oder *y* und antworten Sie anschließend für sich persönlich. Was könnte *en* oder *y* in diesen Sätzen vertreten?

1 (se servir de)	Vous vous ___ servez tous les jours.	___
2 (s'intéresser à)	Vous ne vous ___ intéressez pas du tout.	___
3 (avoir besoin de)	Vous ___ avez souvent besoin.	___
4 (participer à)	Vous ___ ayez participé récemment.	___
5 (avoir envie de)	Vous ___ avez souvent envie.	___
6 (penser à)	Vous ___ pensez souvent.	___

Vivre ensemble

a Regardez les logos.

1 Quelle est la nature du handicap désigné par ces logos ? auditif – visuel – moteur – mental

2 Connaissez-vous des personnes handicapées ? Comment vivent-elles avec leur handicap au quotidien ?

1 2 3 4

b Lisez et complétez à deux le tableau avec les expressions du texte.

désignation des personnes	équipement
1	*accessible en autonomie*
2 *les malentendants*	/
3	

Séances spéciales malvoyants malentendants au Ciné 220

Le cinéma *se doit*[1] de jouer pleinement son rôle d'intégration culturelle et sociale afin de *favoriser ainsi l'accès*[2] à tous et toutes particulièrement aux personnes handicapées.
C'est dans cet esprit que le Ciné 220 s'est engagé, avec la rénovation des salles, à créer les conditions d'accès, d'accueil et de confort pour tous les handicapés afin qu'ils puissent *assister*[3] en même temps que tous les autres spectateurs à des *séances*[4] qui leur sont adaptées.
Aujourd'hui, les deux salles sont *accessibles en autonomie*[5] aux personnes à mobilité réduite et sont équipées d'un *renfort d'émission*[6] sonore pour les malentendants qui sont *appareillés*[7]. De plus, le Ciné 220 dispose des moyens techniques pour projeter un sous-titrage français reprenant les dialogues du film, même lorsque ceux-ci sont diffusés en français. Pour les malvoyants, un système d'émission « HF » séparé permet, lorsque les personnes sont équipées d'un *casque*[8], d'entendre un commentaire décrivant le film lorsqu'il n'y a pas de dialogues diffusés. Malheureusement, peu de films sont encore disponibles actuellement avec toute cette préparation *en amont*[9].

www.bretigny91.fr/.../seances-speciales-malvoyants-malentendants-au-cine-220.html

[1] *verpflichtet sein*
[2] *den Zugang erleichtern*
[3] *teilnehmen*
[4] *Vorführungen*
[5] *ohne Hilfe erreichbar*
[6] *Schallverstärker*
[7] *mit Hörgerät (ausgestattet)*
[8] *Kopfhörer*
[9] *im Vorfeld*

Yasmina, 35 ans, dont le fils, Kamel, est sourd : « *Je trouve ça très bien, car mon fils adore le cinéma.* »

Annick, 63 ans et non-voyante, à propos de l'audio-description : « *Si par exemple quelqu'un ouvre un tiroir pour prendre un revolver, c'est important de le savoir.* »

c Ce label identifie les équipements et les sites touristiques accessibles aux personnes atteintes de handicaps, moteur, visuel, auditif ou mental. Citez ou imaginez des équipements / services pour faciliter l'intégration / la vie quotidienne des personnes handicapées.

TOURISME & HANDICAP

Travailler en équipe

1 41-42 **a** Écoutez les deux dialogues et prenez des notes. Qui sont les personnes ? De quoi parlent-elles ? Où pourrait se passer chaque scène ?

b Décidez si les éléments suivants facilitent (F) ou gênent (G) le travail en équipe.

1 une très bonne entente F
2 un/e collègue autoritaire ____
3 une atmosphère tendue ____
4 un climat de confiance ____
5 piquer les idées des autres ____
6 avoir le sens du dialogue ____
7 les informations ne circulent pas ____
8 un/e collègue consciencieux/-se et efficace ____
9 savoir encourager, féliciter, motiver ____
10 un/e collègue compétent/e ____
11 agir dans son coin ____
12 des tâches bien réparties ____

c Voici quatre portraits de personnalités différentes.

Quel type de personnalité vous ressemble le plus ? ______ / le moins ? ______
Faites un résumé pour vous présenter.

Moi, je suis entre type **A** et **D**. Je suis plutôt direct, j'aime le concret mais je suis parfois un peu désordonné. Par contre, je n'ai pas de points communs avec **B**.

Personnalité de type « A »	Personnalité de type « B »
→ Direct, va droit au but → Veut des résultats concrets → A besoin de contrôler les situations → Aime les défis → Les affaires d'abord !	→ Prend son temps pour se décider → Apprécie l'ordre → N'aime pas manifester ses émotions → Aime être seul → Ne supporte pas les erreurs
Personnalité de type « C »	**Personnalité de type « D »**
→ Change souvent d'avis → Se montre compréhensif pour les erreurs des autres → Évite les conflits → Accorde beaucoup d'importance aux relations sociales → A besoin de protéger les autres	→ Préfère que les autres s'occupent des détails → Est capable de prendre vite des décisions → Peut être très désordonné → A un réseau social très développé → Aime les émotions fortes, les défis

d Vous travaillez dans une entreprise. Vous cherchez un/e nouveau/-elle collaborateur/-trice. Précisez la nature de sa mission. Quel profil (décrit en **c**) allez-vous choisir ? Mettez-vous d'accord dans le groupe et donnez les raisons de votre choix.

Projet : réorganiser le service Relations Humaines.
Profil : C
Raison : la personne est compréhensive et sait éviter les conflits. Ce sont des qualités importantes pour un service RH.

Voici quelques idées :
– réaliser une étude de marché pour un nouveau produit
– assister le directeur du service de comptabilité, etc.

→Ü11 – Ü12

1

1 43-46

Les sentiments
Écoutez et complétez le tableau.

Sentiment	Situation / Raison	Phrase qui traduit le mieux le sentiment
1 la honte		
2	Une femme attend son mari.	
3		J'étais blanc comme un linge.
4		

2

Copains d'avant... à quoi ça sert ?

a Qu'apprenez-vous sur l'auteur du texte ? Les affirmations suivantes sont-elles vraies ou fausses ? Notez une phrase du texte qui confirme chacune de vos réponses.

	Vrai	Faux
1 L'auteur ~~ne~~ veut pas s'inscrire sur un réseau social.	❍	☒
ligne 3 → Moi, je suis sur Copains d'avant.		
2 L'auteur de ce texte est une femme.	❍	❍
ligne ______ → ______.		
3 Pour lui/elle, retrouver ses anciens amis, ce n'est pas très important.	❍	❍
ligne ______ → ______.		
4 Ses retrouvailles avec d'anciens amis se sont plutôt bien passées.	❍	❍
ligne ______ → ______.		
5 Ils ont décidé de continuer à se voir.	❍	❍
ligne ______ → ______.		

C'est devenu très tendance d'être inscrit sur les réseaux sociaux, tels que Facebook ou Myspace et d'avoir beaucoup d'amis plus ou moins réels, alors qu'on parle à peine à ses *voisins de palier*[1]. Moi, je suis sur Copains d'avant, mais finalement je me demande à quoi ça sert de retrouver ses anciens camarades de classe, de relier connaissance avec eux ?
Pourquoi vouloir savoir ce qu'est devenu ton amoureux qui était en terminale alors que toi tu étais en troisième (Il est marié maintenant et a deux enfants). Est-ce intéressant de découvrir que le prof qui te mettait toujours de mauvaises notes, a divorcé et vit en Afrique ? Veux-tu vraiment savoir que la fille, qui se moquait de toi au collège, est chauffeur de cars et qu'elle *est pacsée*[2] avec une amie ? Les gens avec qui tu ne souhaites pas reprendre contact, t'envoient sans arrêt des messages pour « qu'on-se-revoie-ça-serait-super. » Bref, ça finit souvent comme ça : un échange de mail, on *laisse traîner*[3] un peu, on fixe une date pour un resto, (mais a-t-on vraiment envie de se revoir ?) et puis finalement, on s'aperçoit qu'on n'a plus rien à se dire et on se perd à nouveau de vue. J'ai retrouvé des anciens camarades de classe, j'en ai revu trois… juste des retrouvailles d'un groupe d'amis du collège. Oh, nous avons passé un bon moment mais allons-nous nous revoir ? *Va savoir...*[4] Je n'en suis pas sûre.

D'après *www.paperblog.fr*

[1] *Flurnachbarn* [2] *in eheähnlichen Verhältnissen leben* [3] *liegen lassen, vor sich herschieben* [4] *Weiß der Himmel*

b Êtes-vous inscrit/e sur un site comme *Facebook*, *Myspace* ou *Copains d'avant* ? Pourquoi ?

c Où et quand revoyez-vous vos camarades de classe ? Écrivez un texte que vous présenterez au prochain cours.

3 Soulignez dans la liste suivante les formes verbales qui peuvent être des formes du subjonctif.

travaillez preniez sortes ayez dormes dorment soient sommes travaille prendriez sortions aient faisions faites finissons finissent se repose se reposent

4 Le subjonctif

a Complétez les phrases en utilisant les verbes suivants.

faire réussir partir pouvoir

1 Quel dommage qu'il ne ______ pas venir !
2 Il vaut peut-être mieux que nous ______ ce soir.
3 Tu trouves normal que je ______ tout dans cette maison ?
4 Je doute qu'elle ______ son bac dans ces conditions.

1 47 **b** Écoutez les quatre mini-scènes et notez pour chacune le numéro de la phrase de **a** qui pourrait la terminer.

A ______ B ______ C ______ D ______

5 Parlez de l'actualité. Terminez les phrases pour vous. Subjonctif ou non ?

1 Je regrette que / qu' ______.
2 Je trouve très bien que / qu' ______.
3 C'est dommage que / qu' ______.
4 Je pense que / qu' ______.
5 Je ne suis pas sûr/e que / qu' ______.

6 Quelle expression caractérise le mieux les histoires d'amour de la page 88 ? Notez les numéros des textes correspondants.

1 amours adolescentes
___ amour de conte de fées
___ amours intellectuelles
___ amours conjugales
___ amour à la folie
___ amours interdites
___ amours assassines

Vorsicht: Genuswechsel!
***un** amour interdit*
***des** amours interdites*

7 a Mettez ce texte dans l'ordre. Numérotez les différents paragraphes.

Le speed dating

Le speed dating (en français « rencontres express ou rencontres rapides ») est devenu en France aussi, un moyen simple pour faire des rencontres... Voici comment cela fonctionne.

___ a Pendant 10 minutes, chaque « couple » peut s'échanger sur n'importe quel sujet. Dix minutes, c'est suffisant pour savoir si l'on s'apprécie ou non. Un coup de foudre, c'est moins d'une seconde ☺ ... Il est interdit de donner sa véritable identité. Autres sujets tabous : le travail et les finances personnelles.

___ b Pour participer à une soirée speed dating, il faut d'abord s'inscrire.

___ c Un mail vous informera le lendemain si la ou les personnes choisie(s) sont, elles aussi, désireuses de vous revoir.

___ d À la fin de la soirée, chacun inscrit le numéro de la ou des personne(s) qu'il désire revoir.

___ e L'organisateur fait alors un tri pour essayer de réunir des personnes qui pourraient s'entendre : âge, goûts, hobbys, catégorie socio-professionnelle, etc. Une soirée speed dating, c'est comme un jeu dont chacun connaît et respecte les règles : le but, c'est de passer un bon moment et de faire des rencontres selon un scénario préfabriqué et inhabituel. L'ambiance est en général conviviale et sympathique. Il faut un nombre égal d'hommes et de femmes.

___ f Au bout de dix minutes, un signal sonore avertit qu'il faut alors changer de partenaire.

b Vous allez participer à un speed dating. Quelles questions poserez-vous à vos partenaires ? (N'oubliez pas que vous voulez plaire et que vous ne voulez pas paraître ennuyeux / banal... ☺) « Sujets tabous » : nom / prénom / travail / finances.

1 ______________________________ ?

2 ______________________________ ?

3 ______________________________ ?

4 ______________________________ ?

8 Pour réviser *en* et *y*

a Répondez par *oui* ou *non* en employant les pronoms *en* et *y* dans vos réponses.

1 Vous allez au cinéma une fois par semaine ? ______________________________

2 Vous achetez beaucoup de cadeaux à Noël ? ______________________________

3 Vous passez beaucoup de temps sur Internet ? ______________________________

4 Vous mettez du lait dans votre café ? ______________________________

5 Vous avez un GPS dans votre voiture ? ______________________________

6 Vous êtes souvent dans votre jardin ? ______________________________

b Préparez deux questions pour le prochain cours qui demandent une réponse avec *en* ou *y*.

____

____

9 *En* ou *y* ? Complétez les devinettes, répondez-y puis fabriquez-en une pour le prochain cours.

1 On ______ pense souvent au dernier moment. ______
2 Beaucoup de gens ______ manquent. ______
3 Tout le monde ne s' ______ intéresse pas. ______
4 Personne n'aime s' ______ occuper. ______
5 On ______ a souvent envie quand il fait froid. ______
6 ______________ . ______

10 Solidarité

a Soulignez de deux couleurs différentes, dans les textes page 89–90, les expressions relatives à la souffrance et à l'aide recherchée. Réutilisez trois de ces expressions dans une phrase.

1 ______________ .
2 ______________ .
3 ______________ .

b Faites des recherches sur une organisation humanitaire internationale. Prenez des notes pour la présenter au prochain cours.

11 Écoutez de nouveau l'enregistrement de la page 93. Choisissez un des deux dialogues et résumez la situation en quelques phrases.

1 41-42

____
____
____

12 D'une langue à l'autre. Paula et Paul sont très différents. Trouvez l'expression qui signifie le contraire.

être jaloux comme un tigre – être aimable comme une porte de prison – avoir une patience d'ange – être mauvaise langue

Paula	**Paul**
1 Elle s'énerve souvent, elle ne sait pas attendre.	Il ______________ .
2 Elle dit toujours du bien des gens.	Il ______________ .
3 Elle accepte qu'il rencontre d'autres femmes.	Il ______________ .
4 Elle est très sympa.	Il ______________ .

Clin d'œil

« Le chien n'aime pas la banane
mais il ne veut pas que la poule en mange. »

Proverbe africain

Réflexion
sur l'apprentissage – Le cours idéal

Cochez les éléments les plus importants pour vous.

Je trouve important qu'un/e professeur/e soit…

❍ toujours bien préparé/e.
❍ passionné/e de grammaire.
❍ très informé/e de l'actualité.
❍ ____________________
❍ attentif/-ve.
❍ drôle.
❍ cultivé/e.

Pour moi, il est essentiel que les (autres) élèves…

❍ soient attentifs.
❍ ne s'ennuient pas.
❍ parlent le plus possible.
❍ fassent leurs devoirs.
❍ soient de bonne humeur.
❍ ____________________

Journal d'apprentissage

Maintenant je peux…

- parler de mes rapports avec les autres et faire le portrait d'un/e ami/e : ● ● ● p. 87
  Mon/Ma meilleur/e ami/e ______________________ .
- caractériser une personne : ses qualités, ses défauts : ● ● ● p. 87
  Johannes, je le trouve un peu ________ */ très* ________ .
- donner mon jugement sur une situation : ● ● ● p. 87
  Quel dommage que ________ */ Je trouve normal que* ________ .
- raconter une histoire d'amour : ● ● ● p. 88
  Ils se sont connus ______________________ .
- aborder le thème de la solidarité et présenter une organisation humanitaire : ● ● ● p. 90
  Le Secours Populaire, c'est une organisation qui ________ .
- parler du handicap au quotidien. ● ● ● p. 92
- @ juger des qualités qui facilitent le travail en équipe. ● ● ● p. 93

Pour cela, j'ai appris à…

- nommer des qualités et des défauts. ● ● ● p. 86
- utiliser le *subjonctif* après certains verbes et certaines expressions verbales. ● ● ● p. 90
- utiliser les pronoms *en* et *y* après certains verbes. ● ● ● p. 91

et j'ai révisé…

- les autres emplois de *en* et *y*.

1 Écoutez et cochez le sujet abordé par les différentes personnes.

1
48-53

1 ❍ recherche d'emploi	❍ colocation	❍ problèmes familiaux
2 ❍ une visite d'entreprise	❍ un entretien d'embauche	❍ une réunion
3 ❍ habitudes alimentaires	❍ recette de cuisine	❍ ouverture des magasins
4 ❍ achat d'un aspirateur	❍ demande de remboursement	❍ présentation d'un appareil
5 ❍ chef autoritaire	❍ problèmes de couple	❍ collègue désagréable
6 ❍ film d'amour	❍ rencontre coup de foudre	❍ début d'une amitié

2 Lancez le dé et parlez du thème indiqué par le dé pendant une minute trente. Prenez le temps de réfléchir un peu avant de commencer.

 votre génération

 vos relations avec vos parents

 vous et l'argent

 l'ouverture des magasins

 un/e ami/e d'enfance

 je pourrais m'engager pour…

3 Qu'est-ce que vous dites dans les situations suivantes ?

1 Il est tard et vos voisins font du bruit. Vous êtes très énervé/e.
2 Votre partenaire perd patience et vous essayez de le/la calmer.
3 Vous parlez avec une personne qui vous interrompt sans arrêt.
4 On vous demande votre avis. Vous n'avez pas d'opinion.
5 Vous apprenez une nouvelle très surprenante. Vous exprimez vos doutes.
6 Vos amis ne peuvent pas venir. Vous exprimez vos regrets.

4 Vous avez retrouvé l'adresse e-mail d'un/e ancien/ne ami/e. Vous lui écrivez un message pour reprendre contact.

5 Caractérisez une des personnes des photos suivantes (imaginez son caractère/son tempérament). Les autres participants réagissent.

6 Réagissez aux phrases suivantes en utilisant le subjonctif. Voici quelques expressions que vous pouvez utiliser si vous voulez.

Il faut que… | Il vaudrait mieux que… | Je souhaite que… | Dommage que… | Nous ne voulons pas que… | C'est normal que… | J'aimerais que… | Je doute que…

1 « Nous déménageons le mois prochain. Nous partons vivre à l'étranger. »

→ J'aimerais mieux que vous restiez.

↙ Dommage que vous partiez.

2 « Vous avez deux vœux. Qu'est-ce que vous souhaitez ? »

→ ______________________________.

↙ ______________________________.

3 « Votre fille ne fait jamais ses devoirs et elle n'écoute rien en classe. »

→ ______________________________.

↙ ______________________________.

4 « Thierry est très stressé en ce moment. Je ne sais plus quoi faire. »

→ ______________________________.

↙ ______________________________.

5 « J'ai des problèmes avec ma colocataire : elle ne fait jamais le ménage. L'appartement est toujours en désordre. »

→ ______________________________.

↙ ______________________________.

7 Transformez les phrases en employant un *gérondif* (*en* + participe présent) lorsque c'est possible.

1 Nous faisons de bonnes affaires parce que nous achetons souvent sur eBay.
2 Je lis des revues quand j'attends dans la salle d'attente chez le dentiste.
3 Je me repose pendant que les autres travaillent.
4 Tu me téléphones et je te dirai l'heure du rendez-vous.
5 Vous l'avez rencontré quand vous êtes allé à l'exposition.

8 Répondez aux questions en employant *en* ou *y*.

1 Avez-vous souvent besoin de votre voiture ?
2 Répondez-vous rapidement aux mails que vous recevez ?
3 Jouez-vous à des jeux de chance de temps en temps ?
4 Avez-vous déjà assisté à un match de foot ?
5 Rêvez-vous de passer vos vacances sur une île exotique ?
6 Vous souvenez-vous de la maison de vos grands-parents ?

L'utile et l'agréable

Dans cette leçon, vous allez…

- parler du quotidien et de ses petits problèmes
- formuler des conseils
- raconter une anecdote personnelle
- réfléchir à la place que tiennent les animaux dans votre vie
- présenter un parc à thème
- distinguer les principaux registres de langue
- @ meubler une conversation lors d'un repas d'affaires

1 Petits soucis de la vie quotidienne

a Êtes-vous multitâche ? Faites-vous parfois plusieurs choses à la fois ? Si oui, lesquelles ? Si non, pourquoi ?

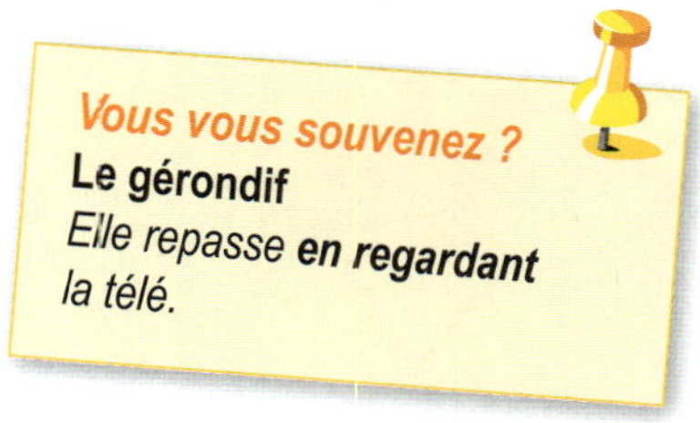

b Retrouvez l'ordre chronologique du blogue, puis répondez aux questions :

1 Que signifie le sigle DA ?
❍ Douleur articulaire ❍ Déficit de l'attention ❍ Dérèglement de l'appétit

2 Une seule activité est réalisée jusqu'au bout. Laquelle ? ______________________

TIPP!
Pendant la lecture, visualisez bien les situations. Cela vous aidera à comprendre. Vous lisez par exemple « l'eau des poissons est verte », vous voyez ⟶

Je suis atteint de DA, vous connaissez ? Lisez la suite et vous comprendrez.

_1_ Je décide de réparer mon vélo et prends ma clé d'antivol. Arrivé à la porte, j'aperçois du courrier sur la table de l'entrée. Je vais le regarder rapidement avant de m'occuper de mon vélo.

___ Je repose mes lunettes et je pars à la cuisine chercher de l'eau lorsque soudain, j'aperçois la télécommande sur la table de la cuisine. Je me dis que ce soir, je vais la chercher partout. Je décide donc de la remettre à sa place, dans le salon, à côté de la télé, mais avant je vais arroser ma plante verte.

___ Je pose donc ma clé d'antivol sur la table, mets le courrier publicitaire dans la corbeille à papier et remarque que celle-ci est PLEINE !!! Alors, je décide d'aller la vider. Mais en traversant le salon, je vois que l'eau des poissons est verte. Il faut absolument que je la change.

___ À la fin de la journée,
le vélo n'est pas réparé,
le courrier n'a pas été lu,
la corbeille à papier n'a pas été vidée,
l'eau de l'aquarium est toujours verte,
je ne trouve pas la télécommande,
mes lunettes ne sont pas rangées à leur place,
ma clé d'antivol reste introuvable.
Et puis, quand je m'aperçois que rien n'a été fait aujourd'hui (ah si, ma plante a été arrosée !), je n'y comprends rien parce que je n'ai pas arrêté de la journée et que je suis complètement crevé ! Il y a des jours où je me dis que j'ai un sérieux problème. Je devrais peut-être me faire aider. Mais, d'abord, je vais répondre à mes mails…

___ Je remets la télécommande sur la table de la cuisine, puis je donne de l'eau à ma plante. Ensuite, je reviens dans l'entrée en essayant de me souvenir de ce que je voulais faire…

___ Alors que je me dirige vers la cuisine avec l'aquarium, la plante sur le rebord de la fenêtre me saute aux yeux : elle a soif ! Je pose l'aquarium sur la table et découvre mes lunettes, que je cherchais depuis hier. Je me dis que je devrais les remettre tout de suite dans leur étui, mais avant je vais donner de l'eau au ficus.

c Connaissez-vous ce genre de situation ? Racontez une anecdote.

d Comment l'auteur de ce blogue pourrait-il mieux gérer son quotidien ? Formulez quelques conseils, puis présentez-les en plénum.

Gr.1
→Ü1 – Ü4

2 Le carnaval des animaux

a Travaillez en groupes. Chaque groupe note pour chaque catégorie le maximum de noms d'animaux en trois minutes. Vous pouvez utiliser le dictionnaire. Présentez ensuite vos résultats en plénum.

animaux de la ferme
- l'âne
- le cheval
- …

animaux sauvages
- le lion
- le serpent
- …

animaux de compagnie
- la perruche
- le cochon d'Inde
- …

b Lisez les textes et placez les mots proposés.
Comparez vos résultats avec votre voisin/e, puis complétez ensemble la dernière phrase.

1 un vétérinaire – ce qui est important – psychologue – des sentiments – un comportement bizarre

Quand je dis aux gens ma profession (je suis comportementaliste pour animaux – on dit aussi ______________ pour animaux), cela les fait sourire : comme si les animaux ne manifestaient pas ______________, comme la peur, la tristesse, la frustration, la joie, etc. Le gros de ma clientèle : les chats et les chiens. Quand un chien ou un chat par exemple a ______________, il s'agit le plus souvent d'un problème de communication et de compréhension. ______________, dans ces cas-là, ne peut rien faire. ______________, c'est de travailler avec l'animal et l'être humain : j'aide les propriétaires à mieux comprendre leur animal et à mieux vivre avec lui.
Ce que beaucoup de gens oublient, c'est que…

2 des animaux domestiques – en forte progression – les clients indécis – reptiles – ce qui me plaît

Dans ma profession, il faut vraiment bien connaître les animaux et savoir informer et conseiller __________________. Même si mon activité est avant tout commerciale, je m'occupe aussi des animaux, __________________ beaucoup d'ailleurs : je leur donne à manger, nettoie les cages, les aquariums, je les soigne, etc. À côté __________________ traditionnels tels que chats, chiens, oiseaux, rongeurs et poissons, nous vendons également depuis 1995 des NAC (Nouveaux Animaux de Compagnie) tels que __________________, perroquets, mygales, tortues, etc., des animaux de plus en plus demandés… Bien sûr, je ne vends pas que des animaux. Le marché pour aliments, accessoires, produits d'hygiène, etc. est __________________.

Mais ce que je préfère dans ma profession, c'est…

3 elle se débrouille – un nouveau maître – jolie comme un cœur – ce que je regrette – très gênant – sa cage

Lili est très drôle et elle est __________________. Elle habite avec moi depuis trois ans et nous nous entendons très bien. Son seul défaut, elle crie quand je téléphone, ce qui peut être __________________. Totalement apprivoisée, Lili passe le plus clair de son temps avec moi près de l'ordinateur. Elle me tient compagnie, je travaille souvent à la maison et __________________ est dans mon bureau. Je lui ai même appris à siffler les premières notes de la 5ème symphonie de Beethoven : __________________ très bien. Malheureusement, je pars faire le tour du monde et je dois me séparer d'elle, __________________ beaucoup. Je cherche donc __________________ ou une nouvelle maîtresse pour Lili.

Ah, j'oubliais : Lili, c'est une… euh... vous avez deviné sans doute, c'est…

c Cochez, pour chaque texte, la ou les affirmations correcte/s. Justifiez votre choix en soulignant dans les textes le passage correspondant.

1 a ❍ La profession de comportementaliste pour animaux jouit d'un grand prestige.
b ❍ Un comportementaliste pour animaux soigne surtout les chiens et les chats.
c ❍ À l'origine des problèmes entre l'animal et son maître, il y a souvent un problème d'alimentation.

2 a ❍ Vendeur en animalerie est une profession seulement commerciale.
b ❍ Les NAC se vendent de mieux en mieux.
c ❍ Le commerce des accessoires pour animaux se porte très bien, lui aussi.

3 a ❍ Lili connaît très bien sa maîtresse.
b ❍ Sa cage est installée dans la cuisine.
c ❍ Sa maîtresse lui cherche un nouveau partenaire.

→Gr.2
→Ü5 – Ü6

2 1-3

d Chacune des trois personnes que vous allez entendre a un besoin spécifique.

1 Quel est le problème de chacune ?
2 À quelle personne de **b** devrait-elle s'adresser ?

e Choisissez un des titres suivants et préparez, à deux, un *chapeau* pour un article de presse.
Le *chapeau*, c'est le texte d'introduction qui résume en quelques lignes l'essentiel d'une information.

LE CHAT, COMPAGNON DE DEMAIN ?
Cet animal occupe la première place dans le cœur des Français, devant le chien, peut-être parce qu'il s'adapte mieux à notre style de vie citadin. Animal zen, il demande aussi moins d'attention que le chien. Ses principales qualités : l'indépendance, la discrétion et son caractère mystérieux. Et quoi de plus apaisant que le ronronnement du chat ?

Plus d'animaux de compagnie que de maîtres en France !

BOOM DU MARCHÉ DES PRODUITS ANIMALIERS

Un chien agressif est un chien qu'on a rendu agressif !

ABANDON, UN CRIME ORDINAIRE

Offrir un animal à Noël, est-ce une bonne idée ?

f Affichez vos textes. Le groupe (comité de rédaction ☺) sélectionne les deux « meilleurs ».
Mettez-vous d'accord sur les critères de sélection (le plus informatif, le plus original, le plus court, etc.) →Ü7

3 Loisirs et parcs *d'attractions*

a Parcs de loisirs / Parcs à thème. De quoi s'agit-il ? En avez-vous déjà visité ? Dans votre pays ? Ailleurs ? Racontez au groupe.

b À quelles questions pouvez-vous répondre après la lecture des textes ci-dessous ? Soulignez les éléments de réponse dans les textes.

1 Que recherche d'abord la clientèle des parcs à thème ?
2 Quelles catégories sociales fréquentent surtout ces parcs ?
3 Quel est le plus grand ennemi des parcs ?
4 Quels sont les parcs français les plus fréquentés ?
5 Le Parc Astérix a-t-il enregistré une baisse de fréquentation ?

Si petits et grands aiment tant visiter un parc à thème, c'est que le dépaysement y est total. Les décors, les attractions et les animations vous emportent dans un autre univers. Chaque parc à thème est différent mais tous réservent d'heureuses surprises !

D'après *http://www.plus-de-loisirs.com/toute-laventure-dans-les-parcs-a-theme.html*

En tant que tourisme de proximité, les parcs de loisirs profitent d'un certain désintérêt de la clientèle française pour les destinations lointaines. Par exemple, le chiffre d'affaires du parc Astérix, situé à Plailly (Oise) au nord de Paris, n'a cessé de s'accroître ces dernières années.

Tout se joue pendant les mois d'été. Ce que ces parcs redoutent le plus, ce sont les caprices de la météo : 15 jours de pluie en juillet ou août et la saison est gâchée.

D'après *Agence France Presse*, 28/07/2009

2 4 **c** Écoutez les trois publicités et cochez.

SWISS MINIATUR
CH-6815 Melide-Lugano
Tél. : +41 91 640 10 60
www.swissminiatur.ch
Réouverture après la pause hivernale à la mi-mars
Gratuit pour les enfants jusqu'à 5 ans

www.parcasterix.fr
À 30 km au nord de Paris
Durée visite : 1 à 2 journées
Tarif enfant : de 3 à 11 ans
Gratuit pour les moins de 3 ans
Facilités pour les visiteurs handicapé[s]

Au cœur des Ardennes
Unique en Europe
Un site ludique et éducatif sur le thème de l'espace

EURO SPACE CENTER

Euro Space Center
Rue Devant les Hêtres, 1
B-6890 TRANSENNE
Tél. : 061/65.64.65
www.ping.be/eurospace

Dans quel parc pouvez-vous…	Swissminiatur	Euro Space Center	Parc Astérix
1 faire quelques pas sur la lune ?			
2 tester les effets de la potion magique ?			
3 participer à une mission spatiale ?			
4 découvrir le patrimoine culturel et paysager de tout un pays ?			
5 vivre des moments inoubliables ?			
6 admirer plus de 120 maquettes ?			

d Quel parc vous paraît le plus intéressant ? Pourquoi ?

e Lisez la lettre de Mélanie (p. 107), puis discutez avec votre voisin/e.

1 Pourquoi Mélanie écrit-elle cette lettre ?
2 Qu'apprenez-vous de sa vie ?
3 Soulignez dans la lettre les expressions qui expriment une critique / un jugement négatif.
4 Pourquoi écrit-elle « Je me répète. » ?
5 Imaginez ce qu'Anne-Sophie va répondre.
6 Avez-vous envie, après la lecture de cette lettre, de visiter le Parc Astérix ? Pourquoi ?

Paris, le 21 mars

Ma chère Anne-Sophie,

Je trouve enfin le temps de t'écrire. J'ai été en effet très prise ces derniers temps. Tu sais que nous avons eu la visite de Ronja, une copine allemande de Julie, une gamine gentille, mais un peu gâtée, qui s'ennuie vite. Elle a passé une semaine chez nous. Semaine chargée, tu dois t'en douter : distractions, distractions et pour changer un peu... distractions.

La veille de son départ, c'est-à-dire hier, nous sommes toutes allées (Patrick n'était pas avec nous) au Parc Astérix. Les filles étaient ravies, moi beaucoup moins. D'abord, c'est très cher (plus de trente euros pour les adultes et là-bas, on est adulte dès l'âge de 12 ans !!!) et puis surtout parce que je déteste ces loisirs préfabriqués : une heure de queue minimum pour tourner cinq minutes sur un manège débile... (nous avons attendu deux heures pour le *Goudurix* – le grand huit ☹). Mais bon, les filles étaient ravies, c'est le principal (je sais, je me répète). Le week-end prochain, Patrick et moi, on fait une balade dans la forêt de Fontainebleau. Fais-nous signe, si ça t'intéresse... On serait vachement contents de te voir... Enfin... je veux dire nous serions très honorés par ta présence ☺.

J'espère que tu vas bien.

Je t'embrasse.

Ta petite sœur qui t'adore,

Mélanie

f Vous voulez créer un parc à thème dans votre région ou une région de votre pays. Choisissez un thème et imaginez quelques attractions/activités. Vous pouvez rédiger un prospectus si vous voulez.

g Présentez votre projet au groupe. Quel projet sera finalement choisi. Et pourquoi ? →Ü8

1 Das Passiv

Gr. S. 173

Im Passiv findet ein Perspektivenwechsel statt: Nicht der Handelnde steht im Mittelpunkt der Aussage, sondern die Person/Sache, mit der etwas geschieht.

> Die Zeitform von *être* zeigt an, in welcher Zeit der Passivsatz steht:
> Präsens: *le vélo est réparé*
> Futur: *le vélo sera réparé*
> Perfekt: *le vélo a été réparé*

Vous regardez. Ergänzen Sie die entsprechenden Passivsätze aus dem letzten Abschnitt des Textes auf Seite 102.

Aktiv	Passiv
1 je ne répare pas le vélo	*le vélo n'est pas réparé*
2 je n'ai pas vidé la corbeille à papier	______________
3 je ne range pas mes lunettes	______________
4 j'ai arrosé ma plante	______________

Vous comprenez. Kreuzen Sie die passende Aussage an.

1 Das Passiv wird ❍ mit *être* ❍ mit *avoir* + Partizip Perfekt des jeweiligen Verbs gebildet.

2 Im Passivsatz ist das Partizip Perfekt ❍ veränderlich. ❍ unveränderlich.

Vous pratiquez. Markieren Sie die Sätze, die im Passiv stehen.

1 Les volets n'ont pas été fermés.
2 J'ai cherché mes lunettes partout.
3 Nous sommes arrivés en retard.
4 Les travaux ne seront pas finis avant la fin du mois.
5 Vous êtes partis à quelle heure, hier soir ?
6 Nous avons été surpris par cette nouvelle.
7 Nous nous sommes perdus dans la forêt.
8 J'ai été réveillé par un bruit bizarre.

Der Urheber der Handlung wird in der Regel mit **par** eingeführt:
*Cette table a été faite **par** un artisan très original.*

2 *Ce qui* und *ce que/qu'* als Relativpronomen

Gr. S. 168

Vous regardez et **Vous comprenez.** Lesen Sie die folgenden Beispiele und kreuzen Sie **Vrai** oder **Faux** an.

ce qui	1 Ce qui est important, c'est de travailler avec l'animal et l'être humain… 2 … elle crie quand je téléphone, ce qui peut être très gênant.
ce que/qu'	1 Ce que beaucoup de gens oublient, c'est que… 2 … je dois me séparer d'elle, ce que je regrette beaucoup.

	Vrai	Faux
1 *Ce qui* und *ce que* werden im Deutschen beide mit „was" wiedergegeben.	❍	❍
2 *Ce qui* und *ce que* stehen immer am Satzanfang.	❍	❍
3 *Ce qui* ist Subjekt des Relativsatzes (Frage Wer? / Was?).	❍	❍
4 Auf *ce que* folgt unmittelbar das Verb.	❍	❍

Vous vous souvenez ?
Hervorhebung mit **Ce qui/Ce que..., c'est...**
***Ce qui** est important, **c'est** la motivation.*
***Ce que** j'aimerais, **c'est** avoir un piano.*

Vous pratiquez. Ergänzen Sie *ce qui* oder ce *que/qu'*.

1 ____________ je ne veux pas, c'est partir en vacances début août.
2 ____________ j'apprécie chez elle, c'est sa compétence.
3 ____________ lui plaît, c'est de ne rien faire.
4 ____________ est important pour moi, c'est le résultat.
5 ____________ il oublie toujours, c'est la date de mon anniversaire.

Le français au quotidien : une langue à plusieurs étages ?

a Tous ces gens disent la même chose, mais d'une manière différente. Regardez le dessin, puis répondez aux questions.

1 Qui parle dans un français familier ?

2 Quelle personne utilise le registre soutenu (grammaire et prononciation très soignées / vocabulaire recherché) ?

3 Qui s'exprime de la manière la plus courante et la plus neutre (registre courant) ?

2 5-8 **b** Écoutez et notez devant chaque séquence le nom du registre utilisé : F (familier), C (courant), S (soutenu).

1 C Allô ? Oui… Écoutez, c'est très gentil, mais je ne pourrai malheureusement pas venir, j'ai trop de travail en ce moment. Et dites bien à votre mère de m'excuser.

___ Allô ? Oui… C'est fort aimable de votre part, mais je me vois dans l'obligation de décliner votre invitation car je suis accaparée par mon travail. Vous m'en voyez navrée et je vous prie de bien vouloir m'excuser auprès de votre mère.

2 ___ Ah, quel bordel ici ! J'ai pas rangé l'appart. Mes colocs vont encore râler.

___ Ah, quel désordre ! Je n'ai pas rangé l'appartement. Mes colocataires ne vont pas être contents.

3 ___ J'en ai marre de ce texte. Je ne comprends rien.

___ Ras l'bol de ce texte, j'pige rien.

4 ___ Qu'est-ce que tu penses de cet homme ?

___ Quelle est votre opinion au sujet de ce gentleman ?

___ T'en penses quoi, d'ce mec ?

> **Vous vous souvenez ?**
> F Vous habitez où ?
> C Où est-ce que vous habitez ?
> S Où habitez-vous ?

c Quel registre utilisez-vous dans les situations suivantes ? Cochez.

	F	C	S
→ Vous voulez prendre rendez-vous chez le médecin.	❍	❍	❍
→ Vous passez un entretien d'embauche.	❍	❍	❍
→ Vous êtes au café, avec des amis.	❍	❍	❍

d Choisissez l'une de ces trois situations et préparez à deux un mini-dialogue en utilisant le registre correct. Jouez ensuite la scène en plénum si vous voulez.

→Ü9 – Ü10

Déjeuner d'affaires

a Lisez le mail. Quel est le but de la rencontre ? À qui pourrait-il être adressé ?

Objet : Invitation à déjeuner

Bonjour,
Dans le cadre de notre prochaine collaboration, nous avons le plaisir de vous convier à un déjeuner pendant lequel nous aimerions engager avec vous une réflexion sur les nouvelles stratégies de vente que nous envisageons de mettre en place prochainement.
Nous vous remercions de confirmer votre présence par mail.
Cordialement,
Yves Duchesnes

b Mini-guide des bonnes manières pour un repas professionnel
Deux intrus se sont glissés dans la liste. Lesquels ? Travaillez à deux.

1 Avant de réserver, renseignez-vous sur les goûts de votre invité (ne l'invitez pas dans un bar à sushi s'il ne mange pas de poisson, par exemple).
2 Choisissez un endroit calme que vous connaissez bien.
3 Arrivez après votre invité/e pour lui laisser la possibilité de choisir sa place.
4 N'abordez pas de sujet professionnel tant que vous n'avez pas passé votre commande.
5 Laissez votre invité/e aborder en premier le sujet qui motive le repas.
6 Ne dites pas « Bon appétit ! », ce n'est pas élégant.
7 Distribuez vos cartes de visite dès que vous arrivez, en vous présentant.

D'après *http://www.toutpratique.com/12-Savoir-vivre/4844-Savoir-vivre-repas-d-affaire-ou-cocktail-professionnel.php*

2 9-10

c Écoutez et repérez les thèmes professionnels et privés abordés dans chaque dialogue :

	domaine professionnel	domaine privé
dialogue 1		
dialogue 2		

2 9

d Écoutez de nouveau le premier dialogue et notez les expressions utilisées par les différentes personnes pour

→ s'excuser d'un retard : ______

→ proposer quelque chose : ______

2 10

e Écoutez le second dialogue et notez les expressions utilisées par les différentes personnes pour ne pas répondre par un simple « oui ».

1 ______ 2 ______

3 ______

f Imaginez, à deux, une situation où vous devez « meubler » la conversation. De quoi allez-vous parler ? Qu'est-ce que vous allez dire ?

→Ü11

1 Complétez le tableau : temps de la phrase passive = temps du verbe *être*.

temps	être	phrase passive
présent	elle est	une visite est organisée pour les touristes
imparfait	elle ______	une visite ______ pour les touristes
futur simple	elle ______	une visite ______ pour les touristes
futur proche	elle ______	une visite ______ pour les touristes
conditionnel présent	elle ______	une visite ______ pour les touristes
passé composé	elle ______	une visite ______ pour les touristes

2 Complétez les phrases à l'aide des verbes suivants. Utilisez la forme passive au présent.

inviter annuler fabriquer utiliser annoncer parler

1 L'excursion de demain ______ pour des raisons météo.
2 Cet appareil ______ par tout le monde.
3 Ce fromage ______ en Suisse.
4 Le train à destination de Lyon ______ avec une demi-heure de retard.
5 Tous nos voisins ______ à notre fête.
6 L'anglais ______ un peu partout dans le monde.

3 Une vie de mensonge – **Tuer le temps au quotidien**

Ce récit est tiré d'un fait divers véritable qui s'est terminé dans le sang. Pendant presque 20 ans, Jean-Claude Romand a fait croire à tout le monde (sa famille, ses amis, ses voisins) qu'il était médecin et qu'il travaillait à Genève. Voici à quoi ressemblait en réalité son quotidien.

a Lisez le texte et soulignez toutes les activités de Jean-Claude Romand.

Les premiers temps, il allait tous les jours à l'*OMS*[1], ensuite plus irrégulièrement. Au lieu de la route de Genève, il prenait celle de Gex et Divonne, ou celle de Bellegarde par laquelle on rejoint l'autoroute et Lyon. Il s'arrêtait dans une maison de la presse et achetait une *brassée*[2] de journaux : quotidiens, magazines, revues scientifiques. Puis il allait les lire, soit dans un café – *il prenait soin*[3] d'en changer souvent et de les choisir suffisamment loin de chez lui –, soit dans sa voiture. Il se garait sur un parking, sur une aire d'autoroute, et restait là des heures, lisant, prenant des notes, *somnolant*[4]. Il déjeunait d'un sandwich et continuait à lire l'après-midi dans un autre café, sur une autre aire de stationnement. Quand ce programme devenait trop monotone, il flânait en ville : à Bourg-en-Bresse, à Bellegarde, à Gex, à Nantua, surtout à Lyon où se trouvaient ses librairies préférées, la FNAC et Flammarion, place Bellecour. D'autres jours, il avait besoin de nature, d'espace, et allait dans le Jura. Il suivait la *route en lacets*[5] qui mène au col de la Faucille où se trouve une auberge appelée « Le Grand Tétras ». Florence et les enfants aimaient y venir le dimanche pour skier et manger des frites. En semaine, il n'y avait personne. Il prenait un verre, marchait dans les bois. (…)

Extrait de *L'Adversaire*, Emmanuel Carrère, P.O.L., 2000

[1] *(Organisation mondiale de la Santé) Weltgesundheitsorganisation;* [2] *ein Arm voll;* [3] *er achtete darauf;* [4] *vor sich hin dösend;*
[5] *Serpentinenstraße*

b

Imaginez… Vous n'avez que du temps libre. Comment l'occupez-vous ? Cette idée vous plaît-elle ? Écrivez un texte sur une feuille séparée.

4

Cochez la phrase active qui correspond à la phrase passive proposée.

1 L'aquarium n'a pas été nettoyé.
❍ Personne n'a nettoyé l'aquarium.
❍ Personne ne nettoie l'aquarium.

2 La marchandise sera livrée ce soir.
❍ On livre la marchandise ce soir.
❍ On livrera la marchandise ce soir.

3 Tout le matériel a été vendu.
❍ Nous avons vendu tout le matériel.
❍ Nous vendrons tout le matériel.

4 Les bagages des touristes ont été volés.
❍ Quelqu'un volait les bagages des touristes.
❍ Quelqu'un a volé les bagages des touristes.

5

Ce qui ou ce *que/qu'* ? Complétez les phrases.

1 Elle est toujours de bonne humeur, ____________ est très agréable.
2 Elle a raté son examen, ____________ ne m'étonne pas beaucoup.
3 Il a quitté sa copine, ____________ je ne comprends pas.
4 Elle m'a appelé pour mon anniversaire, ____________ m'a fait très plaisir.
5 Ils déménagent le mois prochain, ____________ nous regrettons beaucoup.
6 Je n'ai pas beaucoup de temps, ____________ il oublie toujours.

6

La mise en relief avec *ce qui* ou *ce que*. Complétez les phrases.

1 *Ce que* je ne mangerai jamais, c'est ____________________________________.
2 ____________ m'intéresse surtout, c'est ____________________________________.
3 ____________ je n'aime pas du tout, c'est ____________________________________.
4 ____________ serait bien à Noël, c'est ____________________________________.
5 ____________ j'aimerais faire quand je serai à la retraite, c'est ____________________________________.

7

Une de ces trois annonces vous intéresse et vous aimeriez avoir quelques informations supplémentaires. Préparez trois questions pour le prochain cours.

Donne 4 adorables bébés lapins nains, de couleur blanche, croisés avec une maman angora et un papa aux yeux bleus. Coup de cœur assuré, cadeau de Noël idéal pour responsabiliser les enfants.
Tél. : 03 88 31 24 06

Bonjour, je vends avec regret deux cochons d'Inde, un mâle et une femelle, avec cage. Le mâle est multicolore et très joueur. La femelle, Chica, est noire. Pour plus d'informations ou si vous êtes intéressé, appelez-moi au *06-21-05-83-46.*

À vendre pour cause de déménagement : jeune rat apprivoisé, en parfaite santé. Il s'appelle Dumbo, il est gentil et très dynamique. *Téléphone : 06-42-28-54-25*

8

Vous écrivez une lettre à une personne de votre famille ou à un/e ami/e. Parlez-lui de votre journée / soirée. Voici quelques idées : *Vous avez visité un parc de loisirs / une exposition. Vous avez assisté à un concert / à une fête régionale.* Vous pouvez, bien sûr, parler aussi d'un autre événement dans votre lettre.

9 Registres de langue

2 11-14 **a** Dans ces mini-scènes, les gens parlent de la même chose mais n'utilisent pas le même registre. Quelle phrase audio pour quelle réaction ? Notez le numéro.

___ Euh… Mais je suis sans travail depuis trois mois. Tu ne savais pas ?

___ Non, mais une amie à moi va déménager. Je crois que son appartement est encore libre. Tu veux son numéro de téléphone ?

___ Tu es souvent fatigué, ces temps-ci. Tu devrais peut-être aller voir un docteur.

___ Moi aussi, j'en ai assez, mais il faut bien finir. Nous n'en avons plus pour longtemps.

2 11-14 **b** Écoutez de nouveau et notez dans le tableau les mots / expressions qui varient dans les deux registres.

	Registre familier	Registre courant
1	___	*(le) travail*
2	___	___
3	___	___
4	___	___

10 Pour réviser la question. Complétez le tableau avec la forme qui manque.

registre familier	registre courant	registre soutenu
1 T'as un chat ?	Est-ce que tu as un chat ?	As-tu un chat ?
2 ___ ?	___ ?	Comment s'appelle-t-il ?
3 Il mange quoi ?	___ ?	___ ?
4 ___ ?	Où est-ce qu'il dort ?	___ ?

11 D'une langue à l'autre

une mémoire d'éléphant — un appétit d'oiseau — une fièvre de cheval — un caractère de cochon

a Complétez chaque phrase avec l'expression qui convient.

1 Vous ne mangez presque rien, vous avez ___.

2 Vous avez pris votre température : 39,8 °C, vous avez ___.

3 Vous n'oubliez jamais rien, vous avez ___.

4 Vous êtes souvent de mauvaise humeur, vous avez ___.

b Trouvez pour le prochain cours deux autres expressions avec un nom d'animal.

Clin d'œil

« L'inutile et le superflu sont plus indispensables à l'homme que le nécessaire. Le chant du merle est inutile, la rose est superflue. Le travail est nécessaire… »

René Barjavel, écrivain

Réflexion
sur l'apprentissage – Apprendre au quotidien

Laquelle de ces phrases vous passe de temps en temps par la tête ?

❍ Bon, j'y vais : trois mots par jour, c'est pas la mer à boire.
❍ Oh là là, y'a cours demain et j'ai pas fait mes devoirs !
❍ Bon, je commence à travailler. Si le téléphone sonne, je réponds pas.
❍ Il fait vraiment trop beau. Je sors, tant pis pour le français.
❍ Zut ! J'ai encore tout oublié. Décidément, je ne suis pas doué/e pour cette langue !
❍ Je vais profiter du trajet pour réviser mon vocabulaire.
❍ ______________________________.

Comment joindre l'utile à l'agréable pour apprendre le français ? Faites des propositions.

1 *J'aime beaucoup travailler en écoutant de la musique.*
2 ______________________________
3 ______________________________

Comparez les résultats dans le groupe. Que proposent les autres ?

Journal d'apprentissage

Maintenant je peux…

▸ parler du quotidien et de ses petits problèmes : *Quand je me suis levé/e ce matin* ______.	●	●	●	p. 103
▸ raconter une anecdote personnelle : *Moi, un jour, j'ai* ______.	●	●	●	p. 103
▸ réfléchir à la place que tiennent les animaux dans notre vie : *À mon avis, les animaux* ______.	●	●	●	p. 105
▸ présenter un parc à thème : *J'ai visité le parc* ______.	●	●	●	p. 107
▸ distinguer les principaux registres de langue.	●	●	●	p. 109
@ meubler une conversation lors d'un repas d'affaires.	●	●	●	p. 110

Pour cela, j'ai appris…

▸ à utiliser le passif.	●	●	●	p. 107
▸ à employer les pronoms relatifs *ce qui* et *ce que*.	●	●	●	p. 108

et j'ai révisé…

▸ le gérondif.
▸ les trois types d'interrogation.

Vous êtes au courant ?

Dans cette leçon, vous allez…

- annoncer de bonnes nouvelles personnelles
- exprimer votre joie, votre satisfaction
- rapporter les paroles d'une autre personne
- comprendre et raconter des faits divers
- engager une réflexion sur les médias et la société de l'information
- parler de la superstition
- @ étudier des démarches pour trouver un emploi

1 C'est quoi, votre dernière bonne nouvelle ?

a Êtes-vous d'accord avec l'affirmation suivante ? Discutez dans le groupe.

À tout moment, et surtout dans les moments difficiles, il est bon de se rappeler les bonnes choses (même petites) qui nous rendent heureux. Pour bien commencer la journée, c'est souvent beaucoup mieux que d'écouter les informations à la radio.

b Des passant(e)s nous ont confié l'événement, petit ou grand, qui venait ensoleiller leur journée. Voici quelques expressions tirées des témoignages que vous allez entendre. Reliez chacune à sa définition.

1 avoir une extinction de voix
2 être dédommagé
3 sonner bien
4 donner un scoop
5 être aux anges

a annoncer une information exclusive
b être agréable à entendre
c ne plus pouvoir parler
d nager dans le bonheur
e recevoir de l'argent en réparation d'une perte

2 15-19 **c** Écoutez et notez sur la feuille de chaque personne, l'expression-clé qui résume sa bonne nouvelle. Comparez avec votre voisin/e.

Corinne, 49 ans, pharmacienne

Fadhila, 30 ans, informaticienne

Romane, 14 ans, lycéenne

Vincent, 65 ans, retraité

Damien, 45 ans, employé de poste

2 15-19 **d** Écoutez chaque témoignage de nouveau, puis rapportez les paroles des différentes personnes.

→Gr.1 Corinne dit que son chef a une extinction de voix.
→Ü1 – Ü2 Fadhila se demande si on va la dédommager.

Il dit *Elle annonce*	*que / qu'…*
Il (se) demande	*si…* *quand / pourquoi / où…*

2 15-19 **e** Écoutez de nouveau et repérez les expressions utilisées par les différentes personnes pour exprimer leur joie / leur soulagement ? Notez-en quelques-unes.

Ouf !

→Ü3

f Votre journal des bonnes nouvelles. Écrivez, sur une feuille séparée, votre bonne nouvelle accompagnée d'un petit commentaire. Notez votre prénom sur la feuille.

(Hannah) Ma bonne nouvelle : *Je suis invitée à déjeuner chez un ami d'enfance. Je suis ravie. C'était mon meilleur copain à l'école primaire. Nous ne nous sommes pas vus depuis 20 ans. Est-ce que je vais le reconnaître ?*

g Redistribuez les feuilles. Lisez votre nouveau texte, puis résumez pour le groupe les informations principales en utilisant le discours indirect, comme dans l'exemple :

Hannah annonce qu'elle est invitée chez un ami d'enfance.
Elle dit qu'elle est très contente parce qu'elle ne l'a pas vu depuis très longtemps.
Elle se demande si elle va le reconnaître.

2 Faits divers

LES FAITS DIVERS :
les événements du jour (ayant trait aux accidents, délits, crimes), sans lien entre eux, faisant l'objet d'une rubrique dans les médias.
(LE NOUVEAU PETIT ROBERT, Paris, 2009)

a Voici la définition proposée par le dictionnaire LE PETIT ROBERT.
Où peut-on rencontrer des faits divers ?
Êtes-vous amateur/amatrice de faits divers ? Pourquoi ?

b Lisez et cochez, pour les deux premiers faits divers, les affirmations correctes. Complétez les informations pour le troisième (voir page suivante). Travaillez à deux.

1

Tahiti dans la tempête

Comme prévu, dans la matinée de jeudi, le cyclone Oli a frappé la Polynésie française : des vents atteignant plus de 200 km/h, provoquant des vagues de 6 à 7 mètres de haut. L'alerte rouge a bien fonctionné. Toute circulation était interdite sur les routes, réservées aux véhicules de secours. Les ports et aéroports sont restés fermés. La population avait reçu comme consigne de rester enfermée chez elle. Pour l'heure, l'archipel des îles du Vent, dont Tahiti, l'île la plus peuplée de Polynésie, semble avoir été peu frappé. Toutefois, deux surfeurs sont portés disparus. À Bora Bora un homme s'est blessé grièvement en tombant de son toit. Huit autres personnes sont légèrement blessées aux Îles Sous le Vent. Les dégâts matériels sont nombreux.

D'après *www.lemonde.fr*

2

TUÉ PAR UNE AVALANCHE PRÈS DU PIC DU MIDI

HORS-PISTE. Un skieur qui descendait hier la face sud-est du pic du Midi de Bigorre, dans les Hautes Pyrénées, a été retrouvé mort sous une avalanche. La victime et un autre skieur qui l'accompagnait avaient quitté la zone balisée. Ils ont déclenché l'avalanche peu avant 14 heures alors qu'ils skiaient en contrebas de l'observatoire du pic du Midi, situé à 2877 mètres d'altitude. Ils avaient pris le téléphérique et s'étaient élancés peu avant du sommet d'où ils étaient partis sans se douter du danger. Le premier skieur a été emporté par l'avalanche et tué sur le coup, le second a réussi à se mettre à l'abri.

D'après le journal *Sud-Ouest*, jeudi 11 février 2010

3

Cézanne, Degas, Monet, Van Gogh : vol spectaculaire dans un musée suisse

ZURICH, 11 fév. 2008 (AFP) – Quatre tableaux de Cézanne, Degas, Van Gogh et Monet ont été dérobés à Zurich pour une valeur de plus de 112 millions d'euros, ce qui en fait l'un des plus gros vols commis dans le monde depuis au moins une vingtaine d'années.
Les toiles ont été volées dimanche après-midi à la Fondation Collection E.G. Bührle, un petit musée célèbre pour sa collection de peintures impressionnistes. « Il s'agit des quatre œuvres majeures de la collection », s'est lamenté le directeur du musée, Lukas Gloor, devant la presse. [...]
Selon la police, trois hommes masqués et armés se sont introduits dans le musée dimanche peu avant 16 h 30, ont menacé les employés et arraché les toiles du mur.
[...] Ils ont ensuite pris la fuite en direction du sud-est à bord d'une automobile de couleur blanche. Les trois malfaiteurs étaient « de taille normale » et habillés de vêtements sombres. L'un d'entre eux s'exprimait en allemand avec un accent slave, selon les policiers.
[...] Le musée offre une récompense de 100.000 francs suisses à qui permettra de retrouver les œuvres.

→Gr.2
→Ü4 – Ü5

D'après *Agence France Presse*, 11/02/2008

1 1 Ce fait divers parle ❍ d'un meurtre. ❍ d'une catastrophe naturelle. ❍ d'un vol.
2 Cela s'est passé ❍ en France métropolitaine ❍ en outre-mer ❍ au Mexique
❍ dans la nuit de jeudi à vendredi. ❍ jeudi matin. ❍ vendredi soir.
3 Pour des raisons de sécurité, on a fermé ❍ les aéroports. ❍ les routes. ❍ le centre-ville.
4 Il y a eu ❍ plusieurs morts. ❍ des blessés. ❍ beaucoup de dégâts matériels.

2 1 Il s'agit ici ❍ d'une inondation. ❍ d'un incendie. ❍ d'un accident de montagne.
2 Cela s'est passé ❍ dans les Alpes ❍ dans les Pyrénées ❍ dans le Jura
❍ vers 16 heures. ❍ en début d'après-midi. ❍ un dimanche.
3 Les skieurs faisaient du ski ❍ hors piste. ❍ sur une piste balisée.
4 Il y a eu ❍ seulement des pertes matérielles. ❍ plusieurs blessés. ❍ un mort.

3 1 Ce fait divers parle de / d' ______________________________.
2 Cela s'est passé ______________________________.
3 La police ______________________________.
4 Les malfaiteurs ______________________________.

c Formez trois groupes. Choisissez dans chaque groupe une photo, puis imaginez à partir de votre photo un fait divers. Prenez quelques notes.

Imaginez-en : les personnes,
le lieu et le moment,
la cause,
les conséquences.

> *Vous vous souvenez ?*
> *Qui ? Que / Quoi ? Quand ? Où ? Comment ? Pourquoi ?*
> Diese Fragen werden in einem *fait divers* beantwortet.

d Présentez votre fait divers en plénum. Le groupe lui donne un titre.

→Ü6 – Ü7

3 Filtrer l'info ?

Journaux, magazines, radios, télévision, Internet... On entend souvent dire « Trop d'info tue l'info ». Comment se protéger ? Comment choisir ?
L'anecdote suivante propose un début de réponse à ces questions. Attribuée à Socrate, elle n'est attestée par aucune source historique, mais elle montre une fois de plus, la grande sagesse du philosophe d'Athènes.
Rappelez-vous avant de lire cette histoire, que dans la Grèce antique, il n'y avait ni journaux, ni radio, ni Internet... les informations circulaient par le bouche à oreille...

a Lisez le texte à deux.

1 Qui sont les personnages de cette fable ?
2 Quel est le nom du test utilisé par Socrate ?
3 Comment fonctionne-t-il ?

● Socrate ● élève

Socrate était célèbre pour sa grande sagesse. Un jour qu'il se promenait sur l'agora (la grande place), un de ses élèves vint le voir et lui demanda :

- ● Sais-tu ce que je viens d'apprendre à propos de ton ami ? Il faut absolument que je te raconte. J'ai entendu dire que...
- ● Un instant, répondit Socrate. Avant d'écouter ton histoire, j'aimerais te faire passer le test des « trois filtres ».
- ● Le test des trois filtres ? Je ne vois pas de quoi tu parles, dit son élève.
- ● Eh bien, nous allons faire passer ce que tu veux me dire dans trois filtres. Et s'il reste quelque chose à la fin, tu pourras me le dire. Es-tu prêt ?
- ● Oui, je suis prêt, répondit l'élève, un peu agacé.
  Il trouvait que Socrate était bien compliqué.
- ● Le premier filtre est le filtre de la Vérité. Es-tu absolument sûr que ce que tu veux me raconter est vrai ? As-tu vérifié toi-même ?
- ● Euh... non, répondit son élève, j'en ai simplement entendu parler...
- ● Bien, poursuivit Socrate, tu ne sais donc pas si c'est la vérité. Essayons maintenant notre deuxième filtre, celui de la Bonté. Est-ce que ce que tu veux me dire sur mon ami est bienveillant ?
- ● Ah non, au contraire... Il paraît qu'il...
- ● Donc, tu veux me dire quelque chose de désagréable sur mon ami, mais tu n'es pas sûr que ce soit exact ? Il nous reste encore le troisième filtre, celui de l'Utilité. Est-ce que ce que tu veux me raconter me sera utile ? Est-ce que cela embellira mon quotidien ?
- ● Je ne sais pas trop... non, pas vraiment. On dit que... enfin tout le monde en parle...
- ● Alors, conclut Socrate en souriant, si ce que tu veux me dire n'est ni vrai, ni bon, ni utile, il vaut peut-être mieux que tu ne me le dises pas. En tout cas, une chose est sûre, c'est que moi, je n'ai pas envie de l'entendre.

Le ***passé simple*** est utilisé dans les fables, contes ou récits littéraires :

venir	→ *il* ***vint*** (er kam)
demander	→ *il* ***demanda*** (er fragte)
répondre	→ *il* ***répondit*** (er antwortete)
dire	→ *il* ***dit*** (er sagte)
poursuivre	→ *il* ***poursuivit*** (er fuhr fort)
conclure	→ *il* ***conclut*** (er folgerte, schloss)

b Préparez, à deux, trois autres questions sur le texte.

c Est-ce que cette fable vous plaît ? Pourquoi ? Trouvez, à deux, une morale. Le groupe choisit celle qu'il préfère. Notez-la ci-dessous.

d Soulignez dans le texte, les expressions que vous pouvez utiliser pour transmettre une information dont vous n'êtes pas sûr/e. Puis, pensez à une information que vous venez d'entendre ou de lire et parlez-en au groupe.

J'ai entendu dire que…

e Discussion

1 Et si on utilisait ce test pour nos médias ? Quels journaux de votre pays / Quelles rubriques d'information disparaîtraient ?
2 Comment suivez-vous l'actualité ?
3 Avez-vous l'impression d'être bien informé/e ?
→Ü8 4 Quelle est pour vous, la source d'information la plus sûre ?

1 Die indirekte Rede im Präsens

Gr. S. 176

Vous regardez.

Vergleichen Sie die beiden Spalten der Tabelle und unterstreichen Sie alle Elemente, die beim Wechsel von der direkten in die indirekte Rede verändert werden.

Direkte Rede / Frage	Indirekte Rede / Frage
Elle dit : « Mon chef a une extinction de voix. » « Je vais être tatie. »	**Elle dit** … que son chef a une extinction de voix. … qu'elle va être tatie.
Elle demande : « Est-ce qu'on va me dédommager ? » « Combien de temps est-ce que ça va durer ? » « Où irons-nous ? » « Qu'est-ce que je pourrais vous raconter ? »	**Elle (se) demande** … si on va la dédommager. … combien de temps ça va durer. … où ils iront. … ce qu'il pourrait nous raconter.

Vous comprenez. Kreuzen Sie **Vrai** oder **Faux** an.

	Vrai	Faux
1 Begleiter und Pronomen werden unverändert in die indirekte Rede übernommen.	❍	❍
2 In der indirekten Frage wird das deutsche „ob" mit *si* wiedergegeben.	❍	❍
3 Das Fragewort *qu'est-ce que* wird zu *ce que*.	❍	❍

Vous pratiquez.

a Leiten Sie die indirekte Rede oder die indirekte Frage ab.

1 « J'ai beaucoup aimé ce film. » → Il dit qu'il ______.
2 « Nous ne viendrons pas demain. » → Ils annoncent ______.
3 « As-tu reçu mon mail ? » → Elle me demande ______.
4 « Qu'est-ce que vous faites ce soir ? » → Il me demande ______.
5 « Est-ce que tu partiras tôt ? » → Il veut savoir ______.

b Bereiten Sie zu zweit eine Aussage und eine Frage (direkte Rede) vor. Lesen Sie dann Ihre Sätze laut vor: Die Gruppe wandelt sie in die indirekte Rede um.

1 « ______. »
2 « ______ ? »

2 Das Plusquamperfekt *(le plus-que-parfait)*

Gr. S. 169

Wie im Deutschen antwortet das *plus-que-parfait* auf die Frage „Was war gewesen / geschehen, noch bevor dies geschah?".

Vous regardez.
Unterstreichen Sie in den folgenden Sätzen alle Verbformen, die im *plus-que-parfait* stehen.

1 La victime et un autre skieur qui l'accompagnait avaient quitté la zone balisée.
2 Ils avaient pris le téléphérique et s'étaient élancés peu avant du sommet d'où ils étaient partis sans se douter du danger.

Vous comprenez. Streichen Sie die falsche Aussage durch.

1 Das *plus-que-parfait* wird mit *être* oder *avoir* und dem (*Partizip Perfekt / Infinitiv*) gebildet.

2 Das Hilfsverb *être* oder *avoir* steht im (*conditionnel / imparfait*).

3 Wie im *passé composé* ist das Partizip Perfekt der Verben, die mit dem Hilfsverb *être* verwendet werden, (*veränderlich / unveränderlich*).

Vous pratiquez. Beenden Sie die Sätze und benutzen Sie dabei das *plus-que-parfait*. Fügen Sie ein eigenes Beispiel hinzu.

1 Quand nous sommes arrivés, le train *était déjà parti*.
2 Je n'ai pas pu rentrer chez moi parce que… ______.
3 Anne était très fatiguée parce que… ______.
4 J'ai retrouvé le pull que… ______.
5 Quand je suis né/e… ______.
6 ______.

C'est magique ?

a À quoi pensez-vous en voyant ces photos. Discutez dans le groupe.

b Lisez les contributions des internautes au forum *Porte-bonheur / Porte-malheur, vous y croyez ?* et soulignez de deux couleurs différentes a) les porte-bonheur b) les porte-malheur.

Émilie

Moi, je suis classique. J'aime le trèfle à quatre feuilles, le muguet du premier mai. Et à chaque fois que je vois une étoile filante, je fais un vœu. Pas vous ? Je n'aime pas qu'on pose le pain à l'envers sur la table. Je le retourne aussitôt. C'est comme un réflexe.

Guilmane

Chez nous aussi, aux Antilles, nous avons beaucoup de superstitions. Je n'y crois pas vraiment, mais je les respecte quand même.
→ *pa ofè moun parfun*
Il ne faut pas offrir de parfum car cela brise l'amitié.

Patrice

Et celle-ci, Guilmane, tu la connais ?
→ *si lanmen dwèt aw ka graté-w ou ké dépansé lajan, si sé gòch la ou ké ni lajan*
Si ta main droite te démange, tu dépenseras de l'argent, si c'est la gauche, tu en gagneras.

Erika

Moi, je suis née un vendredi 13 et je suis très superstitieuse. Je ne passe jamais sous une échelle, je ne croise jamais les couverts, je n'ouvre jamais un parapluie à l'intérieur. J'en oublie, c'est sûr.

Eulalie

Le premier janvier, il vaut mieux qu'une femme ne mette pas de robe bleue, car elle verrait la misère toute l'année (la misère n'est pas noire, chez nous, à la Martinique, mais bleue).

c *Il est bon de connaître les superstitions des autres pays, pour éviter des maladresses interculturelles gênantes ou au contraire pour faire plaisir.*
Connaissez-vous d'autres porte-bonheur, d'autres porte-malheur ? Lesquels sont les plus connus dans votre pays ou région ?

d Et vous ?
Avez-vous un porte-bonheur sur vous ? Un Saint-Christophe dans votre voiture ? Avez-vous déjà jeté une pièce dans une fontaine ? Y a-t-il des gestes que vous faites ou que vous ne faites pas par superstition ?
→Ü9 – Ü10 Racontez à votre voisin/e, puis résumez le résultat de votre conversation pour le groupe.

À la recherche d'un emploi

a Travaillez à deux. À votre avis, quelles sont les démarches les plus efficaces pour trouver un emploi ? Ajoutez au moins trois éléments à cette liste. Donnez-leur une note de 1 (très efficace) à 6 (peu efficace). Comparez vos résultats avec les autres.

Démarches utiles pour trouver un emploi	Note
→ s'inscrire à Pôle Emploi (agence nationale pour l'emploi)	______
→ s'inscrire en ligne sur un réseau social professionnel	______
→ se faire pistonner (utiliser ses relations)	______
→ ______________________	______
→ ______________________	______
→ ______________________	______

2 20 **b** Alyssa parle de ses difficultés à trouver un emploi. Écoutez la conversation et cochez dans la liste de **a** les éléments que vous retrouvez.

c Lisez le dialogue à quatre et complétez le texte avec les mots / expressions suivants :

● Alyssa ● Théo ● Emma ● Ludovic

des réseaux sociaux professionnels | entretien d'embauche | les relations | plein d'annonces | un candidat | le patron de l'entreprise | les DRH | un poste en CDI

● J'en ai marre, huit mois que je suis inscrite à Pôle Emploi. J'ai envoyé au moins une centaine de CV… À chaque ______________________, on me fait comprendre que je manque d'expérience. Comment t'as fait, toi, Théo, pour trouver ton boulot ?

● Moi, euh… mon père connaît ______________________ où je travaille actuellement. J'ai fait un stage dans la boîte et ils m'ont gardé.

● Je vois, je vois… Ça sert, ________________. Tu t'es fait pistonner, quoi.

● Si tu veux… Mais ils m'ont gardé parce que j'étais bon. Sinon, …

● D'accord, on a compris. Dis-moi, je suppose que t'as pensé à Internet ?

● Bien sûr. Là aussi, j'ai répondu à ______________________. Je n'ai pas eu une seule réponse.

● Non, non, je parle pas des offres d'emploi sur Internet mais ______________________ comme *LinkedIn*, *Viadeo* ou *Xing*. Tu peux y créer ton profil avec CV, ce qui te permet d'échanger des idées ou des expériences et aussi de faire des rencontres intéressantes.

● Comme ça, tu deviens visible pour le recruteur, tu n'es plus ________________ perdu dans la masse.

● Et ça marche ?

● Oui oui, il paraît que ____________ des entreprises consultent régulièrement ces réseaux.

● C'est vrai ! Le copain de ma sœur a trouvé un emploi comme ça. Il s'est inscrit sur *LinkedIn*… et il a reçu une vingtaine de propositions. Il commence à la fin du mois comme assistant marketing, dans une entreprise, euh… ________________, je crois.

● Théo, tu saurais créer un blog sur un site professionnel, toi ?

2 21 **d** Vous allez entendre trois personnes. Imaginez la vie d'une de ces trois personnes. Travaillez à deux.

e Présentez votre travail, le groupe retrouve la personne dont vous parlez.

→Ü11, Ü12

1 Au commissariat. Le policier français ne comprend pas ce que disent les touristes. Aidez-le en transposant les phrases en français. Utilisez le discours indirect.

Numéro 1 dit qu'il attend depuis une heure.

Numéro 2 ______.

Numéro 3 ______.

Numéro 4 et 5 ______.

2 Éric est un peu inquiet en ce moment. Écoutez et notez, au style indirect, les questions qu'il se pose.

2 22-26

Éric se demande…

1 *s'il va bientôt retrouver du travail.*

2 ______.

3 ______.

4 ______.

5 ______.

3 Intonation

2 27

a Écoutez et imitez l'intonation.

2 27

b Quel sentiment expriment ces personnes ? Notez le numéro de la scène au niveau du sentiment correspondant.

la joie : ______ l'étonnement : *1,* ______ l'énervement : ______

4 Reliez les phrases qui vont ensemble.

1 Il a retrouvé son porte-monnaie.
2 J'ai fermé la porte à clé.
3 Les policiers sont arrivés tout de suite.
4 J'étais d'accord pour annuler la sortie.
5 Elle était de mauvaise humeur.

a Elle n'avait pas bien dormi.
b Je n'avais encore rien préparé.
c J'avais entendu un bruit bizarre.
d Il l'avait laissé sur son bureau.
e Mais les voleurs étaient déjà tous partis.

5 Terminez les phrases en utilisant le *plus-que-parfait* et rajoutez une cinquième phrase.

1 Pour ne pas rater son train, elle ______.

2 Quand j'ai quitté le bureau, ______.

3 Ils n'ont pas pu prendre la voiture parce que/qu' ______.

4 Avant de partir, nous ______.

5 ______.

6 Mots croisés : *faits divers*

Horizontalement

2 Elle est rouge pour annoncer qu'il y a un danger.
3 Une histoire d'eau qui peut se passer en ville, mais aussi dans votre salle de bain ☺.
5 Des vents très violents.
7 Pour l'éteindre, on appelle en général les pompiers.
10 Une personne qui agit mal, qui n'est pas honnête.

Verticalement

1 C'est un événement tragique, un grand malheur.
4 Elle représente un danger pour les skieurs hors-piste.
6 Action qui consiste à tuer une autre personne.
8 Fonctionnaire, responsable de l'ordre public.
9 Ce verbe a le même sens que « voler ».

7 Les faitsdivers.com

a Survolez le document et cochez les affirmations correctes.

1 Le site « lesfaitsdivers.com » est maintenant accessible sur votre portable. ❍
2 Ce site s'adresse aux amateurs de faits divers. ❍
3 Les faits divers y sont classés par thèmes. ❍

Tous les faits divers nationaux sur votre iPhone !

Vous aimez les histoires *croustillantes*[1] et les faits divers ? Alors cette *application*[2] devrait vous intéresser. Le site internet **lesfaitsdivers.com** vient de porter sur l'iPhone, une application *répertoriant*[3] tout le contenu de son site. Elle donne *un accès rapide*[4] et personnalisé aux faits divers par région ainsi qu'à l'actualité nationale. En bref, vous retrouverez l'intégralité du site sur votre iPhone/iPod Touch. L'application est très simple, 4 *onglets*[5] sont à votre disposition, le premier affiche toute l'actualité nationale et les trois autres donnent accès aux faits divers par département !

[1] pikant; [2] Anwendung; [3] erfassen; [4] schneller Zugang; [5] Tabs

b Êtes-vous intéressé par cette possibilité ? Oui ? Non ? Pourquoi ?

8 Pour réviser les mots interrogatifs

À quel mot interrogatif répondent les éléments soulignés ?

1 J'ai l'acheté sur ebay. → ______ ?
2 Parce qu'on lui a volé sa valise. → ______ ?
3 Je trouve ce film très amusant. → ______ ?
4 C'est Martin qui est parti en premier. → ______ ?
5 J'ai choisi le manteau rouge. → *Quel ?*
6 Nous sommes rentrés de New York en juin. → ______ ?
7 De ces deux pulls, c'est celui-là que je préfère. → ______ ?
8 Nous avons trois enfants, un fils et deux filles. → ______ ?
9 J'ai oublié mes lunettes de soleil au café. → ______ ?

9 *Mémoires d'un tricheur*[1], Sacha Guitry (Éditions Gallimard)

a Sacha Guitry raconte ici la vie d'un homme, tricheur depuis son enfance. Lisez le texte suivant pour découvrir l'événement qui est à l'origine de sa « carrière ».

Sacha Guitry (1885 – 1957)

Professions :	comédien, auteur, metteur en scène, réalisateur et scénariste
Sa passion :	le théâtre (il a écrit plus de 100 pièces de théâtre)
Son esprit :	humour, ironie, distance

Je suis né le 28 avril 1882, à Tortisambert, petit village bien joli du Calvados, dont on aperçoit *le clocher*[2] à main gauche quand on va vers Thoarn en quittant Livarot.

Mes parents tenaient un commerce d'épicerie qui leur laissait, *bon an, mal an*[3], cinq mille francs de bénéfice.

Notre famille était nombreuse. D'un premier lit, ma mère avait eu deux enfants. Elle eut avec mon père, un fils et quatre filles. Mon père avait sa mère, ma mère avait son père – ils étaient quittes, si j'ose dire – et nous avions, en outre, un oncle sourd-muet.

Nous étions douze à table.

Du jour au lendemain, un plat de champignons me laissa seul au monde.

Seul, car j'avais volé huit sous dans le tiroir-caisse pour m'acheter des billes – et mon père *en courroux*[4] s'était écrié :

– Puisque tu as volé, tu seras *privé de champignons*[5] !

Ces *végétaux mortels*[6], c'était le sourd-muet qui les avait cueillis – et ce soir là, il y avait onze cadavres à la maison.

Qui n'a pas vu onze cadavres à la fois ne peut pas se faire une idée du nombre de cadavres que cela fait.

Il y en avait partout.

Parlerai-je de mon chagrin ?

Disons plutôt la vérité. Je n'avais que douze ans, et l'on conviendra que c'était un malheur excessif pour mon âge. Oui, j'étais véritablement *dépassé*[7] par cette catastrophe – et n'ayant pas assez d'expérience pour en *apprécier*[8] l'horreur, je m'en sentais, pour ainsi dire, *indigne*[9].

[1] Memoiren eines Schwindlers; [2] Kirchturm; [3] durchschnittlich; [4] in Zorn; [5] du bekommst keine Pilze; [6] tödliche Pflanzen; [7] überfordert; [8] einschätzen / ermessen; [9] unwürdig

b Préparez trois questions sur le texte que vous poserez au prochain cours.

1 ______________________________ ?

2 ______________________________ ?

3 ______________________________ ?

c Trouvez dans ce texte deux verbes pour chacun des temps suivants :

passé composé	passé simple	imparfait	plus-que-parfait
	elle eut		

10 Un jour de chance / Un jour de malchance : écrivez un petit texte sur une feuille séparée pour raconter ce qui vous est arrivé.

11 Lisez les contributions au forum « Comment trouver un emploi », puis racontez comment vous, vous avez trouvé votre emploi. Vous pouvez inventer, bien sûr.

Annaïs ☹

Comment avez-vous fait pour trouver un emploi ? Merci de me répondre !

1 **LéoPart**

En cherchant !
Candidatures spontanées + réponses à offres sur Internet et dans la presse + CV sur sites spécialisés. La recherche d'emploi, c'est presque un boulot à temps plein. Avant de trouver mon job actuel, j'ai été inscrit plus de 3 ans à Pôle Emploi et je n'ai jamais reçu aucune proposition.

2 **Marie**

Je n'en ai jamais trouvé, ni cherché, j'en ai fabriqué un… Je suis indépendante depuis la fin de mes études.

3 ____________________

____

____

12 D'une langue à l'autre
Jargon du journalisme : reliez chaque mot à sa définition, puis numérotez les titres.

1 le scoop
2 les chiens écrasés
3 le marronnier
4 l'intox

a une information fausse
b les informations les moins importantes, les faits divers
c une information exclusive
d une information qui revient régulièrement

_____ ***Bientôt l'été : quel régime est vraiment efficace ?***
_____ **En exclusivité : Britney Spears victime de la grippe A**
_____ ***La nouvelle grippe ressemble à celle de 1918 et pourrait tuer autant de personnes***
_____ Cet automobiliste roulait sans permis depuis… 1997

Clin d'œil

« Je ne suis pas superstitieux, cela porte malheur. »
A. Jeanson

Réflexion *sur l'apprentissage* – Mon dictionnaire et moi

Cochez les éléments qui vous correspondent.

J'utilise souvent…
- ❍ un dictionnaire unilingue.
- ❍ un dictionnaire bilingue.
- ❍ www.leo.org.

TIPP!
Utilisez un dictionnaire unilingue !
Vous y rencontrez les mots en contexte (dans des phrases-exemples).

Je le consulte…
- ❍ dès que je ne comprends pas un mot.
- ❍ quand je cherche des mots de la même famille.
- ❍ pour vérifier l'orthographe d'un mot.

____

Comparez vos réponses dans le groupe.

Journal *d'apprentissage*

Maintenant je peux…

- ▶ annoncer de bonnes nouvelles personnelles : — p. 116
  Ma bonne nouvelle : ______________________ .
- ▶ exprimer ma joie, ma satisfaction : — p. 117
  Super ! ______________________ !
- ▶ rapporter les paroles d'une autre personne : — p. 117
  Il dit que ____________ */ Elle demande si* ____________ .
- ▶ comprendre et raconter un fait divers : — p. 118
  Il s'agit d' ______________________ .
- ▶ réfléchir aux médias et autres sources d'information : — p. 120
  À mon avis, ______________________ .
- ▶ parler de la superstition : — p. 122
  Je suis / ne suis pas superstitieux/-se ______________________ .
- @ réfléchir à des démarches utiles pour trouver un emploi : — p. 123
  Pour trouver un emploi, on peut ______________________ .

Pour cela, j'ai appris…

- ▶ à utiliser le discours indirect. — p. 120
- ▶ à utiliser le plus-que-parfait. — p. 121

et j'ai révisé…

- ▶ les temps du passé.
- ▶ les mots interrogatifs.

L'avenir, c'est aujourd'hui

Dans cette leçon, vous allez…

- parler des problèmes de la planète
- formuler des propositions concrètes pour un comportement « écologiquement correct »
- justifier une action, un comportement
- évaluer différentes formes de tourisme
- comprendre une personne qui témoigne de son choix de vie
- présenter un projet de développement durable pour une ville
- @ comprendre et rédiger une lettre formelle

1 *Avant qu'il soit trop tard ?*

a Lisez les expressions suivantes et notez le numéro de la photo qui correspond.

a ______ les espèces en voie de disparition
b ______ les déchets du nucléaire
c ______ la marée noire : le mazout englue les oiseaux
d ______ la laideur chante victoire sous le plastique et le béton
e ______ la sécheresse se déchaîne
f ______ des millions de détritus

1

2

3

4

5

6

2 28 **b** Écoutez la chanson de Charles Aznavour sur le thème « dangers pour la planète ».

→ Le rythme, la voix, le ton du chanteur sont-ils, à votre avis, adaptés au thème de la chanson ?

Charles Aznavour
Franco-arménien, né à Paris en 1924
Nom : Shahnourh Varinag Aznavourian
Casquettes : auteur-compositeur-interprète (plus de 1000 chansons), acteur (plus de 60 films), ambassadeur d'Arménie, représentant permanent de l'Arménie auprès de l'ONU à Genève
Personnalité : romantique, engagé et amoureux de la vie

c Voici quelques expressions de la chanson. Reliez chacune à son explication.

1 les fonds de mer sont souillés
2 les Tchernobyl en ribambelle
3 la terre promise, patrimoine de nos enfants
4 nul ne s'en soucie
5 l'homme s'en fout
6 il met le monde sens dessus dessous
7 le pétrole est le maître mot
8 la société consommatrice avance impunément ses pions

a Personne ne s'inquiète.
b Le pétrole est la chose la plus importante du monde.
c Cela lui est complètement égal.
d La consommation permet tous les excès : il n'y a pas de punition.
e La mer est polluée en profondeur : on y jette des tonnes de détritus.
f Il met du désordre partout et dérange l'équilibre du monde.
g Il y a eu depuis Tchernobyl de nombreux autres accidents de centrales nucléaires.
h La planète appartient aux prochaines générations.

2 28 **d** Écoutez une nouvelle fois la chanson et retrouvez les expressions de **c**. Tapez sur la table à chaque fois que vous en entendez une.

e Lisez le texte de la chanson et cochez si les affirmations suivantes sont vraies ou fausses.

	Vrai	Faux
1 Le chanteur fait le constat des différents problèmes de la planète.	❍	❍
2 Il propose une série d'actions concrètes.	❍	❍
3 Pour lui, il n'y a plus rien à faire : la planète est perdue.	❍	❍
4 À son avis, l'Homme est le seul responsable.	❍	❍
5 Il pose la question de l'avenir de la planète.	❍	❍

f Discussion. Le message porté par cette chanson est-il trop noir ? Pensez-vous que le chanteur exagère ? Quel titre proposez-vous ?

Les océans sont des poubelles
Et les fonds de mer sont souillés
Les Tchernobyl en ribambelles
Voient naître des fœtus mort-nés
Dans cinquante ans, qu'allons-nous faire
De ces millions de détritus
De ces déchets du nucléaire
Dont les pays ne veulent plus ?
Sous nos pieds *la terre promise*[1]
Patrimoine de nos enfants
Petit à petit *agonise*[2]
Nul ne s'en soucie
Et pourtant les espèces devenues rares
Sont en voie de disparition
Et la laideur chante victoire
Sous le plastique et le béton.

(Refrain)
La Terre meurt
L'homme s'en fout
Il vit sa vie
Un point, c'est tout.
Il met *à son gré*[3], à son goût
Le monde sens dessus dessous
La Terre meurt
Où allons-nous ?

Dans la finance et les affaires
Le pétrole est le maître mot
Il mène à tout
Même à la guerre
Et nul ne s'inquiète de l'eau.
Où en sont la flore et la faune ?
Et qu'advient-il du firmament
Privé de la couche d'ozone
Gardien de l'environnement ?

Il est temps de prendre conscience
Que l'homme ne respecte rien
Il se fiche[4] de l'existence
Des baleines et des dauphins
L'éléphant meurt pour son *ivoire*[5]
La bête rare pour sa peau
Et dans les grandes marées noires
Le mazout englue les oiseaux.
La société consommatrice
Avance impunément ses pions
Tandis que les arbres *pourrissent*[6]
Dans les villes et leurs environs
La sécheresse se déchaîne
Effaçant[7] tout signe de vie
Et certaines races humaines
Crèvent d'abandon[8] et d'oubli.

(Refrain)
La Terre meurt
L'homme s'en fout
Il vit sa vie
Un point, c'est tout.
Il met *à son gré*[3], à son goût
Le monde sens dessus dessous
La Terre meurt
Où allons-nous ?

La Terre meurt
Réveillons-nous !

[1] *Gelobtes Land;* [2] *mit dem Tod ringen;* [3] *wie es ihm beliebt;* [4] *er pfeift auf;* [5] *Elfenbein;* [6] *zugrunde gehen;* [7] *auslöschend;* [8] *krepieren, weil man sie aufgibt*

→Ü1 – Ü2

g Lisez les contributions des internautes sur le forum *sauver-la-nature*, puis réfléchissez à des actions possibles au quotidien. Écrivez vos propositions sur une feuille séparée et présentez-les en plénum.

Bonjour!

Vous aimez la nature ? Vous pensez qu'il faut absolument la protéger ? Dans ce cas, soyez les bienvenus sur ce site que nous avons créé afin que vous puissiez agir. Vous y apprendrez les gestes quotidiens qui préparent notre avenir. Sauvons la nature avant qu'il soit trop tard. Et pour que nos enfants puissent vivre !

Je ne laisse plus aucun appareil *en veille*[1]. J'éteins beaucoup ces derniers temps : mes appareils électriques, l'ordinateur, la lumière dès que je sors d'une pièce. Mon mari et mes enfants se moquent de moi… mais je tiens bon. Parce que c'est pour la bonne cause.

Bien que je ne sois pas écolo à 100 %, j'essaie de rendre ma voiture un peu plus écologique : par exemple, je roule *vitres*[2] fermées sur autoroute et ouvertes en ville (utiliser la clim, c'est consommer de l'essence en plus). Mais comme la voiture la plus écolo, c'est celle qui reste au garage… et parce que je n'aime pas les transports en commun, eh bien… je viens de m'acheter un bon vélo.

Vous connaissez le *moteur de recherche*[3] Forestle ? Pour chaque recherche que vous effectuez, vous contribuez à sauver 0,1 m² de forêt tropicale. Ça vaut la peine d'aller voir, non ? Entrez http://fr.forestle.org/. Faites-en votre *page d'accueil*[4] ! Et pour que tout aille encore plus vite, recommandez-le à vos amis. Bonne nouvelle : jusqu'à aujourd'hui 9 664 524,4 m² ont déjà été sauvés !

→Gr.1
→Ü3

[1] *im Stand-by-Modus*; [2] *Fenster(scheiben)*; [3] *Suchmaschine*; [4] *Startseite (einer Homepage)*

h Choisissez parmi les propositions vues en **g**, une idée que vous voulez essayer de mettre en pratique.

À partir de maintenant, j'arrose mon jardin le soir. C'est un moyen d'économiser un peu d'eau. J'aime bien cette proposition. Elle est simple à mettre en pratique.

2 *Il y a voyage et voyage…*

a Quels types de voyages connaissez-vous ? Pourquoi voyage-t-on ? Complétez ce tableau à deux.

type de voyage	but du voyage
voyage d'affaires	*rapporter des contrats*
voyage de noces	
voyage culturel	
circuit organisé	
croisière	
voyages pour célibataires	

b Lisez le texte, puis discutez en plénum : quelles sont les caractéristiques des voyages d'aujourd'hui et des voyages d'autrefois ?

« Slow travel », reprendre le temps de voyager

Le « slow travel » est né pour faire face à la frénésie des voyages et réduire l'impact du tourisme sur l'environnement. Il s'agit d'abord de retrouver le mode des voyages d'autrefois. Ne plus se dépêcher, sortir du stress permanent, sortir du « toujours plus loin et toujours plus vite ». Voici quelques idées pour pratiquer le slow travel :

- Faites de la planète non pas un objet de consommation, mais un objet de réflexion.
- Visitez une région plutôt qu'un pays entier, un pays plutôt qu'un continent.
- N'essayez pas de tout voir (c'est impossible), mais regardez bien ce qui est autour de vous.
- Intéressez-vous à la vie locale en allant sur les marchés, regardant et écoutant les gens, etc.
- Découvrez-vous vous-même en découvrant les autres.

D'après l'article d'Anaïs Laguens sur *http://www.voyagespourlaplanete.com/slow-travelreprendre-le-temps-de-voyager*

2 29 **c** Lucie et Vincent parlent de leurs prochaines vacances. Écoutez la conversation téléphonique et terminez les phrases pour la résumer.

1 Quand Lucie téléphone, Vincent est en train de ________________.

2 Pour ses prochaines vacances, il aimerait ________________.

3 Vincent lit deux publicités à Lucie, la première c'est ________________, la seconde, c'est ________________.

4 Lucie ne sait pas où elle passera ses vacances parce qu'elle ________________.

5 Ce qu'elle veut en vacances, c'est ________________.

d Discussion

1 Avec qui préféreriez-vous partir en vacances, avec Julie ou avec Vincent ? Justifiez votre réponse.

2 Avez-vous déjà pratiqué le slow travel ? Racontez. / Si non, auriez-vous envie d'essayer ?

e Choisissez une situation (**A** ou **B**) et préparez un dialogue. Prenez des notes.

A Vous préparez vos prochaines vacances, mais vous n'êtes d'accord ni sur la destination ni sur la formule à choisir. Réussirez-vous à trouver un compromis ?

B Votre partenaire vous a persuadé de partir en randonnée dans les Cévennes avec un âne (vous étiez plutôt pour des vacances style *club med*). Le troisième jour, l'âne refuse d'avancer. Imaginez une discussion / dispute entre vous et votre partenaire.

Pour discuter
Toi et tes idées…
Je t'avais bien dit que…
Il faut toujours que…
Une chose est sûre, c'est que…

→Ü4 – Ü5

3 La simplicité volontaire

a L'expression « simplicité volontaire comme choix de vie » : qu'est-ce que cela peut signifier ? À deux, complétez le soleil de mots et donnez des exemples.

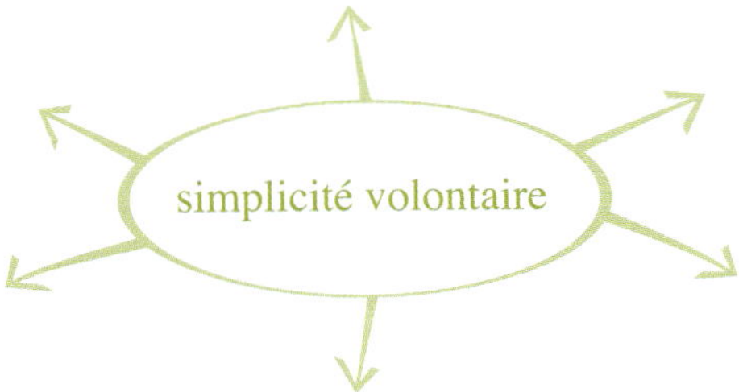

b Écoutez une première fois l'interview d'Yves, ancien tisserand devenu sculpteur sur bois. Retrouvez l'ordre des thèmes abordés dans l'interview. Comparez avec votre voisin/e.

2 30

___ chômage ___ situation financière ___ enfance
___ sculpture ___ bonheur ___ début de carrière / travail
___ style de vie ___ confort matériel

c Lisez le résumé de l'interview, puis écoutez de nouveau le CD. Il y a six erreurs dans le texte. Lesquelles ?

2 30

Issu d'un milieu social très modeste, Yves a grandi à Roanne, près de Lyon. Dans les années cinquante, c'est l'industrie du bois qui domine à Roanne. Yves se lance dans le tissage artisanal : il travaille en indépendant. Mais comme il ne gagne pas assez bien sa vie, il se fait embaucher dans une fabrique de tissus lyonnaise. Au bout de trois ans, il quitte son emploi pour des raisons personnelles. Après une période de chômage, Yves se recycle dans la sculpture sur bois. Ses motifs privilégiés : des objets de la vie quotidienne (des pieds de lampes, des boîtes, des cadres, etc.).

Contrairement à ses anciens copains, qui se sont tous embourgeoisés, Yves n'a pas besoin de beaucoup d'argent pour vivre. Il vient de vendre sa voiture : il transporte maintenant ses sculptures sur le porte-bagages de sa bicyclette. Yves vit pratiquement en autarcie : il fait son pain, se chauffe au bois, mange les légumes de son jardin, produit son électricité, etc. Mais il n'a pas renoncé au temps libre, aux plaisirs simples et au bonheur de vivre… Yves a une idée bien précise du bonheur : « Quand on est heureux, on ne peut pas être heureux en plus. »

d Discussion

1 Que pensez-vous du style de vie d'Yves ? Le vôtre est-il très différent ?

2 Pourriez-vous, comme lui, vous passer d'un certain confort. De quels équipements / appareils pourriez-vous vous passer ?

3 Connaissez-vous des gens qui ont dû / voulu renoncer à leur standing ?

4 Yves nous donne sa conception du bonheur. Qu'en pensez-vous ? Correspond-elle à la vôtre ?

→Gr.2
→Ü6 – Ü7

1 Der *subjonctif* nach Konjunktionen (Bindewörtern)

Gr. S. 172

Vous regardez.

Ergänzen Sie die Teilsätze aus **1 g** mit den passenden Konjunktionen.

1 ________________ vous puissiez agir
2 ________________ il soit trop tard
3 ________________ nos enfants puissent vivre
4 ________________ je sors d'une pièce
5 ________________ c'est pour la bonne cause
6 ________________ je ne sois pas écolo à 100 %

> **Vous vous souvenez ?**
> Sie kennen bereits viele Subjonctif-Auslöser:
> ***Je ne veux pas qu'****il prenne de risques.*
> ***Il faut que*** *nous réagissions vite.*
> ***Tu trouves normal que*** *je fasse tout ?*

Vous comprenez. Kreuzen Sie die passende Aussage an.

1 Nach *dès que* und *parce que* steht ❍ der Indikativ. ❍ der *subjonctif*.

2 Konjunktionen wie *pour que / afin que* (damit), die einen Zweck angeben, erfordern ❍ den Indikativ. ❍ den *subjonctif*.

3 Nach *bien que* (obwohl) und *avant que* (bevor) steht ❍ der Indikativ. ❍ der *subjonctif*.

Vous pratiquez. *Indikativ* oder *subjonctif*? Lancez le dé, avancez du nombre de cases indiqué par le dé, puis terminez la phrase proposée.

→ Il ne mange rien parce qu'il n'aime que le bio.

Nous sommes partis avant que/qu'…

Il ne mange rien parce que/qu'…

Téléphone-lui afin que/qu'…

Nous viendrons si …

Il fait du tennis bien que/qu'…

Les enfants regardent la télé pendant que/qu'…

Je lui ai dit pour que/qu'…

J'irai en France parce que/qu'…

Elle est sortie dès que/qu'…

2 Die Possessivpronomen (besitzanzeigende Fürwörter)

Gr. S. 166

Vous regardez.

a Folgende Beispiele sind dem Interview von Yves Perrin entnommen. Verbinden Sie die zusammengehörenden Elemente.

1 Les parents de mes copains ont poussé leurs enfants à travailler dans le textile,

2 Ils ont un style de vie coûteux,

3 C'est ma conception du bonheur,

a le mien est très modeste.

b chacun a la sienne et vous avez la vôtre aussi, sans doute.

c mais les miens voulaient que je sois fonctionnaire.

b Ergänzen Sie die Tabellen: Sie können einige Formen sicher selbst ableiten.

mon livre → le mien
ses clés → les siennes
votre lettre → la vôtre

Substantiv im Singular
(ein Besitzobjekt)

Person	maskulin	feminin
(je)		la mienne
(tu)	le tien	la tienne
(il/elle)	le sien	
(nous)	le nôtre	la nôtre
(vous)	le vôtre	
(ils/elles)		la leur

Substantiv im Plural
(mehrere Besitzobjekte)

Person	maskulin	feminin
(je)	les miens	
(tu)	les tiens	les tiennes
(il/elle)		les siennes
(nous)	les nôtres	
(vous)		
(ils/elles)	les leurs	

Vous comprenez. Streichen Sie die falsche Aussage durch.

1 Possessivpronomen stehen (mit / ohne) Substantiv.

2 Sie sind (unveränderlich / veränderlich).

3 Possessivpronomen werden (mit / ohne) bestimmten Artikel gebraucht.

4 Das Possessivpronomen der 3. Person *le sien / la sienne…* (hängt / hängt nicht) vom Geschlecht des Besitzers ab.

Vous pratiquez. Comparez-vous avec d'autres personnes du groupe. Trouvez des points communs ou des différences.

1 Les yeux de Karin sont bleus, *les miens* aussi.

2 Ma veste est longue, *la sienne* est courte.

3 ______

4 ______

5 ______

Développement durable : quelques villes françaises modèles

a Le magazine *Ça m'intéresse* a établi un palmarès de 20 villes françaises qui ont mis en place des projets originaux de développement durable. Il s'agit de projets simples qui pourraient être repris par d'autres villes. En voici quelques-uns.

Regardez les documents. Quel projet vous paraît le plus original, le plus facile à réaliser ? Discutez dans le groupe.

1 SAINT-DENIS Des maisons écolos pour familles à *faibles revenus*[1]
(...) La maison est en effet *dotée d'*[2] une toiture végétalisée (...) qui améliore le confort thermique et acoustique, en humidifiant l'air *ambiant*[3]. Les murs sont en terre. Des *récupérateurs d'eaux de pluie*[4] réduisent la facture. En hiver, quelques *bûches*[5] suffisent à chauffer la maison pendant 24 heures grâce au poêle-cheminée finlandais. (...) Ces maisons écolos sont des logements sociaux. Les familles qui le souhaitent peuvent en devenir propriétaire.

2 LYON Autolib' : une voiture au lieu de six (on dit couramment qu'un véhicule en autopartage en remplace 6 à 8)
Lyon essaie de persuader ses habitants de revenir à l'« autopartage », grâce à Autolib'. Proposé aux *particuliers*[6] comme aux professionnels, le système est souple et peu coûteux. L'usager règle ses frais d'inscription (40 €) ainsi qu'une caution de 150 €, un abonnement mensuel (12,60 €), puis il paie les premiers kilomètres parcourus. Les tarifs *comprennent*[7] l'assurance, l'entretien du véhicule et le carburant ! Résultat : plus de liberté (moins de soucis de gestion au quotidien) et des économies pour ceux qui n'utilisent pas leur voiture tous les jours, moins d'émissions de gaz, car on limite ses trajets en auto, et moins d'espace équipé sur la *voirie*[8]. (...) En France, ce système concerne 6 000 utilisateurs contre 75 000 en Suisse : www.autolib.fr (pour plus d'informations sur l'autopartage en France : www.franceautopartage.com).

3 TREMBLAY-EN-FRANCE Le pédibus, ça marche pour les enfants
Le pédibus ? C'est tout simplement des parents bénévoles qui accompagnent un groupe d'enfants à l'école avec des itinéraires et des *points de ralliement*[9] précis. Tremblay, dans la banlieue parisienne, a été l'une des premières villes à initier ce système en 2002. Aujourd'hui, quatre lignes existantes *impliquent*[10] une vingtaine de parents et une soixantaine d'enfants. La ville sécurise les voiries sur le trajet, *souscrit une assurance*[11] pour les accompagnants et les enfants. (...) « Chaque année, il faut recommencer ce travail car tout repose sur le bénévolat. (...) Pédibus limite l'usage de la voiture, permet à des parents de libérer du temps et, surtout, il renforce les solidarités locales.».

D'après *Ça m'intéresse*, octobre 2008

[1] *geringes Einkommen;* [2] *ausgestattet mit;* [3] *umgebend;* [4] *Regenwasserspeicher;* [5] *Holzscheite;* [6] *Privatpersonen / -haushalte;* [7] *beinhalten;* [8] *öffentliches Straßen- und Wegenetz;* [9] *Treffpunkte;* [10] *einschließen;* [11] *eine Versicherung abschließen*

2 31-33 **b** Écoutez les mini-témoignages et dites si les avis des différentes personnes correspondent aux informations contenues dans les textes.

c Imaginez un projet simple et écologiquement intéressant pour votre ville. Prenez quelques notes pour le présenter au groupe.

- À qui s'adresse-t-il ? (parents / propriétaires d'animaux / enfants / entreprises, etc.)
- Pour résoudre quel(s) problème(s) ? (le bruit / les déchets / les transports, etc.)
- Quels sont ses avantages ? (écologie / économie / convivialité / culture, etc.)

→Ü8

Un courrier professionnel

a Lisez le courrier envoyé par Monsieur Cauvin à la société Ordimax. Travaillez à deux.

1 À votre avis, quelle démarche a précédé l'envoi de cette lettre ?
2 Que fera Pierre Legrand après avoir lu la lettre ?

Société Otraven
9, Boulevard Merle
34 070 Montpellier
Tel.: 04 67 34 60 02
Fax : 04 73 46 02 03

Ordimax informatique
À l'attention de M. Pierre Legrand
125, Allées des Demoiselles
69003 Lyon

Montpellier, le 10 mai 2012

Vos réf. : PL/ SV
Nos réf. : GC/ SA

Objet : demande de présentation de matériel

Monsieur,

Suite à notre conversation téléphonique de ce jour, je vous confirme que nous avons l'intention de remplacer notre matériel de bureau (écrans, imprimantes, télécopieurs, photocopieurs). Mais avant de prendre une décision définitive, nous aimerions qu'une personne de votre entreprise vienne nous présenter les avantages des équipements informatiques porteurs du label « Énergie Star ».

Après consultation de notre agenda, nous vous proposons la date du 15 mai prochain, à 15 heures dans les locaux de notre entreprise. Nous prévoyons environ une heure pour l'intervention de votre conseiller.

Nous tenons à rappeler que cette présentation a un caractère exclusivement informatif et ne nous engage en aucune manière.

Dans l'attente de votre confirmation, je vous prie d'agréer, Monsieur, mes salutations distinguées.

Gérard Cauvin
Le responsable des achats

2 34 **b** Écoutez la conversation téléphonique et répondez aux questions.

1 Quelle est la raison de l'appel téléphonique de M. Legrand ?
2 Quel sera le thème de la présentation ?
3 Quels pourraient être les avantages des nouveaux équipements ?

c Trouvez dans la lettre l´équivalent français des expressions suivantes :

1 unser Zeichen ____________
2 zu Händen von ____________
3 in Erwartung Ihrer Bestätigung ____________
4 unter Bezugnahme auf unser Telefonat ____________
5 mit freundlichen Grüßen ____________
____
6 nachdem wir unseren Terminkalender durchgesehen haben ____________

→Ü9, Ü10

1 Dangers pour la planète

a Trouvez dix mots cachés dans la grille pour compléter les expressions entendues dans la chanson « La terre meurt ».

1 les océans sont des ______
2 ces millions de ______
3 les déchets du ______
4 la ______ promise
5 le ______ est le maître mot
6 en voie de ______
7 la ______ d'ozone
8 les grandes ______ noires
9 le ______ englue les oiseaux
10 la ______ se déchaîne

A	R	L	O	W	T	R	V	E	P	O
D	I	S	P	A	R	I	T	I	O	N
S	B	E	P	T	M	R	E	P	U	O
N	U	C	L	E	A	I	R	E	B	T
F	O	H	I	D	Z	O	R	T	E	S
O	S	E	U	L	O	P	E	R	L	I
B	E	R	F	O	U	C	N	O	L	S
I	G	E	G	I	T	A	M	L	E	U
R	U	S	O	M	A	R	E	E	S	X
A	C	S	C	O	U	C	H	E	T	I
V	D	E	T	R	I	T	U	S	O	L

b Apportez au prochain cours quelques titres de l'actualité relatifs à l'environnement (presse, Internet) pour les présenter au groupe.

2 L'écologie en ville.

a Lisez le texte et répondez aux questions.

1 Quel est le but du péage urbain automobile ?
2 Quelle ville l'a mis en pratique en premier ?
3 Le péage urbain est-il une réussite ou un échec ?
4 Où en est la France actuellement ?

Des péages urbains bientôt en France ?

Le péage urbain (système qui consiste à faire payer aux voitures l'accès au centre des villes) fonctionne déjà dans plusieurs villes du monde. Son objectif principal : limiter la pollution dans les grandes agglomérations en *incitant*[1] les habitants des banlieues et les touristes à utiliser les transports publics.
Mis en place[2] il y a trente-cinq ans à Singapour, il est arrivé dans plusieurs grandes villes européennes dans les années 90 (Oslo, Londres, Stockholm, Bergen, Rome, Bologne, Milan, etc.). Ses avantages sont réels : le trafic routier diminue, la pollution aussi et l'argent du péage permet de financer un nouveau réseau des transports publics.
Arrivera-t-il un jour en France ? Le débat est lancé. *Un projet de loi*[3] prévoit d'autoriser les agglomérations de plus de 300 000 habitants à expérimenter (sur une période de trois ans) le péage urbain. On en parle même pour Paris… Mais restons prudents, le péage urbain reste un sujet complexe et très polémique en France. Les Verts eux-mêmes *sont divisés*[4] sur le sujet.
Et vous, seriez-vous prêt/e à acheter le droit de circuler dans une grande ville ?

[1] *ermuntern* [2] *eingerichtet* [3] *Gesetzesentwurf* [4] *gespalten*

b Que pensez-vous du péage urbain pour les grandes villes ? Donnez votre avis dans un petit texte sur une feuille séparée.

3 Le subjonctif après les conjonctions

a Entourez les conjonctions qui exigent le subjonctif.

quand afin que après que dès que pendant que parce que bien que pour que lorsque si avant que depuis que

b Complétez avec une des conjonctions proposées en **a**.

1 Nous avons tout fait ________________ nos enfants soient heureux.
2 Je vais quitter mon emploi ________________ je ne supporte plus l'ambiance dans la boîte.
3 J'aimerais te parler ________________ tu prennes ta décision.
4 Je viendrai, ________________ tu veux, ________________ je n'aie pas beaucoup de temps.
5 ________________ nous dormions, on a cambriolé notre appartement.
6 J'adore me promener ________________ il pleut.

4

Complétez ce serpent de mots sur le thème « voyage ».
Cachez-y au moins huit mots. Votre voisin devra les retrouver.
Notez vos mots sur une feuille séparée pour pouvoir contrôler.

TIPP!
Do it yourself!
Fabriquez vous-même des exercices de vocabulaire (ou de grammaire). On apprend mieux quand on est actif / créatif.

AITRAINOPVOYAGETIR…

5 Voyages

2 35-37 **a** Écoutez les témoignages et notez pour chacune deux mots ou expressions qui caractérisent la personne et sa façon de voyager.

1 ____
2 ____
3 ____

b Faites dans un texte court votre portrait de touriste / voyageur.

____
____
____

6 Ajoutez le pronom possessif qui convient.

1 Je vous ai raconté ma vie, maintenant racontez-moi ________________.
2 Je fais d'abord ma valise, après j'aiderai Paul à faire ________________.
3 J'ai prêté ma voiture aux voisins, ________________ était en panne.
4 Ils nous ont dit d'apporter des verres, ________________ sont dans les cartons de déménagement.
5 Il a fini son travail. Elle n'a pas fini ________________.
6 Ils ont fait leurs exercices, je n'ai pas encore fait ________________.

7 L'histoire de la forêt sacrée en pleine ville

a Vous allez entendre et lire un conte du Cameroun, pays francophone d'Afrique de l'Ouest. Regardez la carte, page 215 pour trouver d'autres pays d'Afrique où l'on parle français.

2 38 b Écoutez et lisez le texte.

1 Qui sont les personnages ? ______

2 Où se passe l'histoire ? ______

3 Quels sont les événements importants ? ______

______

L'histoire de la forêt sacrée en pleine ville

Magbonga était un grand ingénieur de travaux, sorti d'une grande école occidentale. C'était un intellectuel africain extrêmement brillant, tellement brillant … que parfois il *s'éblouissait lui-même*[1].

Rentré au pays, il travaillait un projet exaltant : transformer en quartier résidentiel chic la dernière forêt sacrée, le dernier réservoir d'air pur, qui se trouvait en plein centre ville au beau milieu d'un quartier populaire.

Des histoires étranges circulaient sur cette forêt. On disait qu'il s'y passait des choses *pas catholiques*[2] du tout. On racontait que si elle était encore là, c'est parce que les *colons*[3] n'avaient pas réussi à s'en débarrasser. Mais… Magbonga, lui, se fichait de toutes *ces salades*[4]. Ah oui, ce n'était pas le genre d'intellectuel africain qui croit aux histoires de fétichisme, d'animisme et de tous les autres -isme.

Alors un jour, il descend sur la forêt avec toute une armée de bulldozers. *En un tour de main*[5], il rase la forêt. Il rentre chez lui, fier d'avoir fait son devoir.

Le lendemain matin, il prend sa Mercedes dernier cri et se dirige donc vers le chantier.

Mais arrivé sur les lieux, un spectacle totalement hallucinant se présentait à ses yeux : la forêt qu'il avait rasée la veille, était là, comme si aucun être humain n'avait jamais marché sur son sol.

Fou de colère, Magbonga donne un coup de pied sur un arbre qui se trouvait devant lui. Une douleur bien réelle lui rappelle que cet arbre n'est absolument pas virtuel. Alors, il décide de nouveau de raser la forêt.

En un tour de main, la forêt est rasée. Et il décide automatiquement de passer la nuit là, pour *éclaircir*[6] ce mystère.

La nuit tombe. Magbonga se glisse dans son sac de couchage et s'endort. Mais à minuit, une étrange chanson entre dans ses oreilles. La chanson disait « Magbonga, ne me provoque pas, toi, arbre couché, relève-toi. » Et l'arbre se relevait comme par miracle.

Oui ! Magbonga sort de son sac de couchage… Et qu'est-ce qu'il voit ? Qu'est-ce qu'il voit ? Il voit un oiseau *perché*[7] sur un arbre couché. Il se jette sur l'oiseau, mais l'oiseau ne s'envole absolument pas. Alors Magbonga lui *tord le cou*[8], jette le corps de l'oiseau par terre… mais le cadavre de l'oiseau chante « Ne me tue pas comme ça. Ne me tue pas comme ça… la la la… Écoute la vie, la vie est venue me chercher dans mon nid... la vie… ta vie, c'est ma vie… ta vie, c'est ma vie. » …
Magbonga lui dit « Attends, quand je vais te manger, je vais voir si tu vas chanter encore. Magbonga fait cuire l'oiseau et mange l'oiseau entièrement… il se glisse dans son sac de couchage et s'endort … pour *l'éternité*[9].

Comme quoi, qui aime la vie ne *sème*[10] pas la mort.

D'après le conte africain *L'ingénieur et la forêt sacrée* de Binda N'Gazolo

[1] *von sich selbst geblendet sein;* [2] *nicht geheuer;* [3] *Kolonialherren;* [4] *Unsinn;* [5] *im Handumdrehen;* [6] *erhellen, aufklären;* [7] *sitzend;* [8] *den Hals umdrehen;* [9] *Ewigkeit;* [10] *säen*

c Notez vos réponses sur une feuille pour en parler avec les autres au prochain cours.

1 Aimez-vous la fin ?

2 Ce conte africain peut-il nous intéresser, nous Européens du XXIe siècle ?

3 Lisez-vous parfois des contes ? Quel est votre conte préféré ?

8 Apportez pour le prochain cours quelques informations sur un projet écologique intéressant de votre ville ou votre région.

9 Choisissez une des situations suivantes et rédigez une lettre. Vous pouvez utiliser les expressions repérées dans l'activité **c**, p. 138.

1 Vous voulez faire un stage.

2 Vous avez changé d'adresse.

3 Vous faites une réclamation sur une facture.

10 D'une langue à l'autre

Retrouvez les proverbes africains en associant les éléments des deux colonnes. Que signifient-ils, à votre avis ? Notez la lettre correspondant à l'explication.

1	___ Quand les éléphants se battent,	mais ils n'ont jamais le temps.
2	___ Pour qu'un enfant grandisse,	c'est l'herbe qui souffre.
3	___ Tous les Blancs ont une montre,	il faut tout un village.

a Le confort, la maîtrise de la technique ne sont pas synonymes de qualité de vie.

b Les petites gens souffrent toujours des conflits entre les grands.

c On a besoin de sa famille et d'un environnement favorable pour devenir adulte.

Clin d'œil

Le tourisme est l'industrie qui consiste à transporter des gens qui seraient mieux chez eux, dans des endroits qui seraient mieux sans eux.

Jean Mistler, écrivain français

Réflexion
sur l'apprentissage – Lire à haute voix

Cochez ce qui vous correspond.

- ❍ J'aime bien lire à voix haute.
- ❍ J'écoute souvent le CD et je répète phrase par phrase.
- ❍ Je lis d'abord lentement, puis de plus en plus vite.
- ❍ Je ne lis jamais à voix haute (sauf en cours).
- ❍ Je lis toujours à voix haute, j'ai l'impression de mieux mémoriser.
- ❍ J'aime faire du théâtre, alors je lis les textes sur plusieurs tons (solennel, triste, joyeux…) juste pour le plaisir.
- ❍ Quand je lis à haute voix, j'essaie de ne pas trop articuler, on remarque moins les fautes.

TIPP!
La voix, les silences, la respiration aident à comprendre le texte. Entraînez-vous sur des textes simples (poèmes, contes, …) et avec le CD.

Comparez vos réponses avec celles des autres participant(e)s.

Journal d'apprentissage

Maintenant je peux…

- parler des problèmes de la planète : — p. 131
  Un des problèmes les plus graves, c'est ______.
- formuler des propositions concrètes pour un comportement « écologiquement correct » : — p. 132
  Pour économiser l'eau, on peut ______.
- justifier une action, un comportement : — p. 132
  Pour que ______,
  parce que ______.
- évaluer différentes formes de tourisme : — p. 133
  Le « slow travel », c'est ______.
- comprendre une personne qui témoigne de son choix de vie : — p. 134
  J'ai choisi cette vie ______.
- présenter un projet de développement durable pour une ville. — p. 137
- @ comprendre et rédiger une lettre formelle. — p. 138

Pour cela, j'ai appris…

- à utiliser le subjonctif après certaines conjonctions. — p. 135
- à exprimer la possession avec un pronom. — p. 136

et j'ai révisé…

- l'emploi du subjonctif.
- les conjonctions.

Projet – Choisir une lecture pour le cours

1 Dis-moi ce que tu lis…

a Vous avez terminé le manuel *On y va ! B1*. BRAVO ! Votre cours décide de lire un livre en français. Avant de choisir, vous préparez un questionnaire pour connaître les habitudes de lecture du groupe. Complétez la liste des questions.

1 *Qu'est-ce que tu lis en ce moment ?*
2 *Est-ce que tu vas souvent à la bibliothèque ?*
3 ____________________ ?
4 ____________________ ?
5 ____________________ ?
6 ____________________ ?

b Répartissez les questions entre vous. Circulez ensuite dans la classe et posez votre ou vos question/s au maximum de gens. Prenez quelques notes.

c Résumez pour le groupe les informations obtenues.

Ma question, c'était : « Est-ce que tu vas souvent à la bibliothèque ? ». J'ai interrogé cinq personnes. Quatre personnes y vont régulièrement, la cinquième n'y va jamais. Elle n'aime pas lire.

2 Qu'est-ce qu'on pourrait bien lire ?

a Formez deux groupes. Chaque groupe travaille sur un texte différent (**A** ou **B**). Caractérisez votre texte à partir des éléments suivants :

Les personnages : ○ *Combien y en a-t-il ?* ○ *Qui sont-ils ?*
Où et quand se passe la scène ? Avez-vous trouvé des informations ?
Le ton : *comique / sérieux /* ____________________ *?*
Les phrases : *courtes / longues ?*
Le vocabulaire : *simple / complexe ?*
Les temps employés : *présent / passé composé / passé simple ?*
Le thème : ____________________
Vos impressions : *ennuyeux / drôle /* ____________________ *?*

b Avant de présenter vos résultats, préparez avec votre groupe la lecture à voix haute d'un extrait de votre texte.

c Présentez votre travail (présentation du texte et lecture à voix haute) en plénum.

d Mettez-vous d'accord. Quel livre lirez-vous ? Quels arguments ont orienté votre choix ?

A Anna Gavalda, *35 kilos d'espoir*

Je hais l'école.

Je la hais plus que tout au monde.

Et même plus que ça encore…

Elle me *pourrit*[1] la vie.

Jusqu'à l'âge de trois ans, je peux dire que j'ai été heureux. Je ne m'en souviens plus vraiment, mais, à mon avis, ça allait. Je jouais, je regardais ma cassette de *Petit Ours*[2] *Brun* dix fois *de suite*[3], je dessinais et j'inventais des milliards d'aventures à Grodoudou, mon chien en *peluche*[4] que j'adorais. Ma mère m'a raconté que je restais des heures entières dans ma chambre à *jacasser*[5] et à parler tout seul. J'en *conclus*[6] donc que j'étais heureux.

À cette époque de ma vie, j'aimais tout le monde, et je croyais que tout le monde m'aimait. Et puis, quand j'ai eu trois ans et cinq mois, *patatras*[7]! l'école.

Il paraît que, le matin, j'y suis allé très content. Mes parents avaient dû me *bassiner*[8] avec ça pendant toutes les vacances : « Tu as de la chance mon chéri, tu vas aller à la grande école… » « Regarde ce beau *cartable*[9] tout neuf ! C'est pour aller dans ta belle école ! » Et *gnagnagna*[10]… Il paraît que je n'ai pas pleuré. (Je suis curieux, je pense que j'avais envie de voir ce qu'ils avaient *comme*[11] jouets et comme Lego…) Il paraît que je suis revenu *enchanté*[12] à l'heure du déjeuner, que j'ai bien mangé et que je suis retourné dans ma chambre raconter ma merveilleuse matinée à Grodoudou.

Eh bien, si j'avais su, je les aurais *savourées*[13], ces dernières minutes de bonheur, parce que c'est tout de suite après que ma vie a *déraillé*[14].

– On y retourne, a dit ma mère.
– Où ça ?
– Eh bien… À l'école !
– Non.
– Non quoi ?
– Je n'irai plus.
– Ah bon… Et pourquoi ?
– Parce que ça y est, j'ai vu comment c'était, et ça ne m'intéresse pas. J'ai *plein de*[15] trucs à faire dans ma chambre. J'ai dit à Grodoudou que j'allais lui construire une machine spéciale pour l'aider à retrouver tous les os qu'il a enterrés sous mon lit, alors je n'ai plus le temps d'y aller.

D'après Anna Gavalda, *35 kilos d'espoir* © Éditions Bayard, ici : édition Reclam

[1] *verderben, verfaulen lassen, hier (fam): gründlich vermiesen, verleiden*
[2] *Bär*
[3] *hintereinander*
[4] *Plüsch*
[5] *schwatzen, plappern*
[6] *schließen, folgern*
[7] *bums !, pardauz !*
[8] *jdm auf die Nerven gehen, auf den Wecker fallen*
[9] *Schulranzen*
[10] *blablabla*
[11] *als*
[12] *begeistert von*
[13] *genießen, auskosten*
[14] *entgleisen*
[15] *viele, eine Menge, (fam.) ein Haufen*

e Vous écrivez un mail pour prévenir les participant(e)s absent(e)s de votre projet et choix de lecture.

Bonjour,

____

____

______________________________.

f Faites des recherches sur l'auteure de ce texte. Vous mettrez vos résultats en commun au prochain cours pour faire une présentation commune.

B Goscinny & Sempé, *C'est papa qui décide*

Tous les ans, c'est-à-dire le dernier et l'autre, parce qu'avant c'est trop vieux et je ne me rappelle pas, Papa et Maman se disputent pour savoir où aller en vacances, et puis Maman se met à pleurer et elle dit qu'elle va aller chez sa maman, et moi je pleure aussi parce que j'aime bien *Mémé*[1], mais chez elle il n'y a pas de plage, et à la fin on va où veut Maman et ce n'est pas chez Mémé.

Hier, après le dîner, Papa nous a regardés, l'air fâché et il a dit :

« Écoutez-moi bien ! Cette année, je ne veux pas de discussions, c'est moi qui décide ! Nous irons dans le Midi. J'ai l'adresse d'une villa à louer à Plage-les-Pins. Trois pièces, eau courante, électricité. Je ne veux rien savoir pour aller à l'hôtel et manger de la nourriture *minable*[2].

– Eh bien, mon chéri, a dit Maman, ça me paraît une très bonne idée.

– *Chic !*[3] » j'ai dit et je me suis mis à courir autour de la table parce que quand on est content, c'est dur de rester assis.

Papa, il a ouvert des grands yeux, comme il fait quand il est étonné, et il a dit : « Ah ? Bon. »

Pendant que Maman *débarrassait la table*[4], Papa est allé chercher son *masque de pêche sous-marine*[5] dans le *placard*[6].

« Tu vas voir, Nicolas, m'a dit Papa, nous allons faire des parties de pêche *terribles*[7], tous les deux. »

Moi, ça m'a fait un peu peur, parce que je ne sais pas encore très bien nager ; si on me met bien sûr sur l'eau je *fais la planche*[8], mais Papa m'a dit de ne pas *m'inquiéter*[9], qu'il allait m'apprendre à nager et qu'il avait été *champion interrégional*[10] de *nage libre*[11] quand il était plus jeune, et qu'il pourrait encore battre des records s'il avait le temps de s'entraîner.

« Papa va m'apprendre à faire de la pêche sous-marine ! j'ai dit à Maman quand elle est revenue de la cuisine.

– C'est très bien, mon chéri, m'a répondu Maman, bien qu'en Méditerranée il paraît qu'il n'y a plus beaucoup de poissons. Il y a trop de pêcheurs.

D'après Goscinny & Sempé, *Le Petit Nicolas* © Éditions Denoël, 1960, 2002, ici : édition Reclam

[1] *Oma*
[2] *dürftig, mies*
[3] *hier: Prima!*
[4] *den Tisch abräumen*
[5] *Taucherbrille für die Unterseewasserjagd*
[6] *Wandschrank*
[7] *hier: toll*
[8] *den toten Mann machen*
[9] *sich Sorgen machen*
[10] *überregionaler Meister*
[11] *Freistilschwimmen*

e Vous écrivez un mail pour prévenir les participant(e)s absent(e)s de votre projet et choix de lecture.

Bonjour,

____

____

______________________________.

f Faites des recherches sur l'auteur de ce texte. Vous mettrez vos résultats en commun au prochain cours pour faire une présentation commune.

→Après L1

…rguer les amarres : …ie Leinen losmachen
…cluse : Schleuse

→Après L2

Si …

Si la sardine avait des *ailes*[1],
Si Gaston s'appelait Gisèle,
Si l'on pleurait lorsqu'on rit,
Si le pape habitait Paris,
Si l'on mourait avant de naître,
Si la porte était la fenêtre,
Si l'*agneau*[2] dévorait le loup,
Si les Normands parlaient Zoulou,
Si la Mer Noire était la *Manche*[3],
Et la Mer Rouge la Mer Blanche,
Si le monde était *à l'envers*[4],
Je marcherais les pieds en l'air,
Le jour je *garderais ma chambre*[5],
J'irais à la plage en décembre,
Deux et un ne feraient plus trois,
Quel ennui ce monde *à l'endroit*[6] !

Jean-Luc Moreau, *L'arbre perché*, éd. ouvrières / éd. de l'Atelier, 1980

[1] Flügel, [2] Lamm, [3] Ärmelkanal, [4] verkehrt (herum), [5] im Zimmer bleiben, [6] richtig (herum)

Le voyage d'Hector ou la recherche du bonheur

Les « leçons du bonheur »

Hector, le héros du roman de François Lelord, part à travers le monde à la recherche du bonheur. Au cours de diverses rencontres et aventures, il établit la liste des ingrédients nécessaires, selon lui, au bonheur. Dans l'extrait suivant, il montre sa liste à un « grand » professeur.

Leçon n° 1 : Un bon moyen de *gâcher*[1] son bonheur, c'est de faire des comparaisons.

Leçon n° 2 : Le bonheur arrive souvent par surprise.

Leçon n° 3 : Beaucoup de gens voient leur bonheur seulement dans le futur.

Leçon n° 4 : Beaucoup de gens pensent que le bonheur, c'est d'être plus riche ou plus important.

Leçon n° 5 : Le bonheur, parfois, c'est de ne pas comprendre.

Leçon n° 6 : Le bonheur, c'est une bonne marche au milieu de belles montagnes inconnues.

Leçon n° 7 : L'erreur est de croire que le bonheur est le but (à se faire mieux expliquer).

Leçon n° 8 : Le bonheur, c'est d'être avec des gens qu'on aime.

Leçon n° 8 bis : Le malheur, c'est d'être séparé de ceux qu'on aime.

Leçon n° 9 : Le bonheur, c'est que sa famille ne manque de rien.

Leçon n° 10 : Le bonheur, c'est d'avoir une occupation qu'on aime.

Leçon n° 11 : Le bonheur, c'est d'avoir une maison et un jardin.

Leçon n° 12 : Le bonheur, c'est plus difficile dans un pays dirigé par de mauvaises personnes.

Leçon n° 13 : Le bonheur, c'est de se sentir utile aux autres.

Leçon n° 14 : Le bonheur, c'est d'être aimé pour ce qu'on est.

Remarque : On est plus gentil avec un enfant qui sourit.

Leçon n° 15 : Le bonheur, c'est de se sentir complètement vivant.

Leçon n° 16 : Le bonheur, c'est de faire la fête.

Question : Est-ce que le bonheur, c'est juste une réaction chimique dans le *cerveau*[2] ?

Leçon n° 17 : Le bonheur, c'est de penser au bonheur de ceux qu'on aime.

Leçon n° 19 : Le soleil et la mer, c'est le bonheur pour tout le monde.

Leçon n° 20 : Le bonheur, c'est une manière de voir les choses.

Leçon n° 21 : Un grand *poison*[3] du bonheur, c'est la rivalité.

Leçon n° 22 : Les femmes sont plus *attentives*[4] que les hommes au bonheur des autres.

Leçon n° 23 : Le bonheur, c'est de s'occuper du bonheur des autres.

Le professeur rigolait tout seul en lisant la liste et Hector se sentait gêné, mais il chercha une pensée pour *se réconforter*[5], et finalement il en trouva une dans sa tête : « Le bonheur, c'est de ne pas attacher trop d'importance aux autres. » Ça ferait peut-être une bonne leçon pour remplacer celle qu'il avait *gribouillée*[6].*

~~* Leçon n° 18 : Le bonheur, ça serait de pouvoir aimer plusieurs femmes en même temps.~~

François Lelord, *Le voyage d'Hector*, éd. Odile Jacob, p. 206–208

[1] *verderben,* [2] *Gehirn,* [3] *Gift,* [4] *aufmerksam,* [5] *sich trösten,* [6] *hier: durchgestrichen*

→Après L3

URBANISME : art de construire et d'organiser une ville.

embouteillé/e : durch Verkehrsstaus verstopft

Pef, *Encyclopefdie*, éd. Gallimard jeunesse

PASSAGE DU GUÉ

Je ne pourrai jamais vivre à la campagne. Il y a trop de silence et trop d'oreilles qui traînent dans le village. Il y a trop de mots blessants et d'*injures ouatées*[1]. Il y a surtout trop peu d'âmes qui vivent. Trop de femmes qui traînent leur *mal-être*[2] en nettoyant d'un air absent les bols du petit déjeuner et en faisant leur ménage pour la quinzième fois. Trop d'hommes qui s'empressent de repartir au travail en *dressant des listes*[3] de ce à quoi ils se consacreront, une fois qu'ils seront à la retraite. Qui se demandent quelle collection ils pourront commencer. Dans quelle *antichambre*[4] de la mort ils iront attendre. Trop d'enfants qui font semblant de s'amuser mais qui ne rêvent que de sorties dans les villes, dans les supermarchés ou dans les cafés. Qui ne veulent plus courir dans les champs parce qu'il n'y a plus de champs, que des terres cultivées, de la terre retournée, des *étendues betteravières*[5] *à perte de vue*[6].

Jean-Philippe Blondel, *Passage du gué*, Éditions Robert Laffont, 2006

[1] gedämpfte Beleidigung / Beschimpfung,
[2] hier: Unglück, [3] Listen schreiben / aufstellen, [4] Vorzimmer,
[5] ausgedehnte Felder voll roter Beete, [6] soweit das Auge reicht

→Après L4

LA JEUNESSE EST **INTERMINABLE**

Georges Wolinski, © Paris Match / Wolinski / scoop

3 Les étiquettes disent tout

→Après L5

En lisant les étiquettes de mes produits, je connais :

- La désignation du produit,
- La liste des ingrédients utilisés,
- La quantité nette, exprimée en poids (kilogramme ou gramme) ou en volume (litre),
- L'identification du conditionneur, du fabricant ou du vendeur,
  - L'agrément sanitaire européen : ce numéro est obligatoire sur tous les aliments à base de produits d'origine animale,

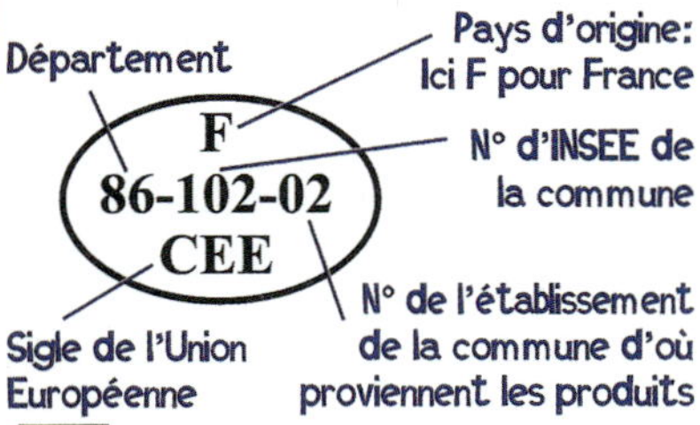

6

- Le lot de fabrication ou une indication permettant de connaître la traçabili du produit,
- La température de conservation des produits frais qui détermine leur place dans le réfrigérateur,
- La DLC ou DLUO : la date est valable uniquement si la température de conservation est respectée.

• DLC, Date Limite de Consommation :
Elle est exprimée sur les produits réfrigérés par la mention "à consommer jusqu'au". Lorsque cette date est dépassée, le produit est impropre à la consommation.

• DLUO, Date Limite d'Utilisation Optimale :
Elle est exprimée par la mention "à consommer de préférence avant le", pour les produits d'épicerie (type biscuits, pâtes, conserves) ou les surgelés et les boissons par exemple. Lorsque cette date est dépassée, le produit peut encore être consommé sans risques mais il a perdu une partie de ses qualités nutritionnelles et organoleptiques.

Et les autres mentions facultatives :

- Le lieu d'origine ou de provenance si un risque de confusion existe,
- Le mode d'emploi et les précautions d'emploi lorsqu'il y a un risque d'usage inapproprié du produit.
- Etc.

7

2 39 **Le Petit Prince :** le businessman

Le Petit Prince est une des œuvres les plus connues de la littérature française. Dans ce conte philosophique et poétique paru en 1943, Saint-Exupéry illustre, à partir de rencontres que fait le Petit Prince, le comportement absurde des « grandes personnes ». Dans l'extrait suivant, Le Petit Prince arrive chez un homme d'affaires, très occupé par son travail et dont le portrait reste très actuel...

Antoine Marie Jean-Baptiste Roger de Saint-Exupéry (**Saint-Ex'** pour ses amis)

Profession :	pilote-écrivain
Ses œuvres :	**Le Petit Prince**, 1943 **Vol de nuit** **Terre des Hommes**
Ses thèmes :	la nature humaine la solidarité le respect d'autrui
Son projet :	**« Donner un sens à l'homme »**
Sa mort :	1944, en Méditerranée, en plein vol

La quatrième planète était celle du businessman. Cet homme était si occupé qu'il ne leva même pas la tête à l'arrivée du petit prince.

- Bonjour, lui dit celui-ci. Votre cigarette est éteinte.
- Trois et deux font cinq. Cinq et sept douze. Douze et trois quinze. Bonjour. Quinze et sept vingt-deux. Vingt-deux et six vingt-huit. Pas le temps de la rallumer. Ouf ! Ça fait donc cinq cent un millions six cent vingt-deux mille sept cent trente et un.
- Cinq cents un millions de quoi ?
- Hein ? Tu es toujours là ? Cinq cent un millions de... je ne sais plus... J'ai tellement de travail ! Je suis sérieux moi je ne m'amuse pas à des *balivernes*[1] ! Deux et cinq sept...
- Cinq cent un millions de quoi, répéta le petit prince qui jamais de sa vie, n'avait renoncé à une question, une fois qu'il l'avait posée.

Le businessman leva la tête :

- Depuis cinquante-quatre ans que j'habite cette planète-ci, je n'ai été dérangé que trois fois. La première fois ç'a été, il y a vingt-deux ans, par un *hanneton*[2] qui était tombé Dieu sait où. Il *répandait*[3] un bruit épouvantable, et j'ai fait quatre erreurs dans une addition. La seconde fois ç'a été, il y a onze ans, par une crise de rhumatisme. Je manque d'*exercice*[4]. Je n'ai pas le temps de flâner. Je suis sérieux, moi. La troisième fois... la voici ! Je disais do cinq cent un millions...
- Millions de quoi ?
- Millions de ces petites choses que l'on voit quelquefois da le ciel. (...) Des petites choses dorées qui font *rêvasser*[5] *fainéants*[6]. Mais je suis sérieux, moi ! Je n'ai pas le temps rêvasser.
- Et que fais-tu de ces étoiles ?
- Rien. Je les possède.
- Et à quoi cela te sert-il de posséder des étoiles ?
- Ça me sert à être riche.
- Et à quoi te sert-il d'être riche ?
- À acheter d'autres étoiles.

Antoine de Saint-Exupéry, **Le Petit Prince**, éd. Gallimard, p. 45 – 4

[1] *Unsinn;* [2] *Maikäfer;* [3] *verstreut;* [4] *Bewegung;* [5] *vor sich hin träumen;* [6] *Faulenzer*

2 40

Concerto pour huîtres,

paroles et musique de Jean-Paul Millier

On va te raconter l'histoire
D'une fille des mers, une perle rare.
Elle garde jalousement sa maison,
Mais ses délices te *donneront des frissons*[1].

En 2001 c'était pas malin,
Je ne mettais jamais rien sur mon pain.
En 2002 c'était *guère*[2] mieux :
Hot dog, mayo, c'était là tout mon credo.

REFRAIN
Cette année, c'est l'année de l'huître,
Y'a pas qu'la bière, y'a pas qu'les frites,
Y'a pas qu'les *moules et les tripes*[3].
Y'a les huîtres, tout' les tailles,
Y'a les *creuses*[4], y'a les plates,
Y'a les fines qui jouent les stars dans les rochers.
Cette année, c'est l'année de l'huître,
À ton tour d'être notre reine,
Toi, belle au ventre *nacré*[5].
Et aujourd'hui dans un grand *plouf*[6],
On va pouvoir te déguster !

En 2003 je me *léchais*[7] les doigts
En ne croquant rien que du chocolat.
Et quand on fut en 2004,
Le cholestérol *a bien failli m'abattre*[8].
En 2005 j'avais pas meilleur goût,
Tomates et ketchup, moi j'en mettais partout, partout, partout...
En 2006 c'est la saucisse
Que je *dévorais*[9] pour *assouvir*[10] mes vices.

REFRAIN
Cette année, c'est l'année de l'huître
(...)

De la *malbouffe*[11] j'en ai fait le tour,
C'est l'huître qui est dev'nue mon seul amour.
De tous les jaloux je me fiche
Quand chez moi je la fais venir par *bourriches*[12].
Et sur la langue, quand je la fais danser
Plus rien au monde ne peut nous séparer.
Sa *chair*[13] si fine d'*émeraude*[14] ou de cristal
C'est la folie, la joie, le bonheur fatal.

Il y a vraiment mille façons de te marier
Quatre fois deux huîtres, huîtres et quatre : douze,
C'est par douzaines que je vous aime.

REFRAIN
(...)

[1] *Schauer über den Rücken jagen;* [2] *kaum;* [3] *Muscheln und Kutteln;* [4] *bauchig, krumm;* [5] *perlmuttfarben;* [6] *Platsch;* [7] *lecken;* [8] *hätte mich beinahe erledigt;* [9] *verschlingen;* [10] *befriedigen;* [11] *schlechtes Essen, Fastfood;* [12] *Körbe;* [13] *Fleisch;* [14] *Smaragd*

→Après L6

SALON REGIONAL EMMAÜS

« AGIR, NE PLUS SUBIR »

22 groupes Emmaüs de l'Est de la France se réunissent pour une Grande vente de solidarité au profit d'Emmaüs International

Vous y trouverez

VELOS – JOUETS – CADRES – LIVRES – DISQUES – TABLEAUX – VETEMENTS – MEUBLES – BIBELOTS – CARTES POSTALES – TIMBRES – MONNAIES – MATERIEL INFORMATIQUE – OUTILS – ELECTROMENAGER – VAISSELLE...

Et aussi
une exposition en hommage à l'Abbé Pierre, un défilé de mode, un café littéraire, un espace pour les enfants, un point restauration et d'autres surprises

Emmaüs International, c'est 310 groupes dans 36 pays d'Afrique, d'Amérique, d'Asie et d'Europe qui travaillent pour lutter contre l'exclusion.

→Après L7

FAÇONS DE PARLER

Dans ce texte, Bernard Friot joue sur deux registres de langue : le registre familier et le registre soutenu.

Papa, il est prof de français… Oh, pardon : *mon père enseigne la langue et la littérature françaises.* C'est pas marrant[1] tous les jours ! Je veux dire : *parfois, la profession de mon père est pour moi cause de certains désagréments*[2].

L'autre jour, par exemple. En sciant du bois[3], je me suis coupé le pouce[4]. Profond ! J'ai couru trouver papa qui lisait dans le salon.

– Papa, papa ! Va vite chercher un pansement, je pisse le sang ! ai-je hurlé en tendant[5] mon doigt blessé.

– Je te prie de bien vouloir t'exprimer correctement, a répondu mon père sans même lever le nez du livre.

– Très cher père, ai-je corrigé, *je me suis entaillé*[6] *le pouce et le sang s'écoule abondamment de la plaie*[7].

– Voilà un exposé des faits clair et précis, a déclaré papa.

– Mais grouille-toi[8], ça fait vachement mal ! ai-je lâché[9], n'y tenant plus[10].

– Luc, je ne comprends pas ce langage, a répliqué papa insensible.

– *La douleur est intolérable*[11], ai-je traduit, *je te serais donc extrêmement reconnaissant de bien m'accorder sans délai*[12] *les soins nécessaires*[13].

[1] lustig; [2] Unannehmlichkeiten; [3] beim Holzsägen; [4] Daumen; [5] entgegenstrecken; [6] sich eine Schnittwunde zufügen; [7] aus der Wunde quellen; [8] mach schnell; [9] ist mir herausgerutscht; [10] es nicht mehr aushaltend; [11] unerträglich; [12] unverzüglich; [13] die nötige (Wund)versorgung

Bernard Friot, *Nouvelles histoires pressées,* éd. Milan (poche junior), p. 39–40

→Après L8

LE CHAT ET LE SOLEIL

Le chat ouvrit les yeux,
Le soleil y entra.
Le chat ferma les yeux,
Le soleil y resta,

Voilà pourquoi, le soir,
Quand le chat se réveille,
J'aperçois dans le noir
Deux morceaux de soleil.

Maurice Carême, *L'Arlequin*

HISTOIRE DRÔLE

- Dis, maman, c'est vrai qu'un chat noir, ça porte malheur ?
- Ça dépend…
- Ça dépend de quoi ?
- Si tu es un homme ou une souris !

→Après L9

Mwen sé gwadloupeyen

Mwen sé timoun enkyèt a on lilèt inkyèt
On ti lilèt ki vwè parèt é disparèt
– Syèk dèyè syèk –
disparèt é parèt
fanm é nonm zòt senné kon ban pisyèt
fanm é nonm zòt dékatyé fanmi a yo
fanm é nonm zòt vann anba laplas a lankan kon bèsyo
fanm é nonm zòt maké kon bèsyo
fanm é nonm ki trimé kon bèt anba fwèt a zot Mèt.
Sé fos a bwa a yo ki mofwazé gran bwa an jaden – ba zot Mèt –
E zòt fè fòs a yo sévi-yo foséyè pou yo-menm, Mèt !

Aprè sa
kijan è ou vlé fè mwen kwè
mwen sé vou
vou sé mwen ?
Mwen tala !

Sonny Rupaire, © éd. Seghers

Je suis guadeloupéen

Je suis le fils *inquiet*[1] d'une île inquiète
une petite île qui vit apparaître et disparaître
– siècle après siècle –
disparaître et apparaître
des femmes et des hommes que vous avez pris dans votre *senne*[2] comme *bancs d'alevins*[3]
des femmes et des hommes dont vous avez *démembré*[4] les familles
des femmes et des hommes que vous avez *vendus à l'encan*[5] sur la place du marché
comme autant de *bestiaux*[6]
des femmes et des hommes que vous avez marqués comme des bestiaux
des femmes et des hommes qui *trimèrent*[7] comme des bêtes sous *les coups de* vos *fouets*[8],
Maîtres.
C'est à la force de leurs bras qu'ils changèrent les grands bois en jardin - pour votre seul
profit, Maîtres -
Et vous en avez tant fait que *tant de force*[9] ne leur aura servi qu'à *creuser*[10] de leurs mains leurs
propres tombes, Maîtres !

Et après tout cela
Oseriez-vous me faire croire
que je suis *semblable*[11] à vous
que vous êtes semblable à moi ?
Moi que voilà !

[1] *unruhig;* [2] *Fischernetz;* [3] *Schwarm von Setzlingen (jungen Fischen);* [4] *auseinanderreißen;* [5] *versteigert;* [6] *Vieh;* [7] *schuften;* [8] *Peitschenhiebe;* [9] *so viel Kraft;* [10] *ausgraben;* [11] *ähnlich*

Erläuterungen zum Modelltest telc Français B1

Sie sind nun am Ende des dritten Bandes von *On y va !* angekommen. Wir gratulieren Ihnen! Jetzt haben Sie die Möglichkeit, mithilfe des folgenden Modelltests zu überprüfen, ob Sie die vom europäischen Referenzrahmen definierte Stufe B1 erreicht haben.
Ob Sie sich auf die Prüfung zum europäischen Sprachenzertifikat vorbereiten möchten oder nicht, es ist auf jeden Fall für Sie von Vorteil, Ihre Französischkenntnisse an dieser Stelle zu überprüfen.

Sie haben ca. 3 Stunden Zeit, um den gesamten Test zu machen. Die maximale Punktzahl beträgt 300 Punkte. Den Test bestehen Sie, wenn Sie mindestens 135 Punkte bei den schriftlichen und 45 Punkte bei den mündlichen Aufgaben erreicht haben. Im Lösungsschlüssel auf Seite 221 können Sie Ihre Ergebnisse kontrollieren.

Was wird geprüft und in welcher Form?

1 *Compréhension de textes écrits*
- Teil A: Globales Leseverstehen ▶ Zuordnungsaufgaben
- Teil B: Detailverstehen ▶ Multiple-Choice-Aufgabe
- Teil C: Selektives Verstehen ▶ Zuordnungsaufgaben

2 *Éléments langagiers*
- Teil A: Wortschatz ▶ Zuordnungsaufgaben
- Teil B: Grammatik ▶ Multiple-Choice-Aufgabe

3 *Compréhension de textes oraux*
- Teil A: Globales Hörverstehen ▶ Aufgabe: richtig oder falsch
- Teil B: Detailverstehen ▶ Aufgabe: richtig oder falsch
- Teil C: Selektives Verstehen ▶ Aufgabe: richtig oder falsch

4 *Expression écrite*
Eine E-Mail schreiben

5 *Production orale*
- Teil A: Kontakt aufnehmen
- Teil B: Über ein Thema sprechen
- Teil C: Verhandeln

Kommentar:

Um die Aufgaben richtig zu lösen, müssen Sie natürlich nicht jedes Wort kennen oder verstehen. Es geht hier mehr um globales Verstehen. Richten Sie also Ihre Aufmerksamkeit auf die Schlüsselwörter.

Unser Tipp:

Lesen Sie, bevor Sie anfangen, die Anweisung und die Aufgabe immer sehr aufmerksam durch. Sie haben Zeit dazu.

Wir wünschen Ihnen viel Spaß und viel Erfolg.

1 Compréhension de textes écrits

(75 minutes) _____ / **75 points**

Partie A Compréhension globale

Lisez les dix titres (**a** à **j**) et les cinq textes (*1* à *5*). Choisissez le meilleur titre pour chaque texte. Notez au niveau du texte, la lettre du titre correspondant.

a Vive les fruits et légumes

b Fermeture provisoire de la soupe populaire de Lausanne

c À la découverte des villes européennes

d Qualité de vie : Vienne championne du monde

e Solidarité : les marques répondent « Présentes ! »

f Faire face au surpoids des enfants

g Vente de solidarité décevante

h Internet pour apprendre aux enfants à cuisiner

i Lausanne, ville solidaire

j Stage de cuisine pour enfants

1 ■ Selon l'enquête MERCER 2010 sur la qualité de vie, la capitale Autrichienne arrive en première position, suivie de Zurich et Genève. Treize des vingt premières villes se trouvent en Europe. Paris (première ville française) n'arrive qu'en 34e position. L'analyse porte d'abord sur la qualité de l'environnement politique, éducatif, social et économique.

2 ■ Le webmagazine francophone *Tocatoque* (www.tocatoque.com) a été créé par un groupe d'étudiants de l'Établissement national d'enseignement supérieur agronomique de Dijon. L'idée est simple : consulter les grands chefs cuisiniers et leur demander conseils et recettes faciles à réaliser par des enfants. Le site propose également des histoires et des expériences.

3 ■ À Lausanne, *La Soupe* est présente tous les soirs de la semaine, du lundi au dimanche, de 19 h 30 à 22 h 30. L'objectif est d'apporter nourriture et chaleur humaine à tous les exclus de notre société, gens de la rue de tous âges, souvent sans abri, sans famille. Une équipe de bénévoles accompagne et apporte son soutien à tous ceux et celles qui en ont besoin.

4 ■ Mauvaises habitudes alimentaires, manque d'activité physique sont en grande partie responsables de l'obésité des enfants en Europe. Quelle(s) mesure(s) prendre pour la santé et le bien-être de nos enfants ? Vous trouverez des réponses à toutes ces questions dans notre dossier spécial…

5 ■ L'association *Enfant-bleu-Enfance-maltraitée* organise trois jours de vente de vêtements, de chocolats et de parfums… à la mairie du 16e. Vous pouvez donc, en achetant vos cadeaux de Noël, agir en faveur de l'enfance maltraitée. Des marques comme Dior, Zadig et Voltaire… ont donné des articles neufs qui seront vendus au bénéfice de l'association. La vente a lieu de 11 h à 19 h jeudi et vendredi et de 11 h à 18 h samedi.

(5 Punkte pro richtiger Antwort) _____ / 25

Partie B Compréhension détaillée

Lisez le texte suivant, puis cochez les affirmations correctes.

Nouveau programme de l'Université populaire : continuité et nouveautés pour le prochain semestre

L'université populaire (UP) de la Vallée de Munster (260 membres, un secrétariat permanent et une équipe de formateurs bénévoles) attire de plus en plus de participants. La formule « ateliers en petits groupes, animés par des formateurs désireux de transmettre leur savoir-faire à d'autres personnes dans un contexte associatif et activités variées » rencontre un franc succès.

Citons parmi les *stars* des semestres passés, les cours de sophrologie et d'art floral qui sont bien sûr reconduits au prochain semestre. Et si on constate au contraire un léger recul des cours d'initiation à l'informatique, il n'y a pas de quoi s'inquiéter : ceci est simplement dû au fait que le nombre de personnes n'ayant aucune base dans ce domaine diminue un peu chaque année.

L'atelier *Initiation à l'informatique* sera reproposé ce semestre et prolongé par un cours sur la connaissance et l'utilisation des réseaux sociaux.

Le cours *Maîtrise de l'appareil photo numérique* centré sur les aspects techniques sera complété par un nouvel atelier *Initiation photo*, centré sur le traitement informatisé de l'image.

Plusieurs nouveautés figurent au programme de cet hiver : une découverte de la cuisine tunisienne, une sortie en raquettes neige, une initiation à la marche nordique, de la kinésiologie, etc.

L'université populaire s'adresse avant tout aux adultes désireux d'acquérir de nouvelles connaissances. L'aspect « apprentissage » est primordial : l'accent est mis sur la découverte, l'approfondissement et le perfectionnement des connaissances et du savoir-faire. Il ne s'agit donc pas d'une simple réunion de personnes désireuses de pratiquer ensemble une activité qu'elles maîtrisent déjà. Certaines formations sont proposées en coopération avec d'autres associations.

L'UP présentera ses activités à l'occasion de la *Journée des associations et du bénévolat*. Nous vous donnons rendez-vous le 24 janvier, salle des fêtes de Munster.

Université populaire, 4 rue du 9e Zouaves, Munster
Tél. : 03 89 77 98 28
http://universitepopulaire-munster.fr

D'après l'article de Michel Hutt dans le journal *Dernières nouvelles d'Alsace* (DNA), samedi 16 janvier 2010

6 Les formateurs de l'Université populaire de Munster
- a ☐ sont très bien payés.
- b ☐ ne demandent pas d'argent.
- c ☐ ont réclamé récemment une augmentation de salaire.

7 Au semestre passé, l'UP proposait
- a ☐ une initiation à la marche nordique.
- b ☐ des cours de sophrologie.
- c ☐ un cours de chinois pour débutants.

8 Le cours d'informatique
- a ☐ n'a lieu qu'un semestre sur deux.
- b ☐ n'intéresse plus les gens, ce qui est très étonnant.
- c ☐ figure de nouveau au programme.

9 Le cours de cuisine tunisienne
- a ☐ est proposé pour la première fois.
- b ☐ a rencontré un vif succès au semestre précédent.
- c ☐ aura lieu dans la salle des fêtes.

10 L'objectif principal des cours ou ateliers, c'est
- a ☐ de sortir les gens de leur isolement.
- b ☐ la rencontre entre des personnes du même âge.
- c ☐ de faire acquérir des connaissances nouvelles (aspect pédagogique).

(5 Punkte pro richtiger Antwort) ____ / 25

Partie C Compréhension sélective

Lisez les 10 situations (*11* à *20*) et les 12 annonces (**a** à **l**). Trouvez pour chaque situation l'annonce qui convient. Notez la lettre de l'annonce devant la situation correspondante.

11 ▒ Vous adorez danser et vous voulez vous perfectionner. Votre compagnon également.
12 ▒ Votre compagnon veut bien suivre un cours de danse, mais ne veut pas s'engager sur plusieurs mois.
13 ▒ Vous voulez offrir un cours de danse à votre fils de 16 ans pour son anniversaire.
14 ▒ Vous voulez faire une sortie originale avec vos enfants.
15 ▒ L'été est chaud, vous avez envie de vous rafraîchir, de nager, jouer et rire, vous distraire.
16 ▒ Vous adorez l'art et vous ne ratez jamais cet événement culturel exceptionnel.
17 ▒ Vous aimez découvrir les spécialités culinaires régionales.
18 ▒ Vous voulez passer des vacances en Guadeloupe et circuler librement sur l'île.
19 ▒ Pas de chance. Vous êtes en France et vous avez une panne de voiture.
20 ▒ Vous cherchez une location de vacances au bord de la mer, mais vous avez un chien.

a

Le Danse Club
Cours de danse
salon, rétro, acrobatique
Pour couples
Pour tous les âges
Pour tous les niveaux
Professionnalisme et succès assurés
En savoir plus ?
✆ **04 62 56 09 77**

b

6e édition de la Nuit des Musées
Retenez la date !
Samedi 15 mai à Paris
et dans toute la France
ainsi qu'en Europe
tous les arts s'invitent
au musée pour le plaisir de tous (expositions, théâtre, cinéma et danse)

c

Activez vos passions !
Dansez !
Stage d'été du 10 au 14 juillet
Danses de salons – Tous niveaux
Ambiance conviviale
Contactez-nous et demandez notre programme complet
École de danse Saliès
10 rue des écoles – 75 001 Paris
Tél.: 01 22 71 49 07

d

LABYRINTHE GÉANT EN MAÏS
Le plaisir de se perdre… et de se retrouver
Ouvert 7j/7 de 14 h à 20 h
du 5 juillet au 3 septembre
Durée du parcours : 1 h 30
Route de Torreilles
66470 Ste Marie/mer
Tél. : 04 68 80 47 50

e

Hôtel★★ des Oliviers
à Cahors
1 rue des Carmes
Tél. : 05 61 32 44 09
Chambres à partir de 45 €
Petit déjeuner compris
Animaux non admis

f

Le plus fun des parcs aquatiques
Piscine à vagues géantes,
Plus de 420 mètres de glisse
Eau chauffée
Aire de pique-nique ombragée
Restauration rapide
Parking de 6000 m²
AQUAPARC
Ouvert de mi-juin à début septembre
Tous les jours de 10 h 30 à 19 h 00
Renseignements : 05 57 48 62 41

g

Agréé toutes assurances
Intervention en 30 mn
Dépannage sur place, 7j/7 - 24 h/24
pour véhicules légers et motos
sur toute la France !
Nous sommes à votre disposition jour et nuit
AB Dépannage
Dépannage et remorquage automobile
Portable : 06 38 34 79 11
18 rue Terre Neuve 75020 PARIS

h

Musée de la charcuterie de Cerdane
Visite gratuite
Dégustation d'un « goûter gourmand »
Assiette de charcuterie
Verre de vin rouge « cuvée maison »
à prix raisonnable
Tous les jours de 10 h à 12 h et de 15 h à 19 h
Ouvert toute l'année

i

Rev' CAR
Super vacances sous le soleil des Caraïbes !
Location voitures Guadeloupe
Inclus dans tous nos tarifs :
- kilométrage illimité
- deuxième conducteur
- assurance tous risques
- assistance 24h/24h
- Paiement sur place

www.revcar.fr

j

Meublé de tourisme
Situé en Bretagne
Myhome propose des studios meublés
à 3 minutes de la mer, endroit calme
pour des vacances de rêve
Tarifs très intéressants
Consultez nos prix
par mois / semaine / week-end
Gratuité pour les enfants
de moins de 6 ans
Animaux admis
E-mail : myhome-Bretagne@yahoo.fr

k

LES SAMEDIS DE L'OCCASION
Plus de 250 véhicules sur
plusieurs sites
en région parisienne
Tous les samedis de 8 h 30 à 19 h
Parking gratuit
Pour connaître l'adresse
près de chez vous,
appelez le **01 36 19 27 03.**

l

MANIADANSE
École spécialisée
en danse moderne
danse africaine, *hip hop*
modern jazz, street dance
Cours enfants, ados et adultes
Cours privés sur RV
Contact : 05 45 43 33 32

(2,5 Punkte pro richtiger Antwort) ____ */ 25*

2 Éléments langagiers *(15 minutes)* _____ / **30 points**

Partie A Vocabulaire

Lisez la lettre de Marine et trouvez le mot qui manque. Notez la lettre qui convient.

Ma chère Léa,

Merci de ta gentille lettre qui m'a fait très **21** ▢. Je suis heureuse de savoir que vous vous plaisez bien, Pierre et toi, dans le sud de la France. Montpellier est une ville très **22** ▢ et vous avez la mer à deux pas. Mais je vous admire d'avoir eu le **23** ▢ de recommencer une nouvelle vie. Ouvrir un petit bar au centre ville après avoir passé près de quinze ans dans un bureau. Bravo !
Tu m'as fait **24** ▢ quand tu m'as décrit le jour d'ouverture. Je regrette de n'avoir pas pu venir. Mais nous avons eu des problèmes de **25** ▢ dans la famille. Mon père, qui va bientôt avoir 83 ans, s'est cassé la jambe en faisant du **26** ▢ et j'ai passé quelques jours à Pâques avec lui. Sinon, rien de nouveau ici, le quotidien…
Bientôt les vacances. Ouf ! Cette année scolaire m'a paru très longue. Il faut dire que ma classe de CM2 m'a donné beaucoup de travail. J'avais des **27** ▢ turbulents et la communication avec les parents était difficile.
Pour nous changer les idées, Nicolas et moi, nous avons décidé de partir loin : New-York. Nous nous sommes **28** ▢ à l'anglais. Nicolas se débrouille très bien, mais moi, j'ai beaucoup de difficultés avec la prononciation.
Enfin, on verra bien et je te raconterai tout ça dans ma **29** ▢ lettre.
Je vous souhaite bonne **30** ▢ pour votre entreprise et j'espère vous voir très bientôt. Pourquoi pas cet automne ?

Je t'embrasse,

Marine

a santé	**b** parler	**c** élèves	**d** chance	**e** agréable
f voisins	**g** jardinage	**h** joie	**i** dernière	**j** courage
k prochaine	**l** plaisir	**m** remis	**n** rire	**o** collègues

(1,5 Punkte pro richtiger Antwort) ____ */ 15*

Partie B Grammaire

Lisez le mail et cochez la réponse correcte (**a** ou **b**) pour chaque numéro.

De : Anna Schmid
À : Madame Faure

Madame,
Je viens de lire votre annonce et je suis très ...*31*... par la place de jeune fille au pair à Rennes ...*32*... vous proposez. J'ai passé mon bac ...*33*... année et avant de commencer mes études de médecine, j'...*34*... passer un an en France pour perfectionner mon français. Je m'appelle Anna et j'ai vingt ans. Je suis responsable, dynamique, créative, très patiente et non fumeuse. J'ai mon permis de conduire depuis deux ans. J'ai appris à m'occuper d'enfants ...*35*... du baby-sitting pendant plusieurs années. Et puis j'ai aussi une petite sœur. Je ...*36*... faire la cuisine et je pourrais vous aider ...*37*... faire le ménage.
Vous cherchez une personne à partir de la mi-septembre. Cette date ...*38*... convient tout à fait. Je suis à votre disposition ...*39*... vous désirez d'autres informations. J'espère que ma candidature ...*40*... votre attention.
Recevez, Madame, mes meilleures salutations.
Anna Schmid

31 **a** intéressé **b** intéressée
32 **a** qui **b** que
33 **a** cet **b** cette
34 **a** aimerais **b** aimerai
35 **a** en faisant **b** pour faire
36 **a** peux **b** sais
37 **a** à **b** de
38 **a** moi **b** me
39 **a** quand **b** si
40 **a** retiendra **b** retienne

(1,5 Punkte pro richtiger Antwort) ____ / 15

3 Compréhension de textes oraux *(30 minutes)* _____ / **75 points**

2 42-46

Partie A Compréhension globale

Écoutez cinq personnes donner leur avis sur le livre électronique (e-book). Lisez les affirmations, puis cochez vrai ou faux. Vous n'entendez l'enregistrement qu'une seule fois.

		Vrai	Faux
41	La première personne s'inquiète beaucoup de l'avenir du livre papier.		
42	Pour la deuxième personne le livre électronique n'est pas un vrai livre.		
43	La troisième personne pense que le livre papier disparaîtra un jour.		
44	La quatrième personne pense qu'avec le e-book les élèves liront plus.		
45	La cinquième personne ne veut pas entendre parler du livre électronique.		

(5 Punkte pro richtiger Antwort) ____ / 25

2 47

Partie B Compréhension détaillée

Vous allez entendre deux fois une interview à la radio de Julien Mondeau, initiateur d'un apéritif géant. Décidez si les phrases 46 à 55 sont vraies ou fausses. Marquez PLUS (+) pour vrai ou MOINS (–) pour faux. Lisez les phrases avant de commencer l'activité.

46 Julien a lancé son invitation sur Internet.
47 Les boissons sont offertes par les organisateurs.
48 Un apéro géant permet d'organiser des rencontres réelles entre les gens.
49 D'après Julien, Internet a changé les relations entre les gens.
50 Il pense qu'on avait plus d'amis autrefois.
51 Le rendez-vous est fixé pour le 27 juin, à 20 h 30.

52 Plus de mille internautes ont annoncé leur participation. ▢
53 Les apéros géants intéressent surtout les jeunes. ▢
54 Pour Julien, un apéro géant, c'est d'abord un prétexte pour boire de l'alcool. ▢
55 Il a demandé une autorisation à la mairie. ▢

(2,5 Punkte pro richtiger Antwort) ____ */ 25*

2 48-52

Partie C Compréhension sélective

Vous allez entendre cinq textes courts. Écoutez et dites si les phrases ci-dessous sont vraies ou fausses. Marquez PLUS (+) pour vrai ou MOINS (–) pour faux. Vous entendrez chaque texte deux fois. Lisez les phrases avant de commencer.

56 Vous avez envie de sortir ce soir.
→ Vous serez à 20 h 30 devant le cinéma. ▢

57 Vous avez rendez-vous avec un client vendredi matin.
→ Vous ne pourrez pas assister à la réunion. ▢

58 Vous devez prendre vos vacances en juillet.
→ Vous demanderez qu'on vous rembourse. ▢

59 Vous serez à La Rochelle du 3 au 15 juillet. Vous adorez la musique des îles.
→ Vous pourrez assister au concert des DOM-TOM Folies. ▢

60 Vous venez de terminer vos études et vous recherchez un emploi.
→ Cette annonce est tout à fait adaptée à votre situation. ▢

(5 Punkte pro richtiger Antwort) ____ */ 25*

4 Expression écrite

(30 minutes) _____ / **45 points**

Vous avez trouvé cette annonce sur www.petitjournal.com. Vous êtes intéressé/e et vous écrivez à l'adresse indiquée. Parlez des éléments suivants dans l'ordre que vous voulez :

→ Demandez le prix de la location et quelques informations précises sur l'appartement. ____ */ 10*

→ Renseignez-vous sur les personnes qui habitent l'appartement. ____ */ 10*

→ Donnez quelques informations personnelles. ____ */ 10*

→ Dites pourquoi cette location vous intéresse. ____ */ 10*

Pensez à noter la date et les formules correctes de début et fin de mail. ____ */ 5*

Chambre en sous-location pour 2 mois d'août à octobre

Je pars deux mois au Venezuela et cherche un/e sous-locataire pour ma belle chambre en colocation dans un appartement près de Gesundbrunnen à Berlin du début août à fin octobre. Nous sommes 4 étudiants dans un grand appartement et l'ambiance est très sympa.
Écrivez-nous si vous êtes intéressé/e.
E-Mail : **annwinter@yahoo.de**

5 Production orale

(Préparation : 20 minutes / Passage : 15 minutes) _____ **/ 75 points**

Travail en binôme. Vous n'avez pas le droit de communiquer avec votre partenaire pendant la préparation.

Partie A Prendre contact

Parlez à deux. Posez-vous des questions pour obtenir le plus d'informations possible sur l'autre. Voici quelques idées. Posez des questions dont vous ne connaissez pas la réponse.

→ Situation familiale ?
→ Lieu de vie ?
→ Loisirs ?
→ Projets ?
→ Situation professionnelle ?
→ Langues ?
→ Animaux ?

L'examinateur vous posera une dernière question, à la fin de votre conversation. _____ / 25

Partie B Parler sur un thème : ville ou campagne ?

Présentez à votre partenaire les informations contenues dans votre document. Puis écoutez votre partenaire vous présenter son document (le sujet est le même, mais les infos sont différentes). Discutez ensuite ensemble sur ce thème. Parlez de votre expérience personnelle / de vos préférences.

Enseignante, j'ai habité et travaillé longtemps en région parisienne. Un jour, je suis partie vivre à la campagne. Je ne supportais plus le stress, la foule, l'agressivité, la violence de la ville.
Je ne regrette pas du tout ma décision : je mène une vie plus calme, plus saine et en plus j'ai réduit considérablement mes frais fixes (logement / nourriture). Je suis à cinq minutes des centres commerciaux. Vous voyez, campagne ne signifie pas désert.
Laetitia Vermeil, 39 ans, Aucun (Hautes-Pyrénées)

Moi, j'ai habité six ans à la campagne et un jour, j'ai craqué. Je passais mon temps dans les trajets : pour aller au travail, pour rencontrer mes amis, pour faire les courses, pour sortir. Rien n'était près et j'ai fini par ne plus sortir. La campagne pour moi, c'est synonyme d'ennui et d'isolement. On dit que les gens sont plus aimables à la campagne, je ne m'en suis pas rendu compte. Je suis reparti vivre en ville et je m'y trouve très bien : j'aime les distractions de la grande ville (cinémas, restaurants, cafés, expositions, etc.). Je suis un vrai citadin.
Arnaud Criquet, 46 ans, Annecy

_____ / 25

Partie C Négocier : se mettre d'accord sur une solution

Vous voulez faire un voyage en France ensemble :

Quelle région choisirez-vous ? | Comment voyagerez-vous ? | Quels sont vos projets ?

Quel hébergement prévoyez-vous ? | Qui s'occupe des réservations ? | Quel matériel prévoyez-vous ?

Dites ce que vous aimeriez faire et pourquoi. Écoutez les propositions de votre partenaire et ses raisons. Trouvez ensemble une solution.

_____ / 25

Grammatische Begriffe im Überblick

Latein / Deutsch	Französisch	Beispiel
Adjektiv / Eigenschaftswort	adjectif	*une **bonne** idée*
Adverb / Umstandswort	adverbe	*Il travaille **bien**.*
Adverbialpronomen	pronom adverbial	***en, y***
Aktiv / Tatform	forme active	*Il a réparé le vélo.*
Artikel / Geschlechtswort	article	
→ bestimmter Artikel	→ article défini	***le** cinéma et **la** télévision*
→ zusammengezogener Artikel	→ article contracté	***au** cinéma, le fils **du** voisin*
→ unbestimmter Artikel	→ article indéfini	***un** portable, **des** enfants*
→ Teilungsartikel	→ article partitif	***du** pain et **de la** confiture*
Aussagesatz	phrase affirmative	*Tu travailles.*
Bedingungssatz	phrase conditionnelle	***Si tu veux**, je viendrai demain.*
Demonstrativbegleiter / hinweisender Begleiter	déterminant démonstratif	***ce** bus, **cette** rue, **ces** écoles*
Demonstrativpronomen / hinweisendes Fürwort	pronom démonstratif	*celui, celle, ceux, celles*
Direkte Rede	discours direct	*Il dit : « Je suis malade. »*
Endung	terminaison	*je parl**e**, vous parl**ez***
Fragesatz	phrase interrogative	*Est-ce que tu travailles **?***
Gerundium / Verlaufsform	gérondif	*parler **en dormant***
Hilfsverb	auxiliaire	*il **a** téléphoné / il **est** sorti*
Imperfekt / einfache Vergangenheit	imparfait	*nous **habitions** à Nice…*
Imperativ / Befehlsform	impératif	***Écoutez** et **complétez**.*
Indefinitbegleiter	déterminant indéfini	***toute** la journée, **chaque** jour*
Indefinitpronomen	pronom indéfini	*chacun, quelqu'un…*
Indirekte Rede	discours indirect	*Il dit qu'il est malade.*
Infinitiv / Grundform	infinitif	*parler, dormir, prendre*
Hervorhebung	mise en relief	***C'est** moi **qui** fais tout ici !*
Komparativ / erste Steigerungsstufe	comparatif	***plus / moins / aussi** grand*
Konditional	conditionnel	***Pourriez**-vous me dire…*
Nebensatz	proposition subordonnée	*J'espère **qu'il va bien**.*
Partizip Perfekt / Mittelwort der Vergangenheit	participe passé	*parlé, dormi, pris*
Passiv / Leideform	forme passive	*Le vélo a **été réparé.***
Perfekt / vollendete Vergangenheit	passé composé	*J'**ai téléphoné** ce matin.*
Plusquamperfekt / Vorvergangenheit	plus-que-parfait	***J'avais attendu** deux heures.*
Possessivbegleiter / Besitzanzeigender Begleiter	déterminant possessif	***mon** père, **ma** mère, **mes** parents*
Possessivpronomen / besitzanzeigendes Fürwort	pronom possessif	*le mien, la mienne, les miens*
Präfix / Vorsilbe	préfixe	***im**possible, **para**pluie*
Präposition / Verhältniswort	préposition	*à, de, chez, en, …*
Präsens / Gegenwart	présent	*je travaille*
Pronomen / Fürwort	pronom	
→ unbetontes Subjektpronomen	→ pronom sujet	*je, tu, il / elle, … ils / elles*
→ direktes Objektpronomen	→ pronom complément d'objet direct	*me, te, le, la, …*
→ indirektes Objektpronomen	→ pronom complément d'objet indirect	*me, te, lui, …*
→ betontes Pronomen	→ pronom tonique	*moi, toi, … vous, …*
→ Reflexivpronomen	→ pronom réfléchi	*me, te, se, …*
→ Relativpronomen	→ pronom relatif	*qui, que, où, dont*
Reflexives / rückbezügliches Verb	verbe pronominal	*se reposer, s'amuser*
Stamm	radical	***parl**er, **fin**ir*
subjonctif	subjonctif	*Il faut **que je parte**.*
Substantiv / Nomen / Hauptwort	substantif	*café, maison, chat*

Grammaire

Latein / Deutsch	Französisch	Beispiel
Suffix / Nachsilbe	suffixe	*natur**el**, dans**eur***
Verb / Tätigkeitswort	verbe	*venir, écouter*
Verneinung	négation	*Je **ne** parle **pas** russe.*
Zukunft → einfache Zukunft	futur simple	*Il **fera** beau demain.*
→ zusammengesetzte Zukunft	futur composé	*Je **vais acheter** des souvenirs.*

Inhaltsangabe

I Zusammengesetzte Substantive

A Formen

Im Französischen können die Bestandteile eines zusammengesetzten Substantivs folgendermaßen geschrieben werden:

→ zusammen:	*un portemanteau* (Garderobe)
→ getrennt:	*une chaise longue* (Liegestuhl)
→ mit Bindestrich verbunden:	*un porte-bonheur* (Glücksbringer)
→ mit Präposition verbunden:	*un sac à dos* (Rucksack), *un jour de repos* (Ruhetag)

! Anders als im Deutschen steht das Grundwort in der Regel an erster Stelle (*un porte-bagages* ↔ ein Gepäckträger).

B Plural der zusammengesetzten Substantive

→L1 – L8

☺ **TIPP**

Die Pluralbildung bei zusammengesetzten Substantiven ist im Französischen so eine Sache … ☺ Im Prinzip gelten folgende Regeln, zu denen es aber eine ganze Reihe von Ausnahmen gibt. Wenn Sie Zweifel haben, machen Sie es wie die Franzosen … schlagen Sie einfach in einem Wörterbuch nach.

Grundregeln

→ Nur **Substantive** und **Adjektive** können eine Pluralmarkierung erhalten:	*un chèque-cadeau* (Gutschein) *un rond-point* (Kreisverkehr) *un sourd-muet* (Taubstummer)	→ *des chèques-cadeaux* → *des ronds-points* → *des sourds-muets*

! Hat das Substantiv eine singulare Bedeutung, so ist es unveränderlich:
une pause-café (= une pause pour prendre un café) → *des pauses-café*

→ **Andere Wortarten** (Verben, Adverbien, Pronomen etc.) sind unveränderlich:	*un rendez-vous* (Termin) *un savoir-faire* (Know-how) *un après-midi* (Nachmittag)	→ *des rendez-vous* → *des savoir-faire* → *des après-midi*
→ Bei **englischen** Komposita erhält nur das zweite Element ein Plural-*s*:	*un week-end* *un best-seller*	→ *des week-ends* → *des best-sellers*
→ Komposita **lateinischer Herkunft** sind unveränderlich:	*un post-scriptum* *un curriculum vitae* (Lebenslauf)	→ *des post-scriptum* → *des curriculum vitae*
→ Sind die Bestandteile **mit einer Präposition verbunden**, erhält in der Regel nur das erste Element die Pluralmarkierung:	*un chemin **de** fer* (Eisenbahn) *un sac **à** main* (Handtasche)	→ *des chemins de fer* → *des sacs à main*

II Der Komparativ bei Mengenangaben

→L5

*Ils achètent **plus de** produits régionaux, **moins de** produits prêts à consommer, **autant de** vin qu'autrefois.*
Sie kaufen **mehr** Regionalprodukte, **weniger** Fertigprodukte, **genauso viel** Wein wie früher.

! Beim Vergleich von Substantiven wird für die gleiche Anzahl / Menge ***autant de*** verwendet.

plus / ***moins*** / ***autant*** → ***de*** + Substantiv + ***que / qu'***

Vous vous souvenez ?
Der Vergleich von Eigenschaften:

plus / ***moins*** / ***aussi*** → *grand / vite* + ***que / qu'***

(→ *On y va ! A2*, S. 202)

III Pronomen

Pronomen stehen für ein anderes Wort. Sie dienen dazu, Wiederholungen zu vermeiden.

→L3

A Demonstrativpronomen (hinweisende Fürwörter)

*Il a <u>un besoin</u> vital, **celui de** voyager…*	Er hat ein vitales Bedürfnis, nämlich **das(jenige)**, zu reisen …

Demonstrativpronomen richten sich nach dem Substantiv, das sie ersetzen:
***un** besoin → **celui** de voyager* ein Bedürfnis → das, zu reisen

	maskulin	feminin
Singular	*celui*	*celle*
Plural	*ceux*	*celles*

! Die oben stehenden Formen werden nicht allein verwendet. Sie werden ergänzt durch:

-ci oder *-là*:	*Elle a suivi son mari. **Celui-ci** avait trouvé un poste à Oslo…* Sie ist ihrem Mann gefolgt. **Dieser** hatte eine Stelle in Oslo gefunden …
eine Ergänzung mit *de*:	*l'erreur à ne pas faire, **celle de** tout comparer…* der zu vermeidende Fehler, nämlich **jener**, alles zu vergleichen …
ein Relativpronomen:	***ceux et celles qui** partent à l'aventure…* **diejenigen**, die auf Abenteuer ausgehen …

! ***Celui qui / celle qui…*** entspricht der deutschen Wendung „der / diejenige, der / die".

→L9

B Possessivpronomen

*C'est <u>ma conception du bonheur</u>, chacun a **la sienne** et vous avez **la vôtre** aussi…*	Das ist meine Vorstellung von Glück, jeder hat (**die**) **seine** und Sie haben auch (**die**) **Ihre** …

Possessivpronomen ersetzen ein Substantiv mit Possessivbegleiter (im Beispiel unterstrichen). Sie richten sich nach dem Substantiv, das sie ersetzen.

	Singular		Plural	
Person	**maskulin**	**feminin**	**maskulin**	**feminin**
je	*le mien*	*la mienne*	*les miens*	*les miennes*
tu	*le tien*	*la tienne*	*les tiens*	*les tiennes*
il / elle	*le sien*	*la sienne*	*les siens*	*les siennes*
nous	*le nôtre*	*la nôtre*	*les nôtres*	
vous	*le vôtre*	*la vôtre*	*les vôtres*	
ils / elles	*le leur*	*la leur*	*les leurs*	

! Anders als im Deutschen richtet sich das Possessivpronomen – wie der Possessivbegleiter *son*, *sa* und *ses* – nicht nach dem Geschlecht des Besitzers:
le sien = seiner / ihrer *la sienne* = seine / ihre

→L6

C Das Pronomen *en*

→ ***En*** vertritt immer eine Ergänzung mit *de* (*du, de la, de l', des*):

> **Vous vous souvenez ?**
> *Du yoga, je n'**en** ai jamais fait.*
> *Vous avez <u>un GPS</u> dans votre voiture ? – Oui, j'**en** ai un.*
> *Vous prenez <u>des pommes</u> ? – Oui, j'**en** voudrais **un kilo**.*
> (→ *On y va ! A2*, S. 205)

→ ***En*** vertritt ebenfalls eine **Verbergänzung mit *de***. In diesem Fall hängt seine Verwendung vom Verb ab:

*Vous **en** avez entendu parlé ?*	Haben Sie **davon** gehört?

Verbergänzungen mit *de*:

*parler **de***	*Parlez-**en** autour de vous.* Sprechen Sie **darüber** mit anderen …
*avoir besoin **de***	*J'ai demandé un vidéoprojecteur. J'**en** ai absolument besoin.* Ich habe einen Beamer bestellt. Ich brauche unbedingt **einen**.
*se souvenir **de***	*Je m'**en** souviens bien.* Ich erinnere mich gut **daran**.
*avoir marre **de***	*J'**en** ai marre !* Ich habe die Nase voll (**davon**).

! ***En*** kann nicht für Personen stehen:
Nous avons parlé de ce problème. → *Nous **en** avons parlé.* Wir haben **darüber** gesprochen.
Nous avons parlé de Paul. → *Nous avons parlé **de lui**.* Wir haben **von ihm** gesprochen.

D Das Pronomen *y*

→L6

→ ***Y*** vertritt eine Ortsangabe mit einer Ortspräposition (*à, dans, en, chez, sur* usw., außer *de*).

Vous vous souvenez ?
*Il est **dans** le jardin ? – Oui, il **y** est.*
*Tu te plais **à** Colmar ? – Oui, je m'**y** plais beaucoup.*
(→ *On y va ! A2*, S. 205)

→ ***Y*** vertritt auch eine **Verbergänzung mit *à*** (*au, à la, à l', aux).*
In diesem Fall hängt seine Verwendung vom Verb ab:

*Nous nous habituons **à la misère**.* → *Nous nous **y** habituons doucement.*
Wir gewöhnen uns an das Elend. → Wir gewöhnen uns langsam **daran**.

Verbergänzungen mit *à*:

*participer **à***	*J'ai participé **au** cours.* → *J'**y** ai participé.* Ich habe am Kurs teilgenommen. → Ich habe **daran** teilgenommen.
*s'intéresser **à***	*Il s'intéresse **au foot** ?* → *Il s'**y** intéresse beaucoup.* Interessiert er sich für Fußball? → Er interessiert sich sehr **dafür**.
*penser **à***	*Tu as pensé **au journal** ? – Oui, j'**y** ai pensé. Le voilà.* Hast du an die Zeitung gedacht? – Ja, ich habe **daran** gedacht. Hier ist sie.

! ***Y*** kann nicht für Personen stehen:
Nous avons pensé à ce problème. → *Nous **y** avons pensé.* Wir haben **daran** gedacht.
Nous avons pensé à Paul. → *Nous avons pensé **à lui**.* Wir haben **an ihn** gedacht.

Vous vous souvenez ?
*À la piscine, **j'y vais** souvent.*
***Vas-y** souvent, à la piscine.*
(Zur Stellung der Pronomen im Satz → *On y va ! A2*, S. 205)

IV Relativpronomen

Relativpronomen führen einen Relativsatz ein. Die Form des Relativpronomens hängt von seiner Funktion ab.

Vous vous souvenez ?

qui	→ *une personne **qui** débute*
que / qu'	→ *Il m'a offert un pull **que** je n'aime pas.* → *Il rencontre Suzanne Roussi **qu'**il épouse l'année suivante.*
où	→ *Rome, **où** ils ont passé un excellent séjour…* → *C'est l'année **où** leur fils se marie…*

→ *On y va ! A2*, S. 206

→L1

A Das Relativpronomen *dont*

*Mayotte **dont** on n'entendait pas souvent parler…*	Die Insel Mayotte, **von der** man nicht oft hörte …

Dont vertritt in einem Relativsatz eine Ergänzung mit ***de*** *(du, de la, de l', des)*:

→ **Verbergänzung**

*rêver **de*** — *La Corse, le paradis sur terre **dont** tout le monde rêve ?*
Korsika, das Paradies auf Erden, **von dem** alle träumen?

*avoir besoin **de*** — *As-tu tous les papiers **dont** tu as besoin ?*
Hast du alle Papiere, **die** du brauchst?

→ **Adjektivergänzung**

*fier **de*** — *deux choses **dont** les Corses sont fiers…*
zwei Dinge, **worauf** die Korsen stolz sind …

*responsable **de*** — *L'équipe **dont** je suis responsable est nulle.*
Das Team, **für das** ich verantwortlich bin, ist völlig unfähig.

→ **Ergänzung eines Nomens**

*la maison **de** Napoléon* — *Napoléon **dont** on peut visiter la maison natale…*
Napoléon, **dessen** Geburtshaus man besichtigen kann …

☺ **TIPP**
Als Ergänzung eines Nomens entspricht ***dont*** dem Deutschen „dessen" / „deren":
*une amie **dont** je connais les parents…* eine Freundin **deren** Eltern ich kenne …

→L7

B *Ce qui* und *ce que*

Ce qui und ***ce que*** entsprechen dem deutschen Relativpronomen „was" oder „das, was".
Beide Relativausdrücke haben unterschiedliche Funktionen:

Funktion	Pronomen	Beispiel
Subjekt (Frage: Wer? / Was?)	***ce qui*** (der / die / das)	*Elle crie quand je téléphone, **ce qui** peut être très gênant.* Sie schreit, wenn ich telefoniere, **was** sehr störend sein kann. *Je m'occupe aussi des animaux, **ce qui** me plaît beaucoup.* Ich kümmere mich auch um die Tiere, **was** mir sehr gefällt.
Direktes Objekt (Frage: Wen? / Was?)	***ce que / qu'*** (den / die / das)	*Je dois me séparer d'elle, **ce que** je regrette beaucoup.* Ich muss mich von ihr trennen, **was** ich sehr bedauere. *Il ne lui a rien dit, **ce qu**'elle n'a pas compris.* Er hat ihr nichts gesagt, **was** sie nicht verstanden hat.

(Hervorhebung mit *ce qui / ce que* → S. 174)

☺ **TIPP**
Nach ***ce qui*** steht das Verb oder ein Objektpronomen.
Nach ***ce que / ce qu'*** steht das Subjekt des Satzes.

V *Adverbien auf* -ment

→L3

A Die Unterscheidung Adjektiv / Adverb

→ Adjektive und Adverbien haben im Französischen unterschiedliche Formen.

Adjektiv: *Ce train est **lent**.*

Adverb: *Il roule **lentement**.*

Vous vous souvenez ?
Adjektive sind veränderlich und ergänzen:
ein Substantiv → *une **grande** ville*
eine große Stadt
ein Pronomen → *Il est **grand**.*
Er ist groß.
(→ *On y va ! A1*, S. 184–185)

→ Adverbien sind unveränderlich. Sie ergänzen ein(en)

Verb	*Elle parle **bien** anglais.*	Sie spricht **gut** Englisch.
Adjektiv	*C'est une femme **très** élégante.*	Sie ist eine **sehr** elegante Frau.
Adverb	*Il fume **beaucoup** trop.*	Er raucht **viel** zu viel.
Satz	*Si vous habitez **actuellement** en ville…*	Wenn Sie **zur Zeit** in der Stadt leben …

B Adverbien auf *-ment*

*Vous préférez **nettement** le calme de la campagne.*	Sie bevorzugen **entschieden** die Ruhe auf dem Land.

Grundregeln

1 Adverbien auf *-ment* werden von der femininen Form des Adjektivs abgeleitet:

Adjektiv feminin		→ Adverb
correcte	(korrekt)	→ ***correctement***
régulière	(regelmäßig)	→ ***régulièrement***
relative	(relativ)	→ ***relativement***

2 Endet das Adjektiv auf *-e, -é, -i* oder *-u*, so wird es von der maskulinen Form abgeleitet:

! Einige Adverbien erhalten einen *accent aigu*:

3 Adjektive auf *-ant* bilden das Adverb auf *-amment*:

Adjektive auf *-ent* bilden das Adverb auf *-emment*:

Adjektiv		Adverb
facile	(leicht)	→ *facilement*
aisé	(leicht)	→ *aisément*
vrai	(wahr)	→ *vraiment*
absolu	(absolut)	→ *absolument*
énorme	(enorm)	→ *énormément*
profonde	(tief)	→ *profondément*
*const**ant***	(konstant)	→ *const**amment***
*cour**ant***	(fließend)	→ *cour**amment***
*appar**ent***	(sichtbar)	→ *appar**emment***
*viol**ent***	(gewaltig)	→ *viol**emment***

VI Das Verb

A Das Plusquamperfekt *(le plus-que-parfait)*

→L8

1 Formen

Das *plus-que-parfait* wird wie das deutsche Plusquamperfekt gebildet:

avoir / **être** im *imparfait* + Partizip Perfekt

manger			rester		
j'	*avais*	*mangé*	*j'*	*étais*	*resté**(e)***
tu	*avais*	*mangé*	*tu*	*étais*	*resté**(e)***
il / elle / on	*avait*	*mangé*	*il / elle / on*	*était*	*resté**(e)(s)***
nous	*avions*	*mangé*	*nous*	*étions*	*resté**(e)s***
vous	*aviez*	*mangé*	*vous*	*étiez*	*resté**(e)(s)***
ils / elles	*avaient*	*mangé*	*ils / elles*	*étaient*	*resté**(e)s***

! Für die Wahl des Hilfsverbs (*être* oder *avoir*) und die Angleichung des Partizip Perfekt gelten die gleichen Regeln wie im *passé composé*. (→ *On y va ! A1*, S. 189 und *On y va ! A2*, S. 207)

2 Gebrauch

*Les policiers **sont arrivés** vite mais les voleurs **étaient** déjà tous **partis**.*	Die Polizisten kamen schnell, aber die Diebe **waren** schon alle **weggerannt**.

Das *plus-que-parfait* beschreibt Vorgänge in der Vergangenheit, die sich noch vor anderen Vorgängen in der Vergangenheit (im *passé composé, passé simple* oder *imparfait*) ereignet haben. Es wird weitgehend wie im Deutschen verwendet.

Vous vous souvenez ?
Passé composé : *J'**ai été** malade. Je **suis resté** à la maison.* (→ *On y va ! A1*, S. 188–190 und *On y va ! A2*, S. 207)
Imparfait : *Il **faisait** beau. J'**étais** en train de lire…* (→ *On y va ! A2*, S. 209–210)

→L8

B Das *passé simple*

1 Formen

Das *passé simple* wird durch Anhängen folgender Endungen an den Infinitiv-Stamm (***parl**-er, **fin**-ir, **répond**-re, …*) gebildet:

→ Endungen bei regelmäßigen Verben

parler		**finir**		**répondre**	
je	*parl**ai***	*je*	*fin**is***	*je*	*répond**is***
tu	*parl**as***	*tu*	*fin**is***	*tu*	*répond**is***
il / elle / on	*parl**a***	*il / elle / on*	*fin**it***	*il / elle / on*	*répond**it***
nous	*parl**âmes***	*nous*	*fin**îmes***	*nous*	*répond**îmes***
vous	*parl**âtes***	*vous*	*fin**îtes***	*vous*	*répond**îtes***
ils / elles	*parl**èrent***	*ils / elles*	*fin**irent***	*ils / elles*	*répond**irent***

→ Weitere Endungen

-us, -us, -ut, -ûmes, -ûtes, -urent
conclure → *je conclus, tu conclus, il conclut, nous conclûmes, vous conclûtes, ils conclurent*
boire → *je bus, tu bus, il but, nous bûmes, vous bûtes, ils burent*

-ins, -ins, -int, -înmes, -întes, -inrent
venir → *je vins, tu vins, il vint, nous vînmes, vous vîntes, ils vinrent*
obtenir → *j'obtins, tu obtins, il obtint, nous obtînmes, vous obtîntes, ils obtinrent*

2 Gebrauch

*Un jour qu'il se promenait sur l'agora, un des ses élèves **vint** le voir et lui **demanda**…*	Eines Tages, als er auf der Agora spazieren ging, kam einer seiner Schüler zu ihm und fragte ihn …

Das *passé simple* hat im Prinzip die gleiche Funktion wie das *passé composé* (siehe unten), wird aber heute fast nur noch in literarischen Texten (Erzählungen, Märchen, Fabeln etc.) und fast ausschließlich in der 3. Person (Singular und Plural) gebraucht. (Zu den Formen → Verbtabellen, S. 180)

☺ **TIPP**
Keine Sorge, ☺ Sie müssen diese Zeit nicht aktiv beherrschen, Sie sollten nur die Formen erkennen können.

3 Vergleich: *imparfait / passé simple*

In Erzählungen wechseln sich *passé simple* und *imparfait* ab. Das *passé simple* führt die neu eintretende(n) Handlung(en) ein:

Imparfait	***Passé simple / Passé composé***
1. Hintergrund der Handlung *Un jour qu'il **se promenait**…*	1. neu eintretende Handlung(en) *… un de ses élèves **vint** le voir et lui **demanda**…*
2. unvollendet *Ils **attendaient** depuis deux heures.* Sie warteten seit zwei Stunden.	2. vollendet *Ils **attendirent** deux heures.* Sie warteten zwei Stunden.

C Der *subjonctif*

→L4, L6, L9

1 Formen des *subjonctif présent*

Der *subjonctif* wird durch Anhängen folgender Endungen an den Verbstamm der 3. Person Plural Präsens (*ils* ***parl****-ent*, *ils* ***finiss****-ent*, *ils* ***répond****-ent*, etc.) gebildet:

Endungen

Verben auf **-er** (parler)			Verben auf **-ir** (finir)			Verben auf **-dre** (répondre)		
que	*je*	*parle*	*que*	*je*	*finisse*	*que*	*je*	*réponde*
que	*tu*	*parles*	*que*	*tu*	*finisses*	*que*	*tu*	*répondes*
qu'	*il / elle / on*	*parle*	*qu'*	*il / elle / on*	*finisse*	*qu'*	*il / elle / on*	*réponde*
que	*nous*	*parlions*	*que*	*nous*	*finissions*	*que*	*nous*	*répondions*
que	*vous*	*parliez*	*que*	*vous*	*finissiez*	*que*	*vous*	*répondiez*
qu'	*ils / elles*	*parlent*	*qu'*	*ils / elles*	*finissent*	*qu'*	*ils / elles*	*répondent*

(Da dem *subjonctif* meist die Konjunktion *que* vorausgeht, wird sie auch in den Verbtabellen mit aufgeführt.)

! Diese **Endungen** sind für alle Verben gleich. Nur ***être*** und ***avoir*** haben für die 3. Person Singular die Endung ***-t***: → *qu'il soit / qu'il ait.*

! Verben mit Stammwechsel im Indikativ Präsens wie z. B. *boire* trinken → *je bois / nous buvons* haben auch im *subjonctif* zwei Stammformen: *que je boive / que nous buvions.* (→ Verbtabellen, ab S. 180).

2 Gebrauch

Je ne veux pas qu'il ***prenne*** *de risques.*	Ich will nicht, dass er Risiken eingeht.
Sauvons la nature avant qu'il ***soit*** *trop tard.*	Retten wir die Natur, bevor es zu spät ist.

Der *subjonctif* drückt die persönliche Haltung des Sprechers aus. Mit ihm wird das Geschehen als gedacht, (nicht) möglich oder (nicht) wünschenswert dargestellt. Diese persönliche Meinung wird meist durch sogenannte *subjonctif*-Auslöser, d. h. Verben, Ausdrücke oder Konjunktionen, die den *subjonctif* erfordern, angekündigt.

☺ **TIPP**
Leicht zu merken: Der *subjonctif* ist subjektiv!

→ Der *subjonctif* steht nach Verben und Ausdrücken

→L4 + L6

der Willensäußerung – Wunsch / Befehl – Verbot	***Je souhaite que*** *vous rangiez votre chambre.* Ich will, dass ihr euer Zimmer aufräumt. ***Je ne veux pas que*** *tu prennes mes affaires.* Ich will nicht, dass du meine Sachen nimmst.
des Empfindens – Freude / Bedauern – Gefallen / Missfallen – Furcht / Sorge – Mitgefühl / Staunen	***Quel dommage qu'****ils ne soient plus ensemble.* Wie schade, dass sie nicht mehr zusammen sind. ***Je suis désolé que*** *tu doives repartir si vite.* Es tut mir leid, dass du so schnell wieder gehen musst. ***Je comprends que*** *Carine réagisse comme ça.* Ich verstehe, dass Carine so reagiert.
des Zweifelns / der Ungewissheit	***Je doute qu'****elle revienne sur sa décision.* Ich bezweifle, dass sie ihre Entscheidung ändert.

! Es steht kein *subjonctif* nach ***espérer***: *J'espère que* ***tu as téléphoné*** *à Paul.*
Ich hoffe, dass du Paul angerufen hast.

! Vergleichen Sie: Nur beim Zweifel steht der *subjonctif.*
Je suis sûr que *c'est une bonne idée.* Ich bin sicher, dass es eine gute Idee ist.
Je ne suis pas sûr que *ce soit une bonne idée.* Ich bin nicht sicher, ob es eine gute Idee ist.

→L6

→ **Der *subjonctif* steht nach unpersönlichen / wertenden Ausdrücken**

Notwendigkeit	***Il faut que** je leur parle.* Ich muss mit ihnen sprechen.
Empfehlung / Möglichkeit	***Il vaut mieux que** je me taise.* Es ist besser, wenn ich schweige.
Wertung / Urteil	***C'est normal qu'**ils aient envie d'autres expériences.* Es ist normal, dass sie Lust auf neue Erfahrungen haben.

! Anders als im Deutschen steht nach Verben des Sagens, Denkens, Glaubens der Indikativ:
***Elle croit que** c'est une allergie.* Sie glaubt, dass es eine Allergie sei.

☺ **TIPP**
Der unpersönliche Ausdruck *il faut que…* ist im Französischen sehr gebräuchlich. Er wird im Deutschen meist mit „müssen" wiedergegeben:
***Il faut que** j'aille chez le dentiste.* Ich muss zum Zahnarzt gehen.
***Il faudrait qu'**elle travaille plus.* Sie müsste / sollte mehr arbeiten.

→L9

→ **Der *subjonctif* steht außerdem nach einigen Konjunktionen**

Angabe des Zwecks *pour que / afin que (damit)*	***pour que** nos enfants puissent vivre…* damit unsere Kinder leben können …	
Einschränkung *bien que / quoique (obwohl)*	***Bien que** je ne sois pas écolo à 100%…* Obwohl ich kein 100%iger Grüner bin …	
Zeitangabe *avant que (bevor)* *jusqu'à ce que (bis)*	***avant qu'**il ne soit trop tard…* ***jusqu'à ce que** vous arriviez…*	bevor es zu spät ist … bis ihr ankommt …

→L2

D Der Imperativ (unregelmäßige Formen)

***Soyez** actif.*	Seien Sie aktiv.
***Ayez** de l'initiative.*	Sie sollten die Initiative ergreifen!

Vier Verben bilden den Imperativ aus den Formen des *subjonctif présent*:

avoir	être	savoir	vouloir
aie	*sois*	*sache*	*veuille*
ayons	*soyons*	*sachons*	*veuillons*
ayez	*soyez*	*sachez*	*veuillez*

Vous vous souvenez ?
Regelmäßige Formen:
Attends-le. Warte auf ihn.
Attendons-le. Lasst uns auf ihn warten.
Attendez-le. Wartet / Warten Sie auf ihn.
(→ *On y va ! A1*, S. 190)

☺ **TIPP**
Der Imperativ von *vouloir* wird vor allem in der 2. Person Plural verwendet. Im Briefverkehr finden sich häufig Formulierungen wie:
***Veuillez** agréer, Monsieur, l'expression de mes sentiments distingués.* Hochachtungsvoll
***Veuillez** trouver ci-joint…* Beiliegend finden Sie …

→L5

E Das *gérondif*

Das *gérondif*, eine Verbform, die es im Deutschen nicht gibt, ist im Französischen sehr gebräuchlich.

*On peut faire ses achats **en prenant** le temps de comparer.*	Man kann einkaufen und sich dabei die Zeit nehmen, zu vergleichen.

1 Bildung

en	+	Partizip Präsens

→ Bildung des Partizip Präsens

Das Partizip Präsens wird aus der Verbform der 1. Person Plural (*nous*) im Indikativ Präsens und der Endung *-ant* gebildet:

Infinitiv	1. Person Pl. Präsens	Stamm	Partizip Präsens
parler	*nous **parl**ons*	*parl-*	***parlant***
finir	*nous **finiss**ons*	*finiss-*	***finissant***
venir	*nous **ven**ons*	*ven-*	***venant***
boire	*nous **buv**ons*	*buv-*	***buvant***

(In den Verbtabellen ab S. 180 finden Sie zu jedem Verb auch die *gérondif*-Form.)

! Merken Sie sich die drei unregelmäßigen Formen:
avoir → ***ayant*** (habend)
être → ***étant*** (seiend)
savoir → ***sachant*** (wissend)

2 Gebrauch

→ Das *gérondif* dient dazu, einen Satz oder Nebensatz zu verkürzen.

Il regarde la télé pendant qu'il mange.	→ *Il regarde la télé **en mangeant**.*
Er sieht fern, während er isst.	→ Er sieht beim Essen fern.

→ Das *gérondif* drückt verschiedene Nuancen aus:

Gleichzeitigkeit (während)	***Pendant qu****'il lit, il écoute de la musique.* → *Il lit **en écoutant** de la musique.* → Er hört beim Lesen Musik.
Grund (weil)	*Il s'est cassé le bras **parce qu**'il est tombé.* → *Il s'est cassé le bras **en tombant**.* → Er hat sich bei einem Sturz den Arm gebrochen.
Bedingung (wenn / falls)	***Si** tu prends un taxi, tu arriveras à l'heure.* → ***En prenant** un taxi, tu arriveras à l'heure.* → Wenn du ein Taxi nimmst, wirst du rechtzeitig da sein.
Art und Weise (wie?)	*J'ai trouvé cette adresse **en surfant** sur Internet.* → Ich habe diese Adresse beim Surfen im Internet gefunden.

! Um den Nebensatz durch ein *gérondif* verkürzen zu können, müssen Haupt- und Nebensatz dasselbe Subjekt haben. (Bei einem Satz wie *Marc lit et Lise travaille.* ist also keine *gérondif*-Konstruktion möglich, da die beiden Handlungen (lesen und arbeiten) von verschiedenen Personen ausgeführt werden.)

F Das Passiv

→L7

*La corbeille à papier **a été vidée**.* *Le vélo **est réparé**.*	Der Papierkorb wurde geleert. Das Fahrrad ist repariert (worden).

1 Der Vergleich: Aktiv / Passiv

Aktivsatz	Passivsatz
Der / Die Handelnde steht im Mittelpunkt	Die Handlung steht im Mittelpunkt
***La secrétaire** lit le courrier.* Die Sekretärin liest die Post.	*Le courrier **est lu** (par la secrétaire).* Die Post wird (von der Sekretärin) gelesen.

! Wird der / die Handelnde im Passivsatz genannt, so wird er / sie in der Regel durch ***par*** eingeführt:
*Nous avons été surpris **par la pluie**.* Wir wurden **vom Regen** überrascht.

2 Die Umwandlung: Aktivsatz → Passivsatz

Das direkte Objekt des Aktivsatzes (im Beispiel unterstrichen) wird zum Subjekt des Passivsatzes:

Ils ont mal rempli le formulaire. — Sie haben das Formular schlecht ausgefüllt.
→ *Le formulaire a été mal rempli.* — → Das Formular wurde schlecht ausgefüllt.

! Nur Verben mit direktem Objekt (Frage: Wen? Was?) können das Passiv bilden:

Aktivsatz	Passivsatz
J'ai réparé mon vélo. Ich habe mein Rad repariert.	*Mon vélo **est réparé**.* Mein Fahrrad ist repariert (worden).
J'ai parlé de toi. Ich habe von dir gesprochen.	∅

3 Die Formen des Passiv

Das Passiv bildet man mit ***être* in allen Zeiten + Partizip Perfekt**. Die Zeit des Hilfsverbs *être* entspricht der Zeit des Verbs im Passiv:

Zeit	*être*	Beispiel	
→ Präsens	*je suis*	*je suis invité/e*	ich bin eingeladen
→ *passé composé*	*j'ai été*	*j'ai été invité/e*	ich bin eingeladen worden
→ *imparfait*	*j'étais*	*j'étais invité/e*	ich war eingeladen
→ Plusquamperfekt	*j'avais été*	*j'avais été invité/e*	ich war eingeladen worden
→ *futur simple*	*je serai*	*je serai invité/e*	ich werde eingeladen werden
→ *futur composé*	*je vais être*	*je vais être invité/e*	ich werde eingeladen werden
→ *conditionnel présent*	*je serais*	*je serais invité/e*	ich wäre eingeladen
→ *subjonctif présent*	*que je sois*	*que je sois invité/e*	dass ich eingeladen werde

! Das Partizip Perfekt wird an das Subjekt des Satzes angeglichen.

☺ **TIPP**

Das Passiv wird im Französischen seltener verwendet als im Deutschen. In der Alltagssprache bevorzugt man oft eine aktive Wendung mit *on*:
***On** m'a volé mon vélo.* ↔ Mein Fahrrad wurde gestohlen.

VII Der Satz

A Die Hervorhebung

Die folgenden Möglichkeiten der Hervorhebung haben im Deutschen nicht immer eine genaue Entsprechung.

→L1

1 Hervorhebung mit *c'est* + Relativpronomen

Der hervorgebone Satzteil ist in den Beispielen farbig markiert:

Funktion	Beispiel	
Subjekt	***C'est** moi **qui** décide.*	Ich bin es, der / die entscheidet.
Objekt	***C'est** une chose **qu**'on n'oublie pas.* ***C'est** une activité **que** je n'aime pas.*	Das ist etwas, das man nicht vergisst. Das ist eine Aktivität, die ich nicht mag.
Ortsangabe	***C'est** la ville **où** je suis né.*	Das ist die Stadt, in der ich geboren bin.
Zeitangabe	***C'est** le jour **où** il est arrivé.*	Das ist der Tag, an dem er angekommen ist.

! Bei dieser Wendung werden die betonten Personalpronomen verwendet (*moi, toi, lui,* etc.):
Tu as les billets ? → C'est toi qui as les billets ?

☺ **TIPP**
Die Hervorhebung mit ***c'est…*** + ***qui / que*** ist im gesprochenen Französisch sehr gebräuchlich. Merken Sie sich einfach einige Satzanfänge, um diese Struktur zu automatisieren.

2 Hervorhebung mit *ce qui / ce que …, c'est …* →L7

Ce qui und ***ce que / qu'*** stehen am Satzanfang und werden nach dem Komma mit ***c'est*** oder ***ce sont*** wieder aufgenommen.

***Ce qui** est important, **c'est** la motivation.*	Was wichtig ist, (das) ist die Motivation.
***Ce qu'elle** aimerait, **c'est** avoir un piano.*	Was sie gern hätte, (das) wäre ein Klavier.

☺ **TIPP**
Das Relativpronomen behält seine Funktion:
Ce qui hebt das Subjekt hervor (Frage: Wer? / Was?): *Ce qui me plaît, c'est…*
Ce que hebt das direkte Objekt hervor (Frage: Wen? / Was?): *Ce que j'aime, c'est…*

B Der Bedingungssatz mit *si* (wenn / falls) →L1

1 Die erfüllbare Bedingung

***Si vous adorez la mer**, vous passerez vos vacances en…*	Wenn Sie das Meer lieben, werden Sie Ihren Urlaub in … verbringen.

Ist die Bedingung im *si*-Satz erfüllbar, steht das Verb im Hauptsatz

→ im Präsens:	*Si vous n'aimez pas le poisson, je vous recommande le coq au vin.* Wenn Sie keinen Fisch mögen, bestellen Sie keine *Bouillabaisse.*
→ im Futur:	*Leur rêve **deviendra** réalité s'ils font la Bourgogne à pied.* Ihr Traum wird Wirklichkeit werden, wenn Sie durch Burgund wandern.
→ im Imperativ:	***Allez**-y vite si vous n'y êtes pas déjà allés.* Fahren Sie schnell hin, wenn Sie noch nicht dort waren!

☺ **TIPP**
Es ist eigentlich ganz einfach, nämlich genau wie im Deutschen. Zerbrechen Sie sich also nicht den Kopf darüber.

! Vor *il(s)* wird *si* zu *s'*: … *s'ils font la Bourgogne à pied.*

! Steht der *si*-Satz am Satzanfang, so wird er durch ein Komma vom Hauptsatz getrennt:
*Si vous n'aimez pas le poisson, ne **commandez** pas de bouillabaisse.*
= *Ne **commandez** pas de bouillabaisse si vous n'aimez pas le poisson.*

2 Die nicht erfüllbare Bedingung →L2

*Si **j'étais** plus jeune, **je me remettrais** à l'anglais.*
Wenn ich jünger wäre, würde ich wieder Englisch lernen.

Si / S' + ***imparfait*** ***conditionnel présent***

☺ **TIPP**
Im *si*-Satz steht niemals das *conditionnel*! Prägen Sie sich einfach einige Satzanfänge ein, wie z. B. *Si j'avais le temps…* (Wenn ich Zeit hätte …), *Si j'étais toi…* (Wenn ich du wäre …) usw.

☺ **TIPP**
„Wenn“ = *si* oder *quand*?
Können Sie das deutsche „wenn“ durch „falls“ ersetzen, so verwenden Sie im Französischen *si*. In allen anderen Fällen hat „wenn“ eine temporale Bedeutung und entspricht dann dem französischen *quand*.

→L8

C Die indirekte Rede im Präsens

Hannah annonce qu'*elle est invitée chez un ami d'enfance.*	Hannah kündigt an, dass sie bei einem Jugendfreund eingeladen ist.

Mit der indirekten Rede wird wiedergegeben, was eine andere Person bereits gesagt hat. Verben, die die indirekte Rede einleiten, sind z. B. *dire* (sagen), *annoncer* (ankündigen), *affirmer* (behaupten), *déclarer* (erklären), *répondre* (antworten).

1 Vergleich: direkte / indirekte Rede bei einleitendem Verb im Präsens

Direkte Rede	Indirekte Rede
Doppelpunkt + Anführungszeichen	Verb des Sagens + *que…*
Elle dit *: « Mon chef a une extinction de voix. »* Sie sagt: „Mein Chef hat keine Stimme mehr."	***Elle dit que*** *son chef a une extinction de voix.* Sie sagt, dass ihr Chef keine Stimme mehr habe. / ihr Chef habe keine Stimme mehr.

! Unterschiede zur indirekten Rede im Deutschen:
→ die einleitende Konjunktion *que* (dass) kann in der indirekten Rede nicht entfallen,
→ zwischen Haupt- und Nebensatz steht kein Komma,
→ im *que*-Satz steht der Indikativ (kein Konjunktiv):
*Elle dit **qu'**elle va être tatie.* Sie sagt, sie werde Tante.

! Wie im Deutschen müssen Pronomen, Begleiter, Verbformen sowie einige Zeit- und Ortsadverbien der neuen Redesituation angepasst werden. Vergleichen Sie:

Direkte Rede
*Elle dit : « **Je** viendrai **vous** voir. »*
*« Je reste **ici** encore 3 jours. »*
Sie sagt: „**Ich** werde **euch** besuchen."
„Ich bleibe noch 3 Tage **hier**."

Indirekte Rede
Elle dit qu'elle viendra nous voir.
qu'elle reste là-bas encore 3 jours.
Sie sagt, dass **sie uns** besuchen werde.
dass **sie** noch 3 Tage **dort** bleibe.

2 Die indirekte Frage

Mit der indirekten Frage wird wiedergegeben, was eine andere Person gefragt hat. Verben, die eine indirekte Frage einleiten, sind z. B. *(se) demander* (sich) fragen, *vouloir savoir* wissen wollen, *(ne pas) savoir* (nicht) wissen.

→ Frage ohne Fragewort: *si* = „ob"

direkte Frage	indirekte Frage
Elle demande : « Est-ce qu'on va me dédommager ? »	*Elle demande **si** on va la dédommager.*
Sie fragt: „Wird man mich entschädigen?"	Sie fragt, **ob** man sie entschädigen wird.

! Vor *il(s)* wird *si* zu *s'*: *Il veut savoir s'ils viennent demain.*
Er will wissen, ob sie morgen kommen.

→ Frage mit Fragewort

Die Fragewörter der direkten Frage (*où, comment, quand, pourquoi, combien, qui* usw.) werden unverändert in die indirekte Frage übernommen:

Fragewort	direkte Frage	indirekte Frage
où	*« **Où** vas-tu ? »* „Wohin gehst du?"	*Il demande **où** tu vas.* Er fragt, wohin du gehst.
pourquoi	*« **Pourquoi** est-elle partie ? »* „Warum ist sie weggegangen?"	*Il demande **pourquoi** elle est partie.* Er fragt, warum sie weggegangen ist.

Fragewort	direkte Frage	indirekte Frage
qui	*« **Qui** a téléphoné ? »* „Wer hat angerufen?"	*Il veut savoir **qui** a téléphoné.* Er will wissen, wer angerufen hat.
quand	*« Tu viens **quand** ? »* „Wann kommst du?"	*Il demande **quand** tu viens.* Er fragt, wann du kommst.

→ ***Que / Qu'est-ce que*** wird zu ***ce que / qu'***

direkte Frage	indirekte Frage
*« **Qu'est-ce que** tu fais demain ? »* „Was machst du morgen?"	*Il demande **ce que** tu fais demain.* Er fragt, was du morgen machst.
*« **Que** pense-t-il de ce livre ? »* „Was hält er von diesem Buch?"	*Il veut savoir **ce qu'il** pense de ce livre.* Er will wissen, was er von diesem Buch hält.

! Die Wortstellung in der indirekten Frage entspricht der Wortstellung im Aussagesatz: Subjekt → Verb → Ergänzungen.

VIII Wortbildung

Durch Anhängen von Präfixen oder Suffixen (Vor- oder Nachsilben) an ein Stammwort können neue Wörter gebildet werden.

grand	→ *grandeur / grandir / agrandir / grandiose / agrandissement, …*
groß	→ Größe / größer werden (wachsen) / vergrößern / großartig / Vergrößerung, …

A Präfixe (Vorsilben)

Präfixe haben eine eigene Bedeutung und verändern damit die Bedeutung eines Wortes:

Präfix	Entsprechung	Beispiel	
contre	gegen	*dire*	→ *contredire* (widersprechen)
dé- ***dés-*** (vor Vokal)	ab-, ent-, un-	*ranger* *agréable*	→ *déranger* (in Unordnung bringen, stören) → *désagréable* (unangenehm)
extra-	außer	*ordinaire*	→ *extraordinaire* (außergewöhnlich)
in- ***im-*** (vor *b / p*) ***il-*** vor *l* ***ir-*** vor *r*	un-, ir-	*dépendant* *prévu* *légal* *régulier*	→ *indépendant* (unabhängig) → *imprévu* (unvorhergesehen) → *illégal* (illegal) → *irrégulier* (unregelmäßig)
mal- ***mé-*** ***més-*** (vor Vokal)	un-, miss- (negativ)	*heureux* *content* *une aventure*	→ *malheureux* (unglücklich) → *mécontent* (unzufrieden) → *une mésaventure* (Missgeschick)
pré-	vorher-, vor-	*voir* *chauffer*	→ *prévoir* (vorhersehen) → *préchauffer* (vorheizen)
re- ***ré-*** ***r-***	wieder-, neu-	*voir* organiser *appeler*	→ revoir (wiedersehen) → réorganiser (neu organisieren) → *rappeler* (zurückrufen)

☺ **TIPP**
Wenn Sie die Bedeutung dieser Vorsilben kennen, können Sie oft die Bedeutung neuer Wörter erschließen.

B Suffixe (Nachsilben)

Suffixe verändern nicht die Bedeutung, sondern die Wortart. Aus einem Substantiv wird z. B. ein Adjektiv (*le sport* → *sportif* der Sport → sportlich) oder ein Verb (*le chant* → *chanter* der Gesang → singen).

→ Suffixe zur Bildung von Substantiven

Endung	kennzeichnet	Beispiel	
-ateur / -atrice ***-eur / -euse*** ***-ien / -ienne***	Urheber einer Handlung, Berufe	*animer* (moderieren) *danser* (tanzen) *informatique*	→ *animateur/-trice* (Moderator/in) → *danseur/-se* (Tänzer/in) → *l'informaticien/ne* (Informatiker/in)
-erie	Geschäfte, Betriebe	*le pot* (Topf)	→ *la poterie* (Töpferei)
-té	Abstrakta	*libre* (frei) *pauvre* (arm) *beau* (schön)	→ *la liberté* (Freiheit) → *la pauvreté* (Armut) → *la beauté* (Schönheit)

☺ **TIPP**
Die meisten Suffixe zur Ableitung von Substantiven geben Auskunft über das Genus des Substantivs: z. B. sind alle Substantive auf *-té* feminin. (→ *On y va ! A2*, S. 201)

→ Suffixe zur Bildung von Adjektiven

Endung	Beispiel	
-able / -ible	*supporter* *la paix*	→ *supportable* (erträglich) → *paisible* (friedlich)
-al ***-el***	*le centre* *la nature*	→ *central* (zentral) → *naturel* (natürlich)
-if	*l'action*	→ *actif* (aktiv)
-ique	*le roman*	→ *romantique* (romantisch)

☺ **TIPP**
Lernen Sie neue Wörter am besten gleich mit ihren „Familienmitgliedern". Der Aufwand ist kaum größer und Sie behalten die Wörter leichter: *beau* (schön) → *la beauté* (die Schönheit) → *embellir* (verschönern).

→L7

IX Sprachniveaus (registres de langue)

Damit die Kommunikation reibungslos verläuft, ist es nicht nur wichtig, die passenden Wörter, sondern auch das jeweils passende Sprachniveau zu wählen. Dieses variiert je nach Situation und Gesprächspartner.

A Die drei Sprachniveaus

Man unterscheidet hauptsächlich drei Sprachniveaus:
→ ***registre courant*** (Alltagssprache): Zeitung, Fernsehen, Schule, öffentliches Leben usw., gesprochen und geschrieben
→ ***registre familier*** (Umgangssprache): unter Freunden, zu Hause, vor allem gesprochen
→ ***registre soutenu / littéraire*** (gehobener Sprachgebrauch): Literatur, offizielle Reden, vor allem geschrieben

! Jedes Sprachniveau hat seine Berechtigung. Fehlerhaft und problematisch ist lediglich die Verwendung des falschen Sprachniveaus am falschen Ort.

B Merkmale der Umgangssprache

	registre courant	registre familier
→ Verneinung ***ne pas*** → ***pas***:	*Je n'aime pas ça.*	*J'aime* ***pas*** *ça.*
→ Gebrauch von ***on*** statt ***nous***:	*Nous partons demain.*	***On*** *part demain.*
→ ***tu*** wird zu ***t'***:	*Tu aimes le sport ?*	***T'****aimes le sport ?*
→ ***il y a*** wird zu ***y'a***:	*Il y a un problème.*	***Y'a*** *un problème.*
→ **Intonationsfrage**:	*Est-ce que vous venez ?*	Vous venez ?
→ Verwendung von **Abkürzungen**:	*Il est sympathique.*	*Il est* ***sympa****.*
→ umgangssprachliche Wörter und Wendungen:	*le travail, l'appartement*	*le* ***boulot****, l'****appart***
	J'en ai assez.	*J'en ai* ***ras le bol****.*

! Wird *on* in der Bedeutung von *nous* verwendet, wird das *participe passé* mit *être* angeglichen: *Paul et moi, on s'est bien amusés.* Paul und ich haben uns gut amüsiert.

C Merkmale der gehobenen Sprache

→ Inversionsfrage: *Quand* ***arrive-t-il ?***
Wann kommt er an?

→ Vollständige Verneinung: *Je* ***n'****irai* ***pas****.*
Ich werde nicht hingehen.

→ seltene Wörter und Wendungen: *C'est* ***fort*** *aimable de votre part.*
Es ist sehr freundlich von Ihnen.

→ *passé simple*: *Il se* ***leva*** *et* ***partit****.*
Er stand auf und ging.

☺ **TIPP**

Im Wörterbuch werden diese Sprachniveaus meist angegeben. Dort findet man z. B. folgende Abkürzungen: *LIT.* für literarisch *(= soutenu)* und *FAM.* für umgangssprachlich *(familier)*.

1 Avoir – Être – Aller

Diese drei Verben werden als Vollverben (mit eigener Bedeutung) oder als Hilfsverben (zur Bildung anderer Zeiten) verwendet:

Avoir (haben) und **être** (sein) dienen zur Bildung aller zusammengesetzten Zeiten der Vergangenheit:
→ *passé composé* (Perfekt)
→ *plus-que-parfait* (Plusquamperfekt)

Être dient zur Bildung aller Passivformen.

Aller (hingehen/fahren) dient zur Bildung der zusammengesetzten Zukunft (auch nahe Zukunft genannt).

Infinitif	**Présent**		**Passé composé**			**Imparfait**		**Conditionnel**		**Futur**	
avoir	j'	ai	j'	ai	eu	j'	avais	j'	aurais	j'	aurai
	tu	as	tu	as	eu	tu	avais	tu	aurais	tu	auras
	il/elle/on	a	il/elle/on	a	eu	il/elle/on	avait	il/elle/on	aurait	il/elle/on	aura
	nous	avons	nous	avons	eu	nous	avions	nous	aurions	nous	aurons
	vous	avez	vous	avez	eu	vous	aviez	vous	auriez	vous	aurez
	ils/elles	ont	ils/elles	ont	eu	ils/elles	avaient	ils/elles	auraient	ils/elles	auront

Plus-que-parfait			**Subjonctif**			**Passé simple**		**Gérondif**
j'	avais	eu	que	j'	aie	j'	eus	en ayant
tu	avais	eu	que	tu	aies	tu	eus	
il/elle/on	avait	eu	qu'	il/elle/on	ait	il/elle/on	eut	
nous	avions	eu	que	nous	ayons	nous	eûmes	
vous	aviez	eu	que	vous	ayez	vous	eûtes	
ils/elles	avaient	eu	qu'	ils/elles	aient	ils/elles	eurent	

Infinitif	**Présent**		**Passé composé**			**Imparfait**		**Conditionnel**		**Futur**	
être	je	suis	j'	ai	été	j'	étais	je	serais	je	serai
	tu	es	tu	as	été	tu	étais	tu	serais	tu	seras
	il/elle/on	est	il/elle/on	a	été	il/elle/on	était	il/elle/on	serait	il/elle/on	sera
	nous	sommes	nous	avons	été	nous	étions	nous	serions	nous	serons
	vous	êtes	vous	avez	été	vous	étiez	vous	seriez	vous	serez
	ils/elles	sont	ils/elles	ont	été	ils/elles	étaient	ils/elles	seraient	ils/elles	seront

Plus-que-parfait			**Subjonctif**			**Passé simple**		**Gérondif**
j'	avais	été	que	je	sois	je	fus	en étant
tu	avais	été	que	tu	sois	tu	fus	
il/elle/on	avait	été	qu'	il/elle/on	soit	il/elle/on	fut	
nous	avions	été	que	nous	soyons	nous	fûmes	
vous	aviez	été	que	vous	soyez	vous	fûtes	
ils/elles	avaient	été	qu'	ils/elles	soient	ils/elles	furent	

Infinitif	**Présent**		**Passé composé**			**Imparfait**		**Conditionnel**		**Futur**	
aller	je	vais	je	suis	allé(e)	j'	allais	j'	irais	j'	irai
	tu	vas	tu	es	allé(e)	tu	allais	tu	irais	tu	iras
	il/elle/on	va	il/elle/on	est	allé(e)(s)	il/elle/on	allait	il/elle/on	irait	il/elle/on	ira
	nous	allons	nous	sommes	allé(e)s	nous	allions	nous	irions	nous	irons
	vous	allez	vous	êtes	allé(e)(s)	vous	alliez	vous	iriez	vous	irez
	ils/elles	vont	ils/elles	sont	allé(e)s	ils/elles	allaient	ils/elles	iraient	ils/elles	iront

Plus-que-parfait			**Subjonctif**			**Passé simple**		**Gérondif**
j'	étais	allé(e)	que	j'	aille	j'	allai	en allant
tu	étais	allé(e)	que	tu	ailles	tu	allas	
il/elle/on	était	allé(e)(s)	qu'	il/elle/on	aille	il/elle/on	alla	
nous	étions	allé(e)s	que	nous	allions	nous	allâmes	
vous	étiez	allé(e)(s)	que	vous	alliez	vous	allâtes	
ils/elles	étaient	allé(e)s	qu'	ils/elles	aillent	ils/elles	allèrent	

2 Regelmäßige Verben

→ **Alle Verben auf *-er*** (außer *aller*) werden nach folgendem Muster konjugiert:

Infinitif	Présent		Passé composé			Imparfait		Conditionnel		Futur	
parler	je	parle	j'	ai	parlé	je	parlais	je	parlerais	je	parlerai
	tu	parles	tu	as	parlé	tu	parlais	tu	parlerais	tu	parleras
	il/elle/on	parle	il/elle/on	a	parlé	il/elle/on	parlait	il/elle/on	parlerait	il/elle/on	parlera
	nous	parlons	nous	avons	parlé	nous	parlions	nous	parlerions	nous	parlerons
	vous	parlez	vous	avez	parlé	vous	parliez	vous	parleriez	vous	parlerez
	ils/elles	parlent	ils/elles	ont	parlé	ils/elles	parlaient	ils/elles	parleraient	ils/elles	parleront

Plus-que-parfait			Subjonctif			Passé simple		Gérondif
j'	avais	parlé	que	je	parle	je	parlai	en parlant
tu	avais	parlé	que	tu	parles	tu	parlas	
il/elle/on	avait	parlé	qu'	il/elle/on	parle	il/elle/on	parla	
nous	avions	parlé	que	nous	parlions	nous	parlâmes	
vous	aviez	parlé	que	vous	parliez	vous	parlâtes	
ils/elles	avaient	parlé	qu'	ils/elles	parlent	ils/elles	parlèrent	

! Beispiele für die Konjugation regelmäßiger Verben mit orthographischen Besonderheiten finden Sie in der alphabetischen Liste.
Verben auf *-er* → *acheter, jeter, commencer, manger,* etc.
Verben auf *-ayer, -oyer und -uyer* → *essayer, nettoyer, ennuyer,* etc.

→ **Alle Verben auf *-ir* mit *-iss*-Erweiterung** werden nach folgendem Muster konjugiert: *réfléchir* (überlegen), *grandir* (größer werden), *agrandir* (vergrößern), *adoucir* (mildern) usw.

Infinitif	Présent		Passé composé			Imparfait		Conditionnel		Futur	
finir	je	finis	j'	ai	fini	je	finissais	je	finirais	je	finirai
	tu	finis	tu	as	fini	tu	finissais	tu	finirais	tu	finiras
	il/elle/on	finit	il/elle/on	a	fini	il/elle/on	finissait	il/elle/on	finirait	il/elle/on	finira
	nous	finissons	nous	avons	fini	nous	finissions	nous	finirions	nous	finirons
	vous	finissez	vous	avez	fini	vous	finissiez	vous	finiriez	vous	finirez
	ils/elles	finissent	ils/elles	ont	fini	ils/elles	finissaient	ils/elles	finiraient	ils/elles	finiront

Plus-que-parfait			Subjonctif			Passé simple		Gérondif
j'	avais	fini	que	je	finisse	je	finis	en finissant
tu	avais	fini	que	tu	finisses	tu	finis	
il/elle/on	avait	fini	qu'	il/elle/on	finisse	il/elle/on	finit	
nous	avions	fini	que	nous	finissions	nous	finîmes	
vous	aviez	fini	que	vous	finissiez	vous	finîtes	
ils/elles	avaient	fini	qu'	ils/elles	finissent	ils/elles	finirent	

! Verben auf *-ir* (ohne Stammerweiterung) wie z. B. *mentir* (lügen) oder *sentir* (fühlen, riechen) sind unregelmäßig und daher in der alphabetischen Liste aufgeführt.

→ **Viele Verben auf *-(d)re*** folgen diesem Muster: *répondre* (antworten), *attendre* (warten), *correspondre* (entsprechen), *descendre* (hinuntergehen), *dépendre de* (abhängen von), *perdre* (verlieren), *rendre* (zurückgeben), *vendre* (verkaufen) usw.

Infinitif	Présent		Passé composé			Imparfait		Conditionnel		Futur	
attendre	j'	attends	j'	ai	attendu	j'	attendais	j'	attendrais	j'	attendrai
	tu	attends	tu	as	attendu	tu	attendais	tu	attendrais	tu	attendras
	il/elle/on	attend	il/elle/on	a	attendu	il/elle/on	attendait	il/elle/on	attendrait	il/elle/on	attendra
	nous	attendons	nous	avons	attendu	nous	attendions	nous	attendrions	nous	attendrons
	vous	attendez	vous	avez	attendu	vous	attendiez	vous	attendriez	vous	attendrez
	ils/elles	attendent	ils/elles	ont	attendu	ils/elles	attendaient	ils/elles	attendraient	ils/elles	attendront

Plus-que-parfait			Subjonctif			Passé simple		Gérondif
j'	avais	attendu	que	j'	attende	j'	attendis	en attendant
tu	avais	attendu	que	tu	attendes	tu	attendis	
il/elle/on	avait	attendu	qu'	il/elle/on	attende	il/elle/on	attendit	
nous	avions	attendu	que	nous	attendions	nous	attendîmes	
vous	aviez	attendu	que	vous	attendiez	vous	attendîtes	
ils/elles	avaient	attendu	qu'	ils/elles	attendent	ils/elles	attendirent	

3 Reflexive Verben

Infinitif	Présent	Passé composé	Imparfait	Conditionnel	Futur
se laver	je me lave tu te laves il/elle/on se lave nous nous lavons vous vous lavez ils/elles se lavent	je me suis lavé(e) tu t'es lavé(e) il/elle/on s'est lavé(e)(s) nous nous sommes lavé(e)s vous vous êtes lavé(e)(s) ils/elles se sont lavé(e)s	je me lavais tu te lavais il/elle/on se lavait nous nous lavions vous vous laviez ils/elles se lavaient	je me laverais tu te laverais il/elle/on se laverait nous nous laverions vous vous laveriez ils/elles se laveraient	je me laverai tu te laveras il/elle/on se lavera nous nous laverons vous vous laverez ils/elles se laveront

Plus-que-parfait	Subjonctif	Passé simple	Gérondif
je m'étais lavé(e) tu t'étais lavé(e) il/elle/on s'était lavé(e)(s) nous nous étions lavé(e)s vous vous étiez lavé(e)(s) ils/elles s'étaient lavé(e)s	que je me lave que tu te laves qu' il/elle/on se lave que nous nous lavions que vous laviez qu' ils/elles se lavent	je me lavai tu te lavas il/elle/on se lava nous nous lavâmes vous vous lavâtes ils/elles se lavèrent	en me lavant en te lavant en se lavant en nous lavant en vous lavant en se lavant

! Alle reflexiven Verben bilden das *passé composé* und das *plus-que-parfait* mit dem Hilfsverb *être*.

4 Alphabetische Liste

Im Folgenden finden Sie die wichtigsten Verben, die Ihnen in *On y va ! A1 – On y va ! B1* begegnet sind.

→ Aus Gründen besserer Lesbarkeit werden für die 3. Person nur die maskulinen Pronomen *il/ils* angegeben.

→ Von den angegebenen Verbformen können alle weiteren Formen abgeleitet werden.

→ Bei Verben, die dasselbe Konjugationsmuster wie ein bereits bekanntes Beispielverb haben, wird auf dieses verwiesen: *appartenir* → *tenir*

Vous vous souvenez ?
Das *participe passé* wird in den zusammengesetzten Zeiten, die mit *être* gebildet werden, dem Subjekt angeglichen: ***Il*** *est* ***allé*** *en France,* ***sa sœur*** *est* ***allée*** *en Angleterre.*

! Wird das Pronomen ***on*** **in der Bedeutung von *nous*** verwendet, so wird das *participe passé* in der Regel den Personen angeglichen: *Pierre et moi,* ***on est allés*** *au cinéma hier soir.*

! Bezieht sich das Pronomen ***vous*** auf eine einzige Person, so bleibt das *participe passé* im Singular: ***Vous êtes allée*** *à Paris ce week-end,* ***madame Duteil*** ?

Infinitif	Présent	Imparfait	Conditionnel	Futur	Subjonctif
accueillir empfangen	j'accueille nous accueillons ils accueillent	j'accueillais nous accueillions ils accueillaient	j'accueillerais nous accueillerions ils accueilleraient	j'accueillerai nous accueillerons ils accueilleront	que j'accueille que nous accueillions qu'ils accueillent
	→ j'ai / j'avais accueilli		il accueillit – ils accueillirent	en accueillant	
acheter kaufen	j'achète nous achetons ils achètent	j'achetais nous achetions ils achetaient	j'achèterais nous achèterions ils achèteraient	j'achèterai nous achèterons ils achèteront	que j'achète que nous achetions qu'ils achètent
	→ j'ai / j'avais acheté		il acheta – ils achetèrent	en achetant	
apercevoir erblicken	j'aperçois nous apercevons ils aperçoivent	j'apercevais nous apercevions ils apercevaient	j'apercevrais nous apercevrions ils apercevraient	j'apercevrai nous apercevrons ils apercevront	que j'aperçoive que nous apercevions qu'ils aperçoivent
	→ j'ai / j'avais aperçu		il aperçut – ils aperçurent	en apercevant	
appartenir gehören → ***tenir***					
appeler (an)rufen	j'appelle nous appelons ils appellent	j'appelais nous appelions ils appelaient	j'appellerais nous appellerions ils appelleraient	j'appellerai nous appellerons ils appelleront	que j'appelle que nous appelions qu'ils appellent
	→ j'ai / j'avais appelé		il appela – ils appelèrent	en appelant	
apprendre lernen → ***prendre***					
appuyer drücken	j'appuie nous appuyons ils appuient	j'appuyais nous appuyions ils appuyaient	j'appuierais nous appuierions ils appuieraient	j'appuierai nous appuierons ils appuieront	que j'appuie que nous appuyions qu'ils appuient
	→ j'ai / j'avais appuyé		il appuya – ils appuyèrent	en appuyant	

Infinitif	Présent	Imparfait	Conditionnel	Futur	Subjonctif
s'asseoir sich setzen	je m'assieds / je m'assois nous nous asseyons / nous nous assoyons ils s'asseyent / ils s'assoient	je m'asseyais / je m'assoyais nous nous asseyions / nous nous assoyions ils s'asseyaient / ils s'assoyaient	je m'assiérais / je m'assoirais nous nous assiérions / nous nous assoirions ils s'assiéraient / ils s'assoiraient	je m'assiérai / je m'assoirai nous nous assiérons / nous nous assoirons ils s'assiéront / ils s'assoiront	que je m'asseye / que je m'assoie que nous nous asseyions / que nous nous assoyions qu'ils s'asseyent / qu'ils s'assoient
	→ je me suis / je m'étais assis(e)	il s'assit – ils s'assirent		en s'asseyant / en s'assoyant	
atteindre erreichen	j'atteins nous atteignons ils atteignent	j'atteignais nous atteignions ils atteignaient	j'atteindrais nous atteindrions ils atteindraient	j'atteindrai nous atteindrons ils atteindront	que j'atteigne que nous atteignions qu'ils atteignent
	→ j'ai atteint	il atteignit – ils atteignirent		en atteignant	
battre schlagen	je bats nous battons ils battent	je battais nous battions ils battaient	je battrais nous battrions ils battraient	je battrai nous battrons ils battront	que je batte que nous battions qu'ils battent
	→ j'ai / j'avais battu	il battit – ils battirent		en battant	
boire trinken	je bois nous buvons ils boivent	je buvais nous buvions ils buvaient	je boirais nous boirions ils boiraient	je boirai nous boirons ils boiront	que je boive que nous buvions qu'ils boivent
	→ j'ai / j'avais bu	il but – ils burent		en buvant	
clore schließen	je clos nous closons ils closent	(kein *imparfait*)	je clorais nous clorions ils cloraient	je clorai nous clorons ils cloront	que je close que nous closions qu'ils closent
	→ j'ai / j'avais clos	(kein *passé simple*)		en closant	
commencer beginnen	je commence nous commençons ils commencent	je commençais nous commencions ils commençaient	je commencerais nous commencerions ils commenceraient	je commencerai nous commencerons ils commenceront	que je commence que nous commencions qu'ils commencent
	→ j'ai / j'avais commencé	il commença – ils commencèrent		en commençant	
comprendre verstehen → ***prendre***					
conclure schließen, schlussfolgern	je conclus nous concluons ils concluent	je concluais nous concluions ils concluaient	je conclurais nous conclurions ils concluraient	je conclurai nous conclurons ils concluront	que je conclue que nous concluions qu'ils concluent
	→ j'ai / j'avais conclu	il conclut – ils conclurent		en concluant	
conduire fahren	je conduis nous conduisons ils conduisent	je conduisais nous conduisions ils conduisaient	je conduirais nous conduirions ils conduiraient	je conduirai nous conduirons ils conduiront	que je conduise que nous conduisions qu'ils conduisent
	→ j'ai / j'avais conduit	il conduisit – ils conduisirent		en conduisant	
connaître kennen	je connais nous connaissons ils connaissent	je connaissais nous connaissions ils connaissaient	je connaîtrais nous connaîtrions ils connaîtraient	je connaîtrai nous connaîtrons ils connaîtront	que je connaisse que nous connaissions qu'ils connaissent
	→ j'ai / j'avais connu	il connut – ils connurent		en connaissant	
construire bauen → ***conduire***					
contenir enthalten → ***tenir***					
convenir (gut) passen → ***venir***		!!! *passé composé* : j'**ai** / j'**avais** convenu			
coudre nähen	je couds nous cousons ils cousent	je cousais nous cousions ils cousaient	je coudrais nous coudrions ils coudraient	je coudrai nous coudrons ils coudront	que je couse que nous cousions qu'ils cousent
	→ j'ai / j'avais cousu	il cousit – ils cousirent		en cousant	
courir rennen	je cours nous courons ils courent	je courais nous courions ils couraient	je courrais nous courrions ils courraient	je courrai nous courrons ils courront	que je coure que nous courions qu'ils courent
	→ j'ai / j'avais couru	il courut – ils coururent		en courant	
craindre befürchten	je crains nous craignons ils craignent	je craignais nous craignions ils craignaient	je craindrais nous craindrions ils craindraient	je craindrai nous craindrons ils craindront	que je craigne que nous craignions qu'ils craignent
	→ j'ai / j'avais craint	il craignit – ils craignirent		en craignant	

Infinitif	Présent	Imparfait	Conditionnel	Futur	Subjonctif
croire glauben	je crois nous croyons ils croient	je croyais nous croyions ils croyaient	je croirais nous croirions ils croiraient	je croirai nous croirons ils croiront	que je croie que nous croyions qu'ils croient
	→ j'ai / j'avais cru	il crut – ils crurent		en croyant	
décevoir enttäuschen	je déçois nous décevons ils déçoivent	je décevais nous décevions ils décevaient	je décevrais nous décevrions ils décevraient	je décevrai nous décevrons ils décevront	que je déçoive que nous décevions qu'ils déçoivent
	→ j'ai / j'avais déçu	il déçut – ils déçurent		en décevant	
décrire beschreiben → ***écrire***					
découvrir entdecken → ***ouvrir***					
devenir werden → ***venir***					
devoir müssen, sollen	je dois nous devons ils doivent	je devais nous devions ils devaient	je devrais nous devrions ils devraient	je devrai nous devrons ils devront	que je doive que nous devions qu'ils doivent
	→ j'ai / j'avais dû	il dut – ils durent		en devant	
dire sagen	je dis nous disons ils disent	je disais nous disions ils disaient	je dirais nous dirions ils diraient	je dirai nous dirons ils diront	que je dise que nous disions qu'ils disent
	→ j'ai / j'avais dit	il dit – ils dirent		en disant	
disparaître verschwinden → ***paraître***					
dormir schlafen	je dors nous dormons ils dorment	je dormais nous dormions ils dormaient	je dormirais nous dormirions ils dormiraient	je dormirai nous dormirons ils dormiront	que je dorme que nous dormions qu'ils dorment
	→ j'ai / j'avais dormi	il dormit – ils dormirent		en dormant	
écrire schreiben	j'écris nous écrivons ils écrivent	j'écrivais nous écrivions ils écrivaient	j'écrirais nous écririons ils écriraient	j'écrirai nous écrirons ils écriront	que j'écrive que nous écrivions qu'ils écrivent
	→ j'ai / j'avais écrit	il écrivit – ils écrivirent		en écrivant	
émouvoir rühren, bewegen → ***promouvoir***					
s'endormir einschlafen → ***dormir***		!!! *passé composé* : je me suis endormi(e)			
envoyer schicken	j'envoie nous envoyons ils envoient	j'envoyais nous envoyions ils envoyaient	j'enverrais nous enverrions ils enverraient	j'enverrai nous enverrons ils enverront	que j'envoie que nous envoyions qu'ils envoient
	→ j'ai / j'avais envoyé	il envoya – ils envoyèrent		en envoyant	
essayer* versuchen	j'essaie nous essayons ils essaient	j'essayais nous essayions ils essayaient	j'essaierais nous essaierions ils essaieraient	j'essaierai nous essaierons ils essaieront	que j'essaie que nous essayions qu'ils essaient
	→ j'ai / j'avais essayé	il essaya – ils essayèrent		en essayant	
éteindre ausschalten	j'éteins nous éteignons ils éteignent	j'éteignais nous éteignions ils éteignaient	j'éteindrais nous éteindrions ils éteindraient	j'éteindrai nous éteindrons ils éteindront	que j'éteigne que nous éteignions qu'ils éteignent
	→ j'ai / j'avais éteint	il éteignit – ils éteignirent		en éteignant	
faire machen	je fais nous faisons vous faites ils font	je faisais nous faisions vous faisiez ils faisaient	je ferais nous ferions vous feriez ils feraient	je ferai nous ferons vous ferez ils feront	que je fasse que nous fassions que vous fassiez qu'ils fassent
	→ j'ai / j'avais fait	il fit – ils firent		en faisant	
falloir** müssen	il faut	il fallait	il faudrait	il faudra	qu'il faille
	→ il a / il avait fallu	il fallut		(kein *gérondif*)	
interdire verbieten → ***dire***		!!! *présent* : vous inter**disez**			

* Bei den Verben auf *-ayer* wie *essayer, payer* kann anstelle des *-i-* das *-y-* beibehalten werden:
j'essaie / j'essaye; j'essaierais / j'essayerais; j'essaierai / essayerai; que j'essaie / essaye

** *falloir* ist ein unpersönliches Verb und wird nur in Verbindung mit dem Pronomen *il* (in der Bedeutung von „es") verwendet. Dasselbe gilt für *pleuvoir*.

Infinitif	Présent	Imparfait	Conditionnel	Futur	Subjonctif
interrompre	j'interromps	j'interrompais	j'interromprais	j'interromprai	que j'interrompe
unterbrechen	nous interrompons	nous interrompions	nous interromprions	nous interromprons	que nous interrompions
	ils interrompent	ils interrompaient	ils interrompraient	ils interrompront	qu'ils interrompent
	→ j'ai / j'avais interrompu	il interrompit – ils interrompirent		en interrompant	
jeter	je jette	je jetais	je jetterais	je jetterai	que je jette
wegwerfen	nous jetons	nous jetions	nous jetterions	nous jetterons	que nous jetions
	ils jettent	ils jetaient	ils jetteraient	ils jetteront	qu'ils jettent
	→ j'ai / j'avais jeté	il jeta – ils jetèrent		en jetant	
lire	je lis	je lisais	je lirais	je lirai	que je lise
lesen	nous lisons	nous lisions	nous lirions	nous lirons	que nous lisions
	ils lisent	ils lisaient	ils liraient	ils liront	qu'ils lisent
	→ j'ai / j'avais lu	il lut – ils lurent		en lisant	
manger	je mange	je mangeais	je mangerais	je mangerai	que je mange
essen	nous mangeons	nous mangions	nous mangerions	nous mangerons	que nous mangions
	ils mangent	ils mangeaient	ils mangeraient	ils mangeront	qu'ils mangent
	→ j'ai / j'avais mangé	il mangea – ils mangèrent		en mangeant	
mentir	je mens	je mentais	je mentirais	je mentirai	que je mente
lügen	nous mentons	nous mentions	nous mentirions	nous mentirons	que nous mentions
	ils mentent	ils mentaient	ils mentiraient	ils mentiront	qu'ils mentent
	→ j'ai / j'avais menti	il mentit – ils mentirent		en mentant	
mettre	je mets	je mettais	je mettrais	je mettrai	que je mette
setzen, legen,	nous mettons	nous mettions	nous mettrions	nous mettrons	que nous mettions
stellen	ils mettent	ils mettaient	ils mettraient	ils mettront	qu'ils mettent
	→ j'ai / j'avais mis	il mit – ils mirent		en mettant	
mourir	je meurs	je mourais	je mourrais	je mourrai	que je meure
sterben	nous mourons	nous mourions	nous mourrions	nous mourrons	que nous mourions
	ils meurent	ils mouraient	ils mourraient	ils mourront	qu'ils meurent
	→ je suis / j'étais mort(e)	il mourut – ils moururent		en mourant	
naître***	je nais	je naissais	je naîtrais	je naîtrai	que je naisse
geboren	nous naissons	nous naissions	nous naîtrions	nous naîtrons	que nous naissions
werden	ils naissent	ils naissaient	ils naîtraient	ils naîtront	qu'ils naissent
	→ je suis né(e)	il naquit – ils naquirent		en naissant	
obtenir bekommen, erhalten → ***tenir***					
offrir	j'offre	j'offrais	j'offrirais	j'offrirai	que j'offre
schenken	nous offrons	nous offrions	nous offririons	nous offrirons	que nous offrions
	ils offrent	ils offraient	ils offriraient	ils offriront	qu'ils offrent
	→ j'ai / j'avais offert	il offrit – ils offrirent		en offrant	
ouvrir	j'ouvre	j'ouvrais	j'ouvrirais	j'ouvrirai	que j'ouvre
öffnen	nous ouvrons	nous ouvrions	nous ouvririons	nous ouvrirons	que nous ouvrions
	ils ouvrent	ils ouvraient	ils ouvriraient	ils ouvriront	qu'ils ouvrent
	→ j'ai / j'avais ouvert	il ouvrit – ils ouvrirent		en ouvrant	
paraître	je parais	je paraissais	je paraîtrais	je paraîtrai	que je paraisse
(er)scheinen	nous paraissons	nous paraissions	nous paraîtrions	nous paraîtrons	que nous paraissions
	ils paraissent	ils paraissaient	ils paraîtraient	ils paraîtront	qu'ils paraissent
	→ j'ai paru	il parut – ils parurent		en paraissant	
partir	je pars	je partais	je partirais	je partirai	que je parte
weggehen,	nous partons	nous partions	nous partirions	nous partirons	que nous partions
-fahren	ils partent	ils partaient	ils partiraient	ils partiront	qu'ils partent
	→ je suis / j'étais parti(e)	il partit – ils partirent		en partant	
peindre malen, streichen → ***atteindre***					
permettre erlauben, ermöglichen → ***mettre***					
plaire	je plais	je plaisais	je plairais	je plairai	que je plaise
gefallen	nous plaisons	nous plaisions	nous plairions	nous plairons	que nous plaisions
	ils plaisent	ils plaisaient	ils plairaient	ils plairont	qu'ils plaisent
	→ j'ai / j'avais plu	il plut – ils plurent		en plaisant	

*** Bei den Verben auf *-aître* wie *naître, paraître* erlauben die Empfehlungen zur Vereinfachung der Rechtsschreibung die Schreibung *-i-* ohne *accent circonflexe* vor dem *-t-*: *il/elle/on naît / nait; il/elle/on naîtrait / naitrait*

Infinitif	Présent	Imparfait	Conditionnel	Futur	Subjonctif
se plaindre sich beklagen	je me plains nous nous plaignons ils se plaignent	je me plaignais nous nous plaignions ils se plaignaient	je me plaindrais nous nous plaindrions ils se plaindraient	je me plaindrai nous nous plaindrons ils se plaindront	que je me plaigne que nous nous plaignions qu'ils se plaignent
	→ je me suis / m'étais plaint(e)	il se plaignit – ils se plaignirent		en se plaignant	
pleuvoir regnen	il pleut	il pleuvait	il pleuvrait	il pleuvra	qu'il pleuve
	→ il a plu	il plut		kein *gérondif*	
poursuivre weitersprechen, verfolgen → ***suivre***					
pouvoir können	je peux nous pouvons ils peuvent	je pouvais nous pouvions ils pouvaient	je pourrais nous pourrions ils pourraient	je pourrai nous pourrons ils pourront	que je puisse que nous puissions qu'ils puissent
	→ j'ai / j'avais pu	il put – ils purent		en pouvant	
préférer bevorzugen	je préfère nous préférons ils préfèrent	je préférais nous préférions ils préféraient	je préférerais nous préférerions ils préféreraient	je préférerai nous préférerons ils préféreront	que je préfère que nous préférions qu'ils préfèrent
	→ j'ai / j'avais préféré	il préféra – ils préférèrent		en préférant	
prendre nehmen	je prends nous prenons ils prennent	je prenais nous prenions ils prenaient	je prendrais nous prendrions ils prendraient	je prendrai nous prendrons ils prendront	que je prenne que nous prenions qu'ils prennent
	→ j'ai / j'avais pris	il prit – ils prirent		en prenant	
prescrire verschreiben → ***écrire***					
prévenir benachrichtigen → ***venir***			!!! *passé composé* : **j'ai** prévenu		
prévoir voraussehen → ***voir***			!!! *conditionnel et futur* : je pré**voirais** / je pré**voirai**		
produire herstellen, erstellen → ***conduire***					
promettre versprechen → ***mettre***					
promouvoir fördern, befördern	je promeus nous promouvons ils promeuvent	je promouvais nous promouvions ils promouvaient	je me promouvrais nous promouvrions ils promouvraient	je promouvrai nous promouvrons ils promouvront	que je promeuve que nous promouvions qu'ils promeuvent
	→ j'ai / j'avais promu	il promut – ils promurent		en promouvant	
provenir rühren von, herkommen → ***venir***					
recevoir bekommen, erhalten → ***apercevoir***					
recouvrir bedecken, zudecken → ***ouvrir***					
recueillir empfangen, aufnehmen → ***accueillir***					
rejoindre erreichen, hinkommen → ***atteindre***					
ressentir empfinden → ***sentir***					
revoir wiedersehen → ***voir***					
rire lachen	je ris nous rions ils rient	je riais nous riions ils riaient	je rirais nous ririons ils riraient	je rirai nous rirons ils riront	que je rie que nous riions qu'ils rient
	→ j'ai / j'avais ri	il rit – ils rirent		en riant	
savoir wissen	je sais nous savons ils savent	je savais nous savions ils savaient	je saurais nous saurions ils sauraient	je saurai nous saurons ils sauront	que je sache que nous sachions qu'ils sachent
	→ j'ai / j'avais su	il sut – ils surent		en sachant	
sentir fühlen, riechen	je sens nous sentons ils sentent	je sentais nous sentions ils sentaient	je sentirais nous sentirions ils sentiraient	je sentirai nous sentirons ils sentiront	que je sente que nous sentions qu'ils sentent
	→ j'ai / j'avais senti	il sentit – ils sentirent		en sentant	
servir nutzen, bedienen	je sers nous servons ils servent	je servais nous servions ils servaient	je servirais nous servirions ils serviraient	je servirai nous servirons ils serviront	que je serve que nous servions qu'ils servent
	→ j'ai / j'avais servi	il servit – ils servirent		en servant	

Infinitif	Présent	Imparfait	Conditionnel	Futur	Subjonctif
sortir ausgehen	je sors nous sortons ils sortent	je sortais nous sortions ils sortaient	je sortirais nous sortirions ils sortiraient	je sortirai nous sortirons ils sortiront	que je sorte que nous sortions qu'ils sortent
	→ je suis / j'étais sorti(e)	il sortit – ils sortirent		en sortant	
sourire lächeln → ***rire***					
soutenir behaupten → ***tenir***					
se souvenir sich erinnern → ***venir***					
suivre folgen	je suis nous suivons ils suivent	je suivais nous suivions ils suivaient	je suivrais nous suivrions ils suivraient	je suivrai nous suivrons ils suivront	que je suive que nous suivions qu'ils suivent
	→ j'ai / j'avais suivi	il suivit – ils suivirent		en suivant	
surprendre erstaunen, überraschen → ***prendre***					
se taire schweigen	je me tais nous nous taisons ils se taisent	je me taisais nous taisions ils se taisaient	je me tairais nous nous tairions ils se tairaient	je me tairai nous nous tairons ils se tairont	que je me taise que nous nous taisions qu'ils se taisent
	→ je me suis / je m'étais tu(e)	il se tut – ils se turent		en se taisant	
tenir halten	je tiens nous tenons ils tiennent	je tenais nous tenions ils tenaient	je tiendrais nous tiendrions ils tiendraient	je tiendrai nous tiendrons ils tiendront	que je tienne que nous tenions qu'ils tiennent
	→ j'ai / j'avais tenu	il tint – ils tinrent		en tenant	
traduire übersetzen → ***conduire***					
valoir wert sein	je vaux nous valons ils valent	je valais nous valions ils valaient	je vaudrais nous vaudrions ils vaudraient	je vaudrai nous vaudrons ils vaudront	que je vaille que nous valions qu'ils vaillent
	→ j'ai / j'avais valu	il valut – ils valurent		en valant	
venir kommen	je viens nous venons ils viennent	je venais nous venions ils venaient	je viendrais nous viendrions ils viendraient	je viendrai nous viendrons ils viendront	que je vienne que nous venions qu'ils viennent
	→ je suis / j'étais venu(e)	il vint – ils vinrent		en venant	
vivre leben	je vis nous vivons ils vivent	je vivais nous vivions ils vivaient	je vivrais nous vivrions ils vivraient	je vivrai nous vivrons ils vivront	que je vive que nous vivions qu'ils vivent
	→ j'ai / j'avais vécu	il vécut – ils vécurent		en vivant	
voir sehen	je vois nous voyons ils voient	je voyais nous voyions ils voyaient	je verrais nous verrions ils verraient	je verrai nous verrons ils verront	que je voie que nous voyions qu'ils voient
	→ j'ai / j'avais vu	il vit – ils virent		en voyant	
vouloir wollen	je veux nous voulons ils veulent	je voulais nous voulions ils voulaient	je voudrais nous voudrions ils voudraient	je voudrai nous voudrons ils voudront	que je veuille que nous voulions qu'ils veuillent
	→ j'ai / j'avais voulu	il voulut – ils voulurent		en voulant	

Wortschatz nach Lektionen

In dieser Liste finden Sie die Wörter und Wendungen jeder Lektion in der Reihenfolge ihres Vorkommens. Die deutsche Übersetzung gibt die Bedeutung des Begriffs im jeweiligen Kontext wieder. Die Vokabeln früherer Lektionen und die Vokabeln aus *On y va ! A1* und *A2* werden als bekannt vorausgesetzt. Sollten Sie also einmal ein Wort vermissen, ist es wahrscheinlich schon an anderer Stelle vorgekommen. Bewusst weggelassen wurden hier außerdem alle Wörter, die direkt unter den Texten und authentischen Dokumenten der Lektionen erklärt sind. Denn diese dienen v. a. dem leichteren Textverständnis und müssen nicht unbedingt gelernt werden.
Bei Substantiven (z. B. Berufsbezeichnungen) und Adjektiven sind die männliche und die weibliche Form verzeichnet, z. B.

employé/e *m/f*
déçu/e
personnel/le

die weibliche Endung wird hier an die männliche angehängt.

copain/-ine *m/f*
léger/-ère
luxueux/-se

die weibliche Endung ersetzt die männliche.

Es werden folgende Abkürzungen verwendet:

f :	feminin, weiblich
fpl :	feminin Plural
m :	maskulin, männlich
mpl :	maskulin Plural
m/f :	maskuline / feminine Form
(*fam*) :	familier (umgangssprachlich)
qc :	quelque chose (etwas)
qn :	quelqu'un (jemand)
(*vulg*) :	vulgaire (sehr niedriges Sprachniveau)
CE :	Cahier d'exercices (Arbeitsbuch)

Leçon 1	
1	
de long en large	landauf, landab
a	
connaître comme sa poche	wie seine Westentasche kennen
b	
le sable	Sand
la dune	Düne
le pin	Kiefer, Pinie
la Corse	Korsika
la neige	Schnee
les Vosges *fpl*	Vogesen
La Marseillaise	*französische Nationalhymne*
la patrie	Vaterland
la bouillabaisse	*Fischsuppe aus der Provence*
le cassoulet	*Bohneneintopf aus Südfrankreich*
imposant/e	beeindruckend
prétentieux/-se	überheblich
l'art *m* roman	romanische Kunst
paisible	friedlich
le rêve	Traum
la réalité	Wirklichkeit
la Bourgogne	Burgund
fleurir	blühen, erblühen
cosmopolite	kosmopolitisch
vivant/e	lebendig
le Gabon	Gabun
l'Afrique *f* du Sud	Südafrika
c	
précédent/e	vorhergehend
collectif/-ve	gemeinsam
2a	
l'île *f*	Insel
projeter	planen, vorhaben
la Sicile	Sizilien
la Sardaigne	Sardinien
Chypre	Zypern
natal/e	Geburts-...
formé/e de	gebildet aus
dont	dessen, deren
le sommet	Gipfel
le centre économique	Wirtschaftszentrum
le port	Hafen
coloré/e	farbig, bunt
la crique	kleine Bucht
la falaise	Steilküste
pousser	wachsen
la rivière	Fluss
le dialecte	Dialekt
la violence	Gewalt
le statut administratif	Verwaltungsstatus
ethnique	ethnisch
tropical/e	tropisch
humide	feucht
la monnaie	*hier:* Währung
l'océan *m* Indien	Indischer Ozean
le département d'outre-mer	Überseedepartement
la trentaine	ca. dreißig
être entouré/e de	umgeben sein von
le lagon	Lagune
sec/sèche	trocken
le/la Mahorais/e	*Einwohner von Mayotte*
l'Indien/ne *m/f*	Inder/in
le/la Noir africain/e	Schwarzafrikaner/in

le/la Malgache	Madagasse/-in
le/la Métis/se	Mischling
musulman/e	muslimisch
dominant/e	Haupt-...
le droit	Recht
islamique	islamisch
cohabiter	*hier:* nebeneinander existieren
la faune	Fauna, Tierwelt
la flore	Flora, Pflanzenwelt
turquoise	türkis
la vanille	Vanilleschote
l'agriculture *f*	Landwirtschaft
l'aquaculture *f*	*hier:* Fischzucht
le secteur	Sektor, Bereich
se développer	sich entwickeln
le moustique	Moskito
la piqûre	*hier:* Stich
transmettre	übertragen
3	
francophile	frankophil
a	
l'art *m* de vivre	Lebenskunst
l'élégance *f*	Eleganz
c	
exprimer	ausdrücken
l'accord *m*	Einverständnis
le désaccord	Missbilligung
nuancer	nuancieren
entièrement	ganz, völlig
d	
le portrait chinois	*Spiel, bei dem Personen verschiedene Gegenstände / Begriffe zugeordnet werden*
le poète/la poétesse	Dichter/in
la qualité	*hier:* gute Eigenschaft
le défaut	Fehler
e	
le cliché	Klischee
dangereux/-se	gefährlich
correspondre	entsprechen

Info-zapping

polyglotte	polyglott, mehrsprachig
a	
la Constitution	Verfassung
le breton	Bretonisch (*Sprache*)
le corse	Korsisch (*Sprache*)
le catalan	Katalanisch (*Sprache*)
l'occitan *m*	Okzitanisch (*Sprache*)
l' alsacien *m*	Elsässisch (*Sprache*)
le basque	Baskisch (*Sprache*)
refuser	ablehnen
signer	unterschreiben
la Charte européenne	europäische Charta
la langue minoritaire	Minderheitensprache
la langue régionale	Regionalsprache
facultatif/-ve	fakultativ
b	
apparenté/e	verwandt
nulle part	nirgendwo
l'Irlande *f*	Irland
e	
l'avantage *m*	Vorteil
l'inconvénient *m*	Nachteil
promouvoir	fördern

Objectif *Profession*

a	
la page d'accueil	Webseite, Homepage
l'effectif *m*	Belegschaft
la dégustation	Kostprobe
b	
la création	*hier:* Gründung
le/la fondateur/-trice	Gründer/in
alimentaire	Ernährungs-...
cosmétique	kosmetisch
textile	textil
le lieu d'implantation	Standort
la chambre des métiers	Handwerkskammer
la fabrication	Herstellung
la gelée	Gelee
selon	nach, je nach
perpétuer	*hier:* weitergeben
uniquement	ausschließlich
le gélifiant	Geliermittel
le conservateur	Konservierungsstoff
à temps complet	ganztags
le local / les locaux	Räumlichkeit/en
la colonie de vacances	Ferienlager
les travaux *mpl* de rénovation	Renovierungsarbeiten
la mise aux normes	Anpassung an die Norm
le réfectoire	Speisesaal
la cuisson ← cuire	Kochen ← kochen
faire place à	weichen
le dortoir	Schlafsaal
être décloisonné/e	*hier:* Trennwände wurden entfernt
afin de	um ... zu
le stockage	Lagerung
l'infirmerie *f*	Krankenstation
inclus/e	inbegriffen
le jour de repos	Ruhetag

CE

6a	
le dépanneur	Pannendienst
b	
la diversité	Vielfalt
la richesse	Reichtum
admirer	bewundern
l'oiseau *m* aquatique	Wasservogel
le chemin de halage	Treidelweg
la montée	Steigung
11	
le Français moyen	Durchschnittsfranzose
a	
M. Tout-le-monde	Otto Normalverbraucher
l'emploi *m* stable	feste (Arbeits-)Stelle
le parc de loisirs	Freizeitpark
dépenser	ausgeben
en tant qu'individu	als Individuum
faire le portrait	das Portrait zeichnen, schildern
l'époux/-se *m/f*	Gemahl/in
le cadre moyen	mittlere Führungskraft
l'administration *f*	Verwaltung
ce qui n'était pas le cas	was nicht der Fall war
s'adapter	sich anpassen
le système de management	Management
individualiste	individualistisch
alors que	während (*adversativ*)
le pavillon	Einfamilienhaus
le repas	Mahlzeit

recyclé/e	wiederverwertet

Clin d'œil

le coq	Hahn
l'emblème *m*	Emblem
la merde *(vulg)*	Scheiße

Leçon 2

1a	
la poterie	Töpfern
le vélo d'acrobatie	Einrad
piloter	steuern
l'hélicoptère *m*	Hubschrauber
la calligraphie	Kalligrafie
se taire	schweigen
repasser	*hier:* bügeln
b	
la patience	Geduld
c	
l'apprentissage *m*	*hier:* Lernen
le tricot	Stricken
d	
indispensable	unbedingt notwendig
passé/e de mode	aus der Mode gekommen
le sens de l'équilibre	Gleichgewichtssinn
l'équilibre *m*	Gleichgewicht
coupable	schuldig
la couverture	Decke
le manque de	Fehlen an
être dans l'air du temps	*hier:* zeitgemäß sein
valoir la peine	sich lohnen
tomber sur qc/qn	zufällig auf etwas / jdn stoßen
s'affirmer	sich behaupten
la timidité	Schüchternheit
le truc	*hier:* Tipp
mettre en pratique	in die Praxis umsetzen
immédiatement	sofort
décider	entscheiden
culpabiliser	sich schuldig fühlen
2	
le troc de compétences	*hier:* Tausch von Dienstleistungen
a	
l'électricité *f*	*hier:* Strominstallation
l'inscription *f*	Anmeldung
l'as *m*	Ass
coudre	nähen
en échange	als Gegenleistung
la clarinette	Klarinette
se remettre à	wieder anfangen
b	
Si j'étais toi...	Wenn ich du wäre ...
le courage	Mut
c	
l'étonnement *m*	Staunen, Verwunderung
Quelle drôle d'idée !	Was für eine merkwürdige Idee!
surprendre	überraschen
Sans blague !	Im Ernst!
T'es pas sérieux !	Das ist nicht dein Ernst!
étonnant/e	erstaunlich, verwunderlich
J'ai du mal à y croire.	Ich kann es kaum glauben.
d	
manifester	*hier:* ausdrücken, zeigen
Si c'était à refaire...	Wenn ich nochmal von vorne anfangen könnte ...
e	
se mettre à	anfangen mit
propre	*hier:* eigen
le service	Dienstleistung
le repassage	Bügeln
la coupe	*hier:* Haarschnitt
la coloration	(Haar-)Tönung
l'installation *f*	*hier:* Anbringen, Montieren
la paire	Paar
le volet	Fensterladen
accorder	*hier:* stimmen
la nounou	Tagesmutter
l'initiation *f*	Einführung
la peinture	Malen
3b	
ainsi	so
une vague déferle	eine Welle schwappt über auf
la Grande-Bretagne	Großbritannien
l'établissement *m* scolaire	Schule
sembler	scheinen
être prêt/e	bereit sein
scolaire	Schul-..., schulisch
ordinaire	gewöhnlich
de la même façon	auf die gleiche Art
définir	definieren
la certitude	Gewissheit
l'aptitude *f*	Fähigkeit
provenir de	von etw. kommen
la base génétique	genetische Veranlagung
le restant	Restliches, Verbleibendes
l'effort *m*	Bemühung
agir	*hier:* wirken
l'adepte *m/f*	Anhänger/in
se prendre au sérieux	sich ernst nehmen
relativiser	relativieren
la critique	Kritik
se débarrasser de qc	etw. loswerden
le sentiment	Gefühl
la haine	Hass
la colère	Wut
l'envie *f*	*hier:* Neid
la frustration	Frust
l'insatisfaction *f*	Unzufriedenheit
fixer	*hier:* bestimmen
avoir les moyens de	es sich leisten können
le malheur	Unglück

Info-zapping

a	
repérer	*hier:* herausfinden
l'enseignement *m* élémentaire	Elementarstufe
l'enseignement *m* secondaire	Sekundarstufe
l'école *f* maternelle	Vorschule
la petite section	erste Klasse Vorschule
la moyenne section	zweite Klasse Vorschule
la grande section	dritte Klasse Vorschule
l'école *f* primaire	Grundschule
le CP (cours préparatoire)	erste Klasse (Grundschule)
le CE1 (cours élémentaire 1)	zweite Klasse (Grundschule)
le CE2 (cours élémentaire 2)	dritte Klasse (Grundschule)
le CM1 (cours moyen 1)	vierte Klasse (Grundschule)
le CM2 (cours moyen 2)	fünfte Klasse (Grundschule)
la sixième	sechste Klasse (1. Klasse Realschule / Gymnasium)
la cinquième	siebte Klasse

la quatrième	achte Klasse
la troisième	neunte Klasse
le Brevet des collèges	*etwa:* Realschulabschluss
la seconde	zehnte Klasse
la première	elfte Klasse
la terminale	zwölfte Klasse, Abiturklasse
b	
être obligatoire	obligatorisch, Pflicht sein
d	
l'évaluation *f*	Evaluation, Bewertung
précis/e	präzise
la Finlande	Finnland
être évalué/e	evaluiert / benotet werden
le redoublement	Sitzenbleiben, Wiederholen einer Klasse
être valorisé/e	*hier:* anerkannt werden
finlandais/e	finnisch
l'instruction *f*	die (schulische) Bildung
l'établissement *m* pub ic	öffentliche Einrichtung
estimer à	schätzen auf
instruit/e	*hier:* unterrichtet

Objectif *Profession*

l'entretien *m* d'embauche	Bewerbungsgespräch
a	
le point fort	Stärke
le point faible	Schwachpunkt, Schwäche
réussir	erfolgreich sein
mobile	örtlich flexibel
postuler	sich bewerben
le projet	*hier:* Plan
à long terme	langfristig
le télétravail	Telearbeit
contacter	kontaktieren
prochainement	demnächst
b	
le poste	Arbeitsstelle
couramment	fließend
avoir le sens du contact	kontaktfreudig sein
l'esprit *m* d'initiative	die Initiative ergreifend
la curiosité	Neugierde

CE

5	
l'œnologie *f*	Önologie, Lehre vom Wein(bau)
6	
pur/e	rein
a	
auditif/-ve	Hör-...
tactile	haptisch
communicatif/-ve	kommunikativ
visuel/le	visuell
à haute voix	laut
plein de *(fam)*	viele, eine Menge
par cœur	auswendig
le fond musical	musikalischer Hintergrund
retenir	behalten, sich merken
bouger	sich bewegen
l' expérience *f*	*hier:* Experiment
le mode d'emploi	Gebrauchsanweisung
le cours magistral	Vorlesung
Très peu pour moi.	*etwa:* Danke, nicht für mich.
11	
le latin	Latein

Clin d'œil

servir	servieren
le poison	Gift

Leçon 3

le/la citadin/e	Stadtbewohner/in
envisager	*hier:* vorhaben
1a	
klaxonner	hupen
le commérage	Gerede, Geschwätz
perpétuel/le	ständig, dauernd
l'entraide *f*	Hilfe, Unterstützung
chaleureux/-se	herzlich
déprimant/e	deprimierend
oisif/-ve	müßig, nichtstuend
à la mode	modisch
le va-et-vient	Kommen und Gehen
supportable	erträglich
la dose	Dosis
la ferme	Bauernhof
la baie vitrée	großes Fenster
bourgeois/e	bürgerlich
b	
permettre	*hier:* ermöglichen
additionner	addieren
à l'aide de	mithilfe von
le rat	Ratte
certainement	sicherlich
se balader *(fam)*	spazieren gehen
tranquillement	ruhig, in aller Ruhe
le caméléon	Chamäleon
être à l'aise	sich wohlfühlen
apparemment	anscheinend
nettement	*hier:* deutlich
le champ	das Feld
à tout prix	unbedingt, um jeden Preis
lentement	langsam
tellement	so viel
actuellement	zurzeit
c	
se plaindre	sich beschweren
constamment	dauernd, ständig
la pollution	Umweltverschmutzung
relativement	ziemlich
accommodant/e	umgänglich
prendre l'air	frische Luft schnappen
régulièrement	regelmäßig
d	
le/la pantouflard/e	Stubenhocker/in
le/la modéré/e	Gemäßigte/r
l'aventurier/-ière *m/f*	Abenteurer/in
2	
l'agriculteur/-trice *m/f*	Landwirt/in
a	
la pêche à la ligne	Angeln
b	
s'entasser	sich zusammendrängen
avoir la folie de	verrückt sein nach
c	
s'envoyer en l'air	*etwa:* „in den siebten Himmel" fliegen
l'espace *m*	Weltraum
le bol d'air	etwas frische Luft
la colline	Hügel

la raison	*hier:* Vernunft
pauvre	arm
l'âme *f*	Seele
d	
au contraire	im Gegenteil
f	
l'objection *f*	Einwand
3a	
s'expatrier	auswandern
c	
passer le bac	Abi machen
rêver de	träumen von
d	
à vrai dire	eigentlich
f	
la Norvège	Norwegen
au départ = au début	am Anfang
différent/e	anders
l'erreur *f*	Fehler, Irrtum
se sentir	sich fühlen
intégré/e	integriert
manquer	fehlen
enrichissant	bereichernd
la vision	Sichtweise, Blick
s'imaginer	sich vorstellen
angoisser	in Angst versetzen
le besoin vital	lebensnotwendiges Bedürfnis
l'Inde *f*	Indien
tant de	so viel/e
le souci	Sorge

Grammaire

constant/e	ständig, konstant
apparent/e	offensichtlich
patient/e	geduldig

Info-zapping

b	
bouger	*hier:* in Bewegung sein
mener la vie de château	wie ein Schlossherr leben
outre Manche	jenseits des Ärmelkanals
britannique	britisch
détrôner	*hier:* verdrängen, vom Thron stoßen
faire la navette	pendeln
la demeure	Haus, Wohnsitz
la résidence secondaire	zweiter Wohnsitz
la chute de la livre	Sturz des (britischen) Pfundes
la suppression d'emploi	Stellenabbau
la finance	Finanzwelt
affecter	*hier:* sich negativ auswirken
le niveau de vie	Lebensstandard
le/la citoyen/ne	Bürger/in
sous nos cieux ← le ciel	*hier:* hierzulande
l'expatrié/e *m/f*	Auswanderer/-in
le pouvoir d'achat	Kaufkraft
d	
comparable	vergleichbar

Objectif *Profession*

a	
compatible	kompatibel, geeignet
le/la traducteur/-trice	Übersetzer/in
le/la graphiste	Grafiker/in
le/la comptable	Buchhalter/in
b	
la Commission Européenne	Europäische Kommission
c	
le réseau informatique	*hier:* Intranet
l'horaire *m* souple	Gleitzeit
solitaire	einsam
la traduction	Übersetzen
traduire	übersetzen
la correction	Verbesserung, Korrektur
le matériel	Material
bavarder	plaudern
les déplacements *mpl* quotidiens	die täglichen Fahrten
d	
dominer	überwiegen

CE

10	
déterminé/e	entschlossen
bref/brève	kurz
approximatif/-ve	vage, approximativ
prononcer	aussprechen
la bonne volonté	guter Willen
se résumer	sich zusammenfassen lassen
malgré	trotz
le sommeil	Schlaf
gelé/e	eisig
plein/e de ressources	voller Initiative, belastbar
b	
le journal intime	Tagebuch
11	
prêter	*hier:* ausleihen

Clin d'œil

construire	bauen

Leçon 4

1	
le signe	Zeichen
a	
désenchanté/e	desillusioniert
la Seconde Guerre Mondiale	Zweiter Weltkrieg
la zone libre	unbesetzte Zone
les Trente Glorieuses	die 30 „goldenen" Nachkriegsjahre
le ticket de rationnement	Essensmarke
la chute du mur	Mauerfall
l'arrière-petit-enfant *m*	Urenkel
insouciant/e	unbekümmert
pratiquement	praktisch
le plein emploi	Vollbeschäftigung
l'augmentation *f* de salaire	Gehaltserhöhung
le camp	Lager
la libération sexuelle	sexuelle Revolution
le sida	AIDS
le/la soixante-huitard/e	Achtundsechziger/in
confortable	*hier:* gesichert
la planète	Planet
l'ascenseur *m* social	sozialer Aufstieg
appartenir à	gehören zu
précaire	ungewiss, prekär
incertain/e	unsicher
la caisse de retraite	Rentenkasse
l'écologie *f*	Umweltschutz
diplômé/e	diplomiert, Diplom-...
la mobilité	Mobilität
la polyvalence	Vielseitigkeit
la limite → sans limites	Grenze → grenzenlos

b	
la nouveauté	Neuerung
c	
l'évolution *f*	Entwicklung
d	
d'après vous	Ihrer Meinung nach
le sujet	Thema
la fréquentation	*hier:* Freundeskreis, Umgang
la participation	Beteiligung
la tâche ménagère	Arbeit im Haushalt
la politesse	Höflichkeit
e	
relatif/-ve à	betreffend
le facteur	*hier:* Faktor
le rangement	Aufräumen
solidaire	solidarisch
dialoguer	sprechen mit
tabou	Tabu-...
aborder	ansprechen
la sexualité	Sexualität
la vie affective	Gefühlsleben
le recours	Ausweg, Rettung
privilegié/e	*hier:* bevorzugt
déclarer	erklären
se tourner vers	sich wenden an
le soutien	Unterstützung
demeurer	bleiben
la relation étroite	enge Beziehung
la difficulté	Schwierigkeit
f	
faire appel à	sich wenden an
en cas de	im Falle
la structure	Struktur
rassurant/e	beruhigend
g	
passer	*hier:* passen
obsédé/e	besessen
être sur le dos de qn	jdm im Nacken sitzen
2a	
exiger	verlangen, fordern
c	
les affaires	*hier:* Sachen
d	
l'agacement *m*	Gereiztheit
l'impatience *f*	Ungeduld
en avoir ras-le-bol	die Nase voll haben
promis ← promettre	versprochen ← versprechen
s'énerver → énervant	sich aufregen → nervig, entnervend
le drame	Drama
e	
paresseux/-se	faul
l'excuse *f*	*hier:* Ausrede
pénible	anstrengend
3	
le toit	Dach
a	
la colocation	Wohngemeinschaft
intergénérationnel/le	Mehrgenerationen-...
rendre plus agréable	angenehmer machen
la tâche domestique	Hausarbeit
tisser des liens	Verbindungen knüpfen
se loger	unterkommen, eine Wohnung finden
agrémenter	verschönern

le vécu	Erlebtes
b	
faire des économies	sparen
novateur/-trice	innovativ
se développer	sich entwickeln
spacieux/-ieuse	geräumig
effectuer	ausführen
rendre un service à qn	jdm einen Dienst erweisen
le concept	Konzept
digne d'intérêt	beachtenswert
le logis	Wohnmöglichkeit, Unterkunft
g	
tenir compagnie	Gesellschaft leisten

Info-zapping

a	
la légalisation	Legalisierung
la pilule	(Antibaby-)Pille
voter	wählen
la parité	Parität, Gleichheit
l'élection *f*	Wahl
l'égalité *f*	Gleichheit
l'autorisation *f*	Genehmigung
l'avortement *m*	Abtreibung
la loi	Gesetz
b	
le sexe	Geschlecht
réservé/e aux hommes	den Männern vorbehalten
le chef d'orchestre	Dirigent/in
le/la maçon/ne	Maurer/in
usité/e	gebräuchlich
être habilité/e	ermächtigt sein
l'obtention *f*	Erhalt
c	
la Déclaration des droits de l'homme et du citoyen	Erklärung der Menschenrechte
égaux en droits	gleichberechtigt
illustré/e	illustriert
le registre de langue	Sprachniveau

Objectif *Profession*

convoquer	*hier:* bestellen, kommen lassen
le/la collaborateur/-trice	Mitarbeiter/in
mettre au point	ausarbeiten
répartir	verteilen
a	
la table ronde	runder Tisch
l'envoi *m*	Abschicken, Verschicken
b	
la mission	Aufgabe
c	
être réuni/e	versammelt sein
d	
clore	schließen, beenden

CE

1	
apparu/e ← apparaître	erschienen ← erscheinen
4	
passionnant/e	faszinierend
la troupe de théâtre	Theaterensemble
monter une pièce de théâtre	ein Theaterstück inszenieren
sortir un titre	*hier:* ein Lied herausbringen
abandonner	aufgeben
le récital	Konzert, Liederabend

opérer → l'opération *f*	operieren → Operation
le cancer du poumon	Lungenkrebs
se retirer	sich zurückziehen
composer	komponieren
le cabaret	Nachtlokal, Kleinkunstbühne
signer	unterschreiben
provincial/e	provinziell
lourd/e	schwerfällig, plump
être élu/e	gewählt werden
réaliser (un film)	drehen
le tournage	Dreharbeiten
le/la comédien/ne	(Theater-)Schauspieler/in
le triomphe	Triumph
8	
prudent/e	vorsichtig
le requin	der Hai(fisch)
10	
tout confort	mit allen Annehmlichkeiten
11	
se produire	sich ereignen
la poule	Huhn
il y a belle lurette *(fam)*	schon seit ewigen Zeiten
Clin d'œil	
les mauvaises manières	schlechtes Benehmen
se moquer de	sich lustig machen über
le respect	Respekt
le tyran	Tyrann

Leçon 5

1b	
l'incident *m*	Zwischenfall
c	
tomber	hinfallen, stürzen
paniquer	in Panik geraten
le SAMU (service d'aide médicale urgente)	Rettungsdienst
le regard	Blick
se relever	wieder aufstehen
l'ambulance *f*	Krankenwagen
d	
envelopper	einpacken
subitement	plötzlich
en même temps que	in dem Moment, als
rouler	rollen
s'abîmer	*hier:* welken
évidemment	natürlich, sicher
comment s'y prendre	*hier:* wie sie sich verhalten soll
par quel bout commencer	*hier:* womit sie anfangen soll
e	
le scénario	Drehbuch
les petites gens	die kleinen Leute
l'armée *f*	Armee
la bourgeoisie	Bürgertum
mélancolique	melancholisch
humain/e	menschlich
paraître	scheinen
f	
le déroulement	Ablauf
premièrement	erstens
deuxièmement	zweitens
pour finir	zum Schluss
2	
consommer	verbrauchen, konsumieren
a	
le comportement	Verhalten
l'offre *f* promotionnelle	Sonderangebot
le hard discount	Discounter
les soldes	Schlussverkauf
la bonne affaire	Schnäppchen
dépensier/-ière	verschwenderisch
d	
la galerie marchande	Einkaufspassage
habituel/le	gewöhnlich
se servir	*hier:* sich bedienen
le distributeur automatique	(Verkaufs-)Automat
le téléachat	Teleshopping
le passe-temps	Zeitvertreib
f	
la fermeture	Schließung
l'ouverture *f*	Öffnung
la grande surface	Einkaufszentrum
interrompre	unterbrechen
attentivement	aufmerksam
g	
signaler	signalisieren
le désintérêt	Desinteresse
3a	
le principe	Prinzip
le locavore	*Person, die nur Produkte aus der Region isst*
le chouchou (*fam*)	Liebling
se nourrir	sich ernähren
l'exploitation *f*	Betrieb
le terroir	Gegend, Landstrich
b	
le budget	Budget, Haushalt
l'alimentation *f*	Nahrung, Ernährung
la crise	Krise
sain/e	gesund, gut für die Gesundheit
autant de	genauso viel
ça y est	jetzt ist es soweit
en l'espace de	innerhalb von
assister	miterleben
l'espèce *f*	Art
le gastronome	Gastronom
s'alimenter	sich ernähren
exclusivement	ausschließlich
réduire	reduzieren, senken
la dépense	Ausgabe
relancer	(wieder) aufleben lassen
le débat	Debatte, Diskussion
lancer	*hier:* eröffnen, anstoßen
d	
l'importation *f*	Import
e	
l'ingrédient *m*	Zutat
la courgette	Zucchini
un filet de	*hier:* Schuss
une poignée de	Handvoll
le basilic	Basilikum
l'ail *m*	Knoblauch
huiler	einfetten
le moule	(Back-)Form
tapisser	auslegen
le fond	Boden
le bord	Rand
la rondelle	Scheibe

faire revenir	andünsten
la poêle	die Pfanne
éplucher	schälen
faire cuire	kochen
faire cuire à la vapeur	über Dampf garen
passer au mixeur	mit dem Mixer pürieren
le bain-marie	Wasserbad
le four	Backofen
à four moyen	bei mittlerer Hitze
être tendance	trendy sein
moyen/ne	*hier:* mittelgroß
décortiquer	schälen
l'avocat *m*	Avokado
la coriandre	Koriander
mélanger	mischen
hacher → haché/e	hacken → gehackt
déposer	legen
le tarama	*Paste aus Fischrogen*
le triangle	Dreieck
le pain grillé	getoastetes Brot
h	
la suggestion	Vorschlag

Info-zapping

a	
l'invention *f*	Erfindung
la boîte de conserve	Konservendose
le moulin à légumes	Passiersieb
le sac à dos	Rucksack
la bouteille thermos	Thermosflasche
l'armature *f*	Gestell
c	
le potage	Gemüsesuppe
alléger	leichter machen
le format	Format

Objectif *Profession*

b	
le service après-vente	Kundendienst
sans arrêt	ständig
prêter	leihen
la facture	Rechnung
le ticket de caisse	Kassenbon
d	
le trou	Loch

CE

5	
la pub *(fam)* (publicité)	Werbung
a	
le spot	Werbespot
la répétition	Wiederholung
zapper	zappen
6	
la carte de fidélité	Kundenkarte
l'hypermarché *m*	großer Supermarkt
a	
pousser à	treiben
le bon d'achat	Gutschein
valable	gültig
complexe	komplex
la simplicité	Einfachheit
inciter	verführen
le concurrent	Konkurrent
en promotion	im Angebot
jamais, au grand jamais	nie und niemals
dépasser la date	das Datum überschreiten
le bénéfice	*hier:* Vorteil
8	
la pâte brisée	Mürbeteig
piquer	einstechen
la lamelle	dünner Streifen
harmonieusement	*hier:* regelmäßig
saupoudrer	bestreuen
11	
brûler	(ver)brennen

Leçon 6

1a	
la fidélité	Treue
la jalousie	Eifersucht
essentiel/le	wesentlich
l'affinité *f*	Affinität, Wesensverwandschaft
se confier	sich anvertrauen
précieux/-se	wertvoll
la dispute	Streit
la rivalité	Rivalität
l'intimité *f*	Vertrautheit
se réconcilier	sich versöhnen
exclure	ausschließen
b	
inséparable	unzertrennlich
adorable	süß, liebenswürdig
conformiste	konformistisch
méchant/e	böse
hypocrite	heuchlerisch
fantaisiste	originell
constant/e	beständig
d	
se séparer	sich trennen
la décision	Entscheidung
définitif/-ve	endgültig
provisoire	vorübergehend
e	
se taire	schweigen
regrettable	bedauerlich, schade
il vaut mieux	es ist besser
Quel dommage !	Wie schade!
revenir sur sa décision	seinen Entschluss überdenken, revidieren
douter	bezweifeln
faire de la peine	traurig machen
g	
en soi	in sich
le/la conseiller/-ère	Berater/in
excepté	bis auf, außer
le courage	Mut
prendre garde à	sich in Acht nehmen vor
le vice	Laster
la honte	Scham
la misère	Elend
2a	
la séquence	Abschnitt
b	
l'adolescent/e *m/f*	Heranwachsende/r
passionnément	leidenschaftlich
en secret	heimlich
se tuer	*hier:* sich umbringen
l'épée *f*	Schwert

le/la bien-aimé/e	Geliebte/r
défaire	*hier:* wieder auftrennen
la tapisserie	*hier:* Webtuch
uni/e	vereint
les amants *mpl*	Liebende
la balle	Kugel
inspirer	inspirieren
le/la réalisateur/-trice	*hier:* Filmregisseur/in
le pacte d'amour	Liebespakt
détourner de	abbringen von
le/la sculpteur/-trice	Bildhauer/in
se résoudre	sich entschließen
se remettre de	sich erholen von
la rupture	Bruch
l'asile *m* psychiatrique	psychiatrische Anstalt
le prince / la princesse	Prinz / Prinzessin
tomber amoureux/-se	sich verlieben
le coup de foudre	Liebe auf den ersten Blick
porter plainte	Anzeige erstatten
le détournement de mineur	Verführung Minderjähriger
être condamné/e à	verurteilt werden zu
la prison	Gefängnis
avec sursis	auf Bewährung
se suicider	Selbstmord begehen
c	
émouvoir	bewegen, rühren
bouleversant/e	erschütternd
d	
réel/le	real
imaginaire	imaginär
3a	
à travers	*hier:* über, mithilfe von
b	
faire un don	spenden
handicapé/e	behindert
être hospitalisé/e	im Krankenhaus liegen
la sensibilité	Sensibilität
la souffrance	Schmerz, Leid
sûrement	sicherlich
le Secours Populaire	*französische Wohltätigkeits-organisation*
échapper à	entkommen, verschont bleiben
le diabète	Diabetes
toucher	betreffen
agir	handeln
la recherche	Forschung
le financement	Finanzierung
l'effort *m*	Bemühung, Anstrengung
le/la chercheur/-se	Forscher/in
la solitude	Einsamkeit
isolé/e	einsam, isoliert
contribuer à	beitragen zu
le chèque	Scheck
la bête	Tier
nettoyer	reinigen, putzen
la cage	Käfig
adopter	*hier:* adoptieren
c	
soutenir	unterstützen
augmenter	zunehmen

Info-zapping

a	
le handicap	Behinderung
moteur	Bewegungs-..., motorisch
mental	geistig
b	
la désignation	Bezeichnung
l'équipement *m*	Ausstattung
la séance spéciale	Sondervorstellung
le/la malvoyant/e	Sehbehinderte/r
le/la malentendant/e	Hörbehinderte/r
l'intégration *f*	Integration
particulièrement	besonders
dans cet esprit	in diesem Sinne
le/la spectateur/-trice	Zuschauer/in
adapté/e	angepasst
la personne à mobilité réduite	Gehbehinderte/r
équipé/e	ausgestattet
disposer	verfügen
projeter	vorführen
diffuser	ausstrahlen, übertragen
sourd/e	taub
non-voyant/e	blind
c	
le label	Logo, (Güte-)Siegel
atteint/e de	betroffen von

Objectif *Profession*

b	
gêner	stören
l'entente *f*	*hier:* Stimmung
circuler	*hier:* weitergegeben werden
consciencieux/-se	gewissenhaft
efficace	effektiv
tendu/e	gespannt
encourager	ermutigen
féliciter	gratulieren
piquer *(fam)*	klauen
c	
aller droit au but	zielstrebig sein
le défi	Herausforderung
l'émotion *f*	Gefühl
supporter	ertragen
compréhensif/-ve	verständnisvoll
éviter	vermeiden
capable de	fähig
accorder de l'importance	wichtig finden
désordonné/e	unordentlich
le réseau social	soziales Netz
d	
l'étude *f* de marché	Marktanalyse
la comptabilité	Buchhaltung

CE

1	
blanc comme un linge	*etwa:* weiß wie die Wand
2a	
d'avant	von früher
les retrouvailles *fpl*	Wiedersehen
relier connaissance avec	Bekanntschaft erneuern
se perdre de vue	sich aus den Augen verlieren
6	
conjugal/e	Ehe-..., ehelich
le conte de fées	Märchen
assassin/e	mörderisch
7a	
véritable	echt
être désireux/-se de	den Wunsch haben
faire un tri	sortieren

le scénario (préfabriqué)	(vorgefertigtes) Drehbuch
inhabituel/le	ungewöhnlich
le signal sonore	Gong, Tonsignal
12	
le tigre	Tiger
la porte de prison	Gefängnistor
l'ange *m*	Engel

Leçon 7

1a	
multitâche	multitasking-fähig
b	
le sigle	Abkürzung
la douleur articulaire	Gelenkschmerz
le déficit de l'attention	Aufmerksamkeitsdefizit
le dérèglement	Störung
l'antivol *m*	Fahrradschloss
apercevoir	bemerken
l'entrée *f*	Eingang, Diele
la télécommande	Fernbedienung
le courrier	Post
publicitaire	Werbe-…
la corbeille à papier	Papierkorb
le poisson	Fisch
vider	leeren
introuvable	unauffindbar
je n'ai pas arrêté de la journée	ich war den ganzen Tag beschäftigt
être crevé/e *(fam)*	erledigt, kaputt sein
le rebord de la fenêtre	Fensterbank
sauter aux yeux	ins Auge springen
l'étui *m*	(Brillen-)Etui
2a	
le cheval	Pferd
le lion	Löwe
le serpent	Schlange
la perruche	Wellensittich
le cochon d'Inde	Meerschweinchen
b	
le/la vétérinaire	Tierarzt/-ärztin
le/la comportementaliste	Verhaltenspsychologe/-in
comme si	als ob
manifester	*hier:* zeigen
la tristesse	Traurigkeit
l'être *m* humain	Mensch
l'animal *m* domestique	Haustier
la progression	Steigerung
indécis/e	unentschlossen
le reptile	Reptil
le rongeur	Nagetier
le perroquet	Papagei
la mygale	Vogelspinne
la tortue	Schildkröte
l'accessoire *m*	Zubehör
gênant	störend
apprivoiser	zähmen
siffler	pfeifen
c	
jouir de	genießen
le prestige	Prestige, Ansehen
l'animalerie *f*	Tierhandlung
e	
la discrétion	Diskretion
mystérieux/-se	geheimnisvoll
apaisant/e	beruhigend
le ronronnement	Schnurren
rendre agressif/-ve	aggresiv machen
l'abandon *m*	*hier:* Aussetzen
f	
le comité de rédaction	Redaktionskomitee
3a	
le parc d'attractions	Vergnügungspark
le parc à thème	Themenpark
b	
l'ennemi/e *m/f*	Feind/in
enregistrer	registrieren
la baisse de fréquentation	rückläufige Besucherzahlen
emporter	mitnehmen
réserver	*hier:* bereithalten
le tourisme de proximité	Nahtourismus
cesser	aufhören
s'accroître	wachsen
redouter	(be)fürchten
le caprice	Laune
gâché/e	verdorben
c	
hivernal/e	winterlich
ludique	spielerisch
le pas sur la lune	Schritt auf dem Mond
l'effet *m*	Wirkung
la potion magique	Zaubertrank
la mission spatiale	Weltallmission
le patrimoine	Erbe
la maquette	Modell
e	
le jugement	Urteil
être pris/e	*hier:* beschäftigt sein
le/la gamin/e *(fam)*	Göre
gâté/e	verwöhnt
chargé/e	*hier:* voll, ausgefüllt
se douter de	sich denken können, ahnen
la distraction	Zeitvertreib, Zerstreuung
ravi/e	begeistert
préfabriqué/e	vorgefertigt
tourner	drehen
le manège	Karussell, Fahrgeschäft
débile *(fam)*	*hier:* schwachsinnig
le grand huit	Achterbahn
faire signe	Bescheid sagen
vachement *(fam)*	sehr
être honoré/e	geehrt sein

Info-zapping

a	
le registre soutenu	gehobene (Schrift-)Sprache
le registre courant	Alltagssprache
le registre familier	(lässige) Umgangssprache
b	
fort aimable	sehr freundlich
de votre part	von Ihnen
se voir dans l'obligation	sich gezwungen sehen
décliner	ablehnen
accaparé/e	in Beschlag genommen
être navré/e de	untröstlich sein
le bordel *(fam)*	*hier:* Durcheinander, Chaos
le/la coloc *(fam)* (colocataire)	Mitbewohner/in
râler *(fam)*	meckern
piger *(fam)*	kapieren
le mec *(fam)*	Kerl, Typ

Objectif *Profession*

a	
la collaboration	Zusammenarbeit
convier	*hier:* einladen
mettre en place	einführen
b	
se glisser dans	sich in etw. einschleichen
aborder	ansprechen
tant que	solange
distribuer	verteilen
la carte de visite	Visitenkarte
f	
meubler la conversation	das Gespräch in Gang halten

CE

3	
le mensonge	Lüge
le récit	Erzählung, Bericht
le sang	Blut
a	
au lieu de	statt
Genève	Genf
rejoindre	erreichen
l'aire *f* (d'autoroute)	(Autobahn-)Rastplatz
le stationnement	Parkplatz
le col	Gebirgspass
le bois	Wald
5	
étonner	verwundern, überraschen
7	
le lapin nain	Zwergkaninchen
croisé/e	gekreuzt
assuré/e	garantiert
responsabiliser	Verantwortungsbewusstsein wecken
le mâle	Männchen
la femelle	Weibchen

Clin d'œil

le superflu	Überflüssiges
indispensable	unbedingt notwendig, unentbehrlich
le merle	Amsel

Leçon 8

1b	
ensoleiller	aufheitern, erhellen
l'extinction *f* de voix	Heiserkeit, Verlust der Stimme
dédommager	entschädigen
sonner bien	gut klingen
le scoop	*hier:* Knüller
être aux anges	überglücklich sein
la perte	Verlust
d	
la tatie *(fam)*	Tante
e	
le soulagement	Erleichterung
2a	
ayant trait à	betreffend
le délit	Straftat, Delikt
le lien	Verbindung
entre eux	untereinander
faire l'objet de	Gegenstand sein für
b	
la tempête	Sturm
frapper	*hier:* treffen
provoquer	verursachen
l'alerte *f*	Alarm
le véhicule de secours	Rettungswagen
l'archipel *m*	Archipel, Inselgruppe
enfermer	einsperren
toutefois	jedoch
être porté/e disparu/e	als verschollen gelten
être blessé/e grièvement	schwer verletzt sein
le dégât (matériel)	(Sach-)Schaden
l'avalanche *f*	Lawine
le skieur	Skifahrer
hors piste	abseits der Pisten
balisé/e	markiert
déclencher	auslösen
en contrebas	unterhalb
l'observatoire *m*	Observatorium
l'altitude *f*	Höhe
le téléphérique	Seilbahn
s'élancer	(mit Schwung) losfahren
être emporté/e	mitgerissen werden
sur le coup	sofort
se mettre à l'abri	sich unterstellen
le tableau	*hier:* Gemälde
dérober	entwenden, stehlen
la valeur	Wert
commettre → commis	begehen → begangen
la toile	Gemälde
l'œuvre *f*	Werk
se lamenter	klagen
masqué/e	maskiert
armé/e	bewaffnet
s'introduire	eindringen, sich Zutritt verschaffen
menacer	bedrohen
arracher	losreißen, wegreißen
prendre la fuite	die Flucht ergreifen
le/la malfaiteur/-trice	Übeltäter/in
slave	slawisch
la récompense	Belohnung
le Mexique	Mexiko
l'inondation *f*	Überschwemmung
l'incendie *m*	Brand
c	
la cause	Grund
3	
filtrer	filtern
attribuer à	zuschreiben
être attesté/e	belegt sein
montrer	zeigen, beweisen
la sagesse	Weisheit
la Grèce	Griechenland
le bouche à oreille	Mund-zu-Mund-Propaganda
a	
la fable	Fabel
à propos de	über
le filtre	Filter
agacé/e	gereizt
entendre parler de	hören von
poursuivre	*hier:* weitersprechen, fortfahren
la bonté	Güte
bienveillant/e	wohlwollend
il paraît que…	es heißt, dass …
désagréable	unangenehm

l'utilité *f*	Nützlichkeit
conclure	folgern, schließen
c	
la morale	Moral, Lehre
e	
disparaître	verschwinden
la source d'information	Informationsquelle

Info-zapping

a	
magique	magisch
b	
la contribution	Beitrag
le porte-bonheur	Glücksbringer
le porte-malheur	etwas, das Unglück bringt
le trèfle à quatre feuilles	vierblättriges Kleeblatt
l'étoile *f* filante	Sternschnuppe
faire un vœu	sich etwas wünschen
à l'envers	umgedreht
retourner	*hier:* umdrehen
le réflexe	Reflex
la superstition	Aberglaube
briser	*hier:* zerstören
démanger	jucken
superstitieux/-se	abergläubisch
l'échelle *f*	Leiter
croiser les couverts *mpl*	das Besteck kreuzen
c	
la maladresse	*hier:* Fauxpas
gênant/e	*hier:* peinlich
d	
Saint-Christophe	heiliger Christophorus
la fontaine	Brunnen

Objectif *Profession*

a	
la démarche	Schritt
Pôle Emploi	*französische Agentur für Arbeit*
le réseau social professionnel	berufliches Netzwerk
se faire pistonner *(fam)*	seine Beziehungen spielen lassen
c	
une centaine	ca. hundert
le boulot *(fam)*	Job
la boîte *(fam)*	Unternehmen
supposer	annehmen
visible	sichtbar
le recruteur	Headhunter, Personalvermittler

CE

1	
transposer	übertragen
6	
éteindre	*hier:* löschen
consister à faire qc	bestehen in
9	
le/la metteur/-euse en scène	Theaterregisseur/in
le/la scénariste	Drehbuchautor/in
d'un premier lit	aus erster Ehe
être quitte	quitt sein
en outre	außerdem
sourd/e-muet/te	taubstumm
le sous	Groschen
la bille	Murmel
le cadavre	Leiche, Kadaver
le chagrin	Kummer
convenir	*hier:* zugeben
10	
la malchance	Pech
12	
la victime	Opfer
le régime	Diät

Leçon 9

1a	
l'espèce *f*	Spezies, Art
en voie de disparition	vom Aussterben bedroht
le déchet du nucléaire	Atommüll
la marée noire	Ölpest
le mazout	*hier:* Rohöl
engluer	verschmieren
la laideur	Hässlichkeit
chanter victoire	jubeln
le plastique	Plastik
le béton	Beton
la sécheresse	Trockenheit, Dürre
se déchaîner	sich entfesseln
les détritus *mpl*	Müll, Abfall
b	
le/la franco-arménien/ne	Franco-Armenier/in
la casquette *(fam)*	Job
le compositeur-interprète	Komponist und Interpret
l'ambassadeur/-drice *m/f*	Botschafter/in
le représentant permanent	ständiger Vertreter
l'ONU *f* (Organisation des Nations Unies)	UNO
c	
les fonds *mpl* de mer	der Meeresboden
souillé/e	verschmutzt
en ribambelle	zahlreich, hintereinander
s'en foutre *(vulg)*	*etwa:* scheißegal sein
sens dessus dessous	durcheinander
le pétrole	Erdöl
le maître mot	das Wichtigste
avancer son pion	seine Spielfigur nach vorne bringen
impunément	ungestraft
l'excès *m*	Exzess
polluer	verschmutzen
en profondeur	tief, in der Tiefe
la centrale nucléaire	Kernkraftwerk
e	
faire le constat	feststellen
f	
le message	Botschaft
se soucier de	sich Gedanken machen über
mener à	führen zu
nul ne...	niemand
advenir	werden aus
la couche d'ozone	Ozonschicht
le/la gardien/ne	*hier:* Beschützer/in
prendre conscience de	sich einer Sache bewusst werden
la baleine	Wal
le dauphin	Delfin
g	
sauver	retten
dès que	sobald
tenir bon	durchhalten
la bonne cause	gute Sache, guter Zweck
l'écolo *m/f (fam)* (écologiste)	Grüne/r
la clim(atisation) *(fam)*	Klimaanlage

2a	
le voyage de noces	Hochzeitsreise
b	
faire face à	entgegenstellen, begegnen
la frénésie	Raserei, Wahn
l'impact *m*	Auswirkung, Folge
l'environnement *m*	Umwelt
permanent/e	ständig, permanent
la réflexion	Überlegung
e	
le compromis	Kompromiss
persuader	überreden
3a	
la simplicité volontaire	bewusst gewählte Einfachheit, Natürlichkeit
b	
le tisserand	Weber
le sculpteur sur bois	Holzschnitzer
la sculpture	*hier:* Holzschnitzerei
c	
l'industrie *f* du bois	holzverarbeitende Industrie
se lancer dans	*hier:* es versuchen mit
le tissage	Weben
se faire embaucher	sich einstellen lassen
le tissu	Stoff
se recycler	*hier:* neu anfangen
privilégié/e	bevorzugt
le cadre	(Bilder-)Rahmen
s'embourgeoiser	bürgerlich werden
le porte-bagages	Gepäckträger
en autarcie	autark
se chauffer	heizen
renoncer à	verzichten auf
d	
se passer de	verzichten auf
le standing	(hoher) Lebensstandard

Grammaire

pousser qn à faire qc	jdn dazu bringen etw. zu tun
coûteux/-se	teuer

Info-zapping

le développement durable	Nachhaltigkeit
a	
le palmarès	Hitliste, Ranking
la toiture végétalisée	Dachbegrünung
thermique	thermisch, Wärme-…
acoustique	akustisch
humidifier	befeuchten
le poêle-cheminée	Kaminofen
l'autopartage *m*	Car-Sharing
souple	flexibel
l'usager/-ère *m/f*	Benutzer/in
régler	*hier:* zahlen
les frais *mpl*	Kosten
parcourir → parcouru	fahren → gefahren
l'entretien *m* du véhicule	Unterhalt des Fahrzeugs
l'émission *f* (de gaz)	Ausstoß (von Abgasen)
l'utilisateur/-trice *m/f*	Nutzer/in
le pédibus	*etwa:* Schulwegbegleiter
sécuriser	sichern, sicher machen
reposer sur	beruhen auf
limiter	beschränken
renforcer	verstärken
c	
résoudre un problème	ein Problem lösen

Objectif *Profession*

a	
précéder	vorangehen
à l'attention de	zu Händen von
remplacer	ersetzen
le télécopieur	Faxgerät
le photocopieur	Kopierer
l'intervention *f*	Einsatz

CE

2a	
le péage urbain	Stadtmaut
la réussite	Erfolg
l'échec *m*	Scheitern
polémique	polemisch
6	
le carton de déménagement	Umzugskarton
7b	
brillant/e	brillant, glänzend
tellement	so (sehr)
sacré/e	heilig
le bulldozer	Bulldozer, Planierraupe
raser	*hier:* platt machen
faire son devoir	seine Pflicht tun
le chantier	Baustelle
hallucinant	haarsträubend
la veille	am Tag zuvor
marcher sur le sol	den Boden betreten
donner un coup de pied	einen Tritt versetzen
se glisser	schlüpfen
le sac de couchage	Schlafsack
s'endormir	einschlafen
comme par miracle	wie durch ein Wunder
s'envoler	wegfliegen
le nid	Nest
10	
se battre	gegeneinander kämpfen
l'herbe *f*	Gras

Alphabetischer Wortschatz

In dieser Liste sind alle Wörter und Wendungen der Lektionen noch einmal in ihrer alphabetischen Reihenfolge aufgeführt, mit Ausnahme der Begriffe, die bereits direkt unter den jeweiligen Texten erklärt wurden. Die grauen Ziffern verweisen dabei auf die Lektion bzw. Übungsnummer, bei der das Wort zum ersten Mal vorkommt. Wörter die in unterschiedlichen Bedeutungen auftreten, sind mehrmals verzeichnet (z. B. *effort* L2, 3 Bemühung – *effort* L6, 3 Anstrengung).
Bitte bedenken Sie aber, dass diese Liste ein Wörterbuch weder ersetzen kann noch will! Sie soll Ihnen lediglich das rasche Nachschlagen der unbekannten Wörter in der Bedeutung des hier vorliegenden Kontexts ermöglichen. Aus diesem Grund wurden in dieser Liste auch keine transparenten Wörter verzeichnet, wie z. B. *la presse* die Presse, *anonyme* anonym etc.
Substantive (z. B. Berufsbezeichnungen) und Adjektive sind auch hier mit ihrer männlichen und weiblichen Form aufgeführt; Wendungen finden Sie jeweils unter dem Substantiv, z. B. abri *m* (se mettre à l'~), anges *mpl* (être aux ~) etc.

Folgende Abkürzungen werden verwendet:

f :	feminin, weiblich
adv :	Adverb
fpl :	feminin Plural
(*fam*) :	familier (umgangssprachlich)
m :	maskulin, männlich
qc :	quelque chose (etwas)
mpl :	maskulin Plural
qn :	quelqu'un (jemand)
m/f :	maskuline / feminine Form
(*vulg*) :	vulgaire (sehr niedriges Sprachniveau)

Abkürzungen der Verweise:

L 8, 3 :	Lektion 8 Abschnitt 3
L 8 Pro :	Lektion 8 Objectif Profession
L 8 Gr :	Lektion 8 *Grammaire*
CE 8, 4 :	Lektion 8 *Cahier d'exercices,* Übung 4
L 8 I :	Lektion 8 *Info-zapping*
CE 8 C :	Lektion 8 *Clin d'œil*

A

abandon *m*	L7, 2	*hier:* Aussetzen
abandonner	CE 4, 4	aufgeben
abîmer (s'~)	L5, 1	*hier:* welken
aborder	L4, 1	ansprechen
abri *m* (se mettre à l'~)	L8, 2	sich unterstellen
accaparé/e	L7 I	in Beschlag genommen
accessoire *m*	L7, 2	Zubehör
accommodant/e	L3, 1	umgänglich
accord *m*	L1, 3	Einverständnis
accorder	L2, 2	*hier:* stimmen
accroître (s'~)	L7, 3	wachsen, zunehmen
acoustique	L9 I	akustisch
actuellement	L3, 1	zurzeit
adapté/e	L6 I	angepasst
adapter (s'~)	CE 1, 11	sich anpassen
additionner	L3, 1	addieren
adepte *m/f*	L2, 3	Anhänger/in
administration *f*	CE 1, 11	Verwaltung
admirer	CE 1, 6	Bewundern
adolescent/e *m/f*	L6, 2	Jugendliche/r
adopter	L6, 3	*hier:* adoptieren
adorable	L6, 1	süß, liebenswürdig
advenir	L9, 1	werden aus
affaire *f* (bonne ~)	L5, 2	Schnäppchen
affaires *fpl*	L4, 2	*hier:* Sachen
affecter	L3 I	sich negativ auswirken
affinité *f*	L6, 1	Affinität, Wesensverwandschaft
affirmer (s'~)	L2, 1	sich behaupten
afin de	L1 Pro	um ... zu
Afrique *f* du Sud	L1, 1	Südafrika
agacé/e	L8, 3	gereizt
agacement *m*	L4, 2	Gereiztheit
agir	L2, 3	*hier:* wirken
agir	L6, 3	handeln
agréable (rendre plus ~)	L4, 3	angenehmer machen
agrémenter	L4, 3	verschönern
agressif/-ve (rendre ~)	L7, 2	aggressiv machen
agriculteur/-trice *m/f*	L3, 2	Landwirt/in
agriculture *f*	L1, 2	Landwirtschaft
aide *f* (à l'~ de)	L3, 1	mithilfe von
ail *m*	L5, 3	Knoblauch
aimable (fort ~)	L7 I	sehr freundlich
ainsi	L2, 3	so
air *m* (prendre l'~)	L3, 1	frische Luft schnappen
aire *f* (d'autoroute)	CE 7, 3	(Autobahn-)Rastplatz
aise *f* (être à l'~)	L3, 1	sich wohlfühlen
alerte *f*	L8, 2	Alarm
alimentaire	L1 Pro	Ernährungs-...
alimentation *f*	L5, 3	Nahrung, Ernährung
alimenter (s'~)	L5, 3	sich ernähren
alléger	L5 I	leichter machen
alors que	CE 1, 11	während (*adversativ*)
alsacien *m*	L1 I	Elsässisch (*Sprache*)
altitude *f*	L8, 2	Höhe
amants *mpl*	L6, 2	Liebende
ambassadeur/-drice *m/f*	L9, 1	Botschafter/in
ambulance *f*	L5, 1	Krankenwagen
âme *f*	L3, 2	Seele
amoureux/-se (tomber ~)	L6, 2	sich verlieben
ange *m*	CE 6, 12	Engel
anges *mpl* (être aux ~)	L8, 1	überglücklich sein

angoisser	L3, 3	in Angst versetzen
animal *m* domestique	L7, 2	Haustier
animalerie *f*	L7, 2	Tierhandlung
antivol *m*	L7, 1	Fahrradschloss
apaisant/e	L7, 2	beruhigend
apercevoir	L7, 1	bemerken, feststellen
apparemment	L3, 1	anscheinend
apparent/e	L3 Gr	offensichtlich
apparenté/e	L1 I	verwandt
appartenir à	L4, 1	gehören zu
apparu/e → apparaître	CE 4, 1	erschienen → erscheinen
appel *m* (faire ~ à)	L4, 1	sich wenden an
apprentissage *m*	L2, 1	Lernen
apprivoiser	L7, 2	zähmen
approximatif/-ve	CE 3, 10	vage, approximativ
après (d'~ vous)	L4, 1	*hier:* Ihrer Meinung nach
aptitude *f*	L2, 3	Fähigkeit
aquaculture *f*	L1, 2	Fischzucht
archipel *m*	L8, 2	Archipel, Inselgruppe
armature *f*	L5 I	Gestell
armé/e	L8, 2	bewaffnet
armée *f*	L5, 1	Armee
arracher	L8, 2	losreißen
arrêt *m* (sans ~)	L5 Pro	ständig
arrière-petit-enfant *m*	L4, 1	Urenkel
art *m* de vivre	L1, 3	Lebenskunst
art *m* roman	L1, 1	romanische Kunst
as *m*	L2, 2	Ass
ascenseur *m* social	L4, 1	sozialer Aufstieg
asile *m* psychiatrique	L6, 2	psychiatrische Anstalt
assassin/e	CE 6, 6	mörderisch
assister	L5, 3	miterleben
assuré/e	CE 7, 7	garantiert
Athènes	L8, 3	Athen
atteint/e de	L6 I	betroffen von
attention *f* (à l'~ de)	L9 Pro	zu Händen von
attentivement	L5, 2	aufmerksam
attesté/e (être ~)	L8, 3	belegt sein
attribuer à	L8, 3	zuschreiben
auditif/-ve	CE 2, 6	Hör-...
augmentation *f* de salaire	L4, 1	Gehaltserhöhung
augmenter	L6, 3	zunehmen
autant de	L5, 3	genauso viel
autarcie *f* (en ~)	L9, 3	autark
autopartage *m*	L9 I	Car-Sharing
autorisation *f*	L4 I	Genehmigung
avalanche *f*	L8, 2	Lawine
avant (d'~)	CE 6, 2	von früher
avantage *m*	L1 I	Vorteil
aventurier/-ière *m/f*	L3, 1	Abenteurer/in
avocat *m*	L5, 3	Avocado
avortement *m*	L4 I	Abtreibung

B

bac *m* (passer le ~)	L3, 3	Abi machen
baie *f* vitrée	L3, 1	großes Fenster
bain-marie *m*	L5, 3	Wasserbad
baisse *f* de fréquentation	L7, 3	rückläufige Besucherzahlen
balader (se ~) (*fam*)	L3, 1	spazieren gehen
baleine *f*	L9, 1	Wal
balisé/e	L8, 2	markiert
balle *f*	L6, 2	Kugel
base *f* génétique	L2, 3	genetische Veranlagung
basilic *m*	L5, 3	Basilikum
basque *m*	L1 I	Baskisch (*Sprache*)
battre (se ~)	CE 9, 10	gegeneinander kämpfen
bavarder	L3 Pro	plaudern
bénéfice *m*	CE 5, 6	*hier:* Vorteil
besoin *m* vital	L3, 3	lebensnotwendiges Bedürfnis
bête *f*	L6, 3	Tier
béton *m*	L9, 1	Beton
bien-aimé/e *m/f*	L6, 2	Geliebte/r
bienveillant/e	L8, 3	wohlwollend
bille *f*	CE 8, 9	Murmel
blessé/e (être grièvement ~)	L8, 2	schwer verletzt sein
bois *m*	CE 7, 3	Wald
boîte *f* (*fam*)	L8 Pro	Unternehmen
boîte *f* de conserve	L5 I	Konservendose
bol *m* (en avoir ras-le- ~)	L4, 2	die Nase voll haben
bol *m* d'air	L3, 2	etwas frische Luft
bon (tenir ~)	L9, 1	durchhalten
bon *m* d'achat	CE 5, 6	Gutschein
bonté *f*	L8, 3	Güte
bord *m*	L5, 3	Rand
bord *m* (à ~ de)	L8, 2	*hier:* in / im
bordel *m* (*fam*)	L7 I	*hier:* Durcheinander, Chaos
bouche *m* à oreille	L8, 3	Mund zu Mund Propaganda
bouger	CE 2, 6	sich bewegen
bouger	L3 I	*hier:* in Bewegung sein
bouillabaisse *f*	L1, 1	*Fischsuppe aus der Provence*
bouleversant/e	L6, 2	erschütternd
boulot *m* (*fam*)	L8 Pro	Job
bourgeois/e	L3, 1	bürgerlich
bourgeoisie *f*	L5, 1	Bürgertum
Bourgogne *f*	L1, 1	Burgund
bout *m* (par quel ~ commencer)	L5, 1	wo soll man anfangen
bouteille *f* thermos	L5 I	Thermosflasche
bref/-ève	CE 3, 10	kurz
breton *m*	L1 I	Bretonisch (*Sprache*)
brevet *m* des collèges	L2 I	*etwa:* Realschulabschluss
brillant	CE 9, 7	*hier:* brillant, glänzend
briser	L8 I	*hier:* zerstören
britannique	L3 I	britisch
brûler	CE 5, 11	(ver)brennen
budget *m*	L5, 3	Budget, Haushalt
bulldozer *m*	CE 9, 7	Bulldozer, Planierraupe
but *m* (aller droit au ~)	L6 Pro	zielstrebig sein

C

ça y est	L5, 3	jetzt ist es soweit
cabaret *m*	CE 4, 4	Nachtlokal, Kleinkunstbühne
cadavre *m*	CE 8, 9	Leiche, Kadaver
cadre *m*	L9, 3	(Bilder-)Rahmen
cadre *m* moyen	CE 1, 11	mittlere Führungskraft
cage *f*	L6, 3	Käfig
caisse *f* de retraite	L4, 1	Rentenkasse
calligraphie *f*	L2, 1	Kalligrafie
caméléon *m*	L3, 1	Chamäleon
camp *m*	L4, 1	Lager
cancer *m* du poumon	CE 4, 4	Lungenkrebs
capable de	L6 Pro	fähig
caprice *m*	L7, 3	Laune
carte *f* de fidélité	CE 5, 6	Kundenkarte
carte *f* de visite	L7 Pro	Visitenkarte
carton *m* de déménagement	CE 9, 6	Umzugskarton

cas *m* (en ~ de)	L4, 1	im Falle
casquette *f* (*fam*)	L9, 1	Job
cassoulet *m*	L1, 1	*Bohneneintopf aus Südfrankreich*
catalan *m*	L1 I	Katalanisch (Sprache)
cause *f*	L8, 2	Grund
cause *f* (bonne ~)	L9, 1	gute Sache, guter Zweck
CE1 *m* (cours élémentaire 1)	L2 I	zweite Klasse (Grundschule)
CE2 *m* (cours élémentaire 2)	L2 I	dritte Klasse (Grundschule)
centaine *f*	L8 Pro	ca. hundert
centrale *f* nucléaire	L9, 1	Kernkraftwerk
centre *m* économique	L1, 2	Wirtschaftszentrum
certainement	L3, 1	sicherlich
certitude *f*	L2, 3	Gewissheit
cesser	L7, 3	aufhören
chagrin *m*	CE 8, 9	Kummer
chaleureux/-se	L3, 1	herzlich
chambre *f* des métiers	L1 Pro	Handwerkskammer
champ *m*	L3, 1	Feld
chantier *m*	CE 9, 7	Baustelle
chargé/e	L7, 3	*hier:* voll, ausgefüllt
Charte *f* européenne	L1 I	europäische Charta
château *m* (mener la vie de ~)	L3 I	wie ein Schlossherr leben
chauffer (se ~)	L9, 3	heizen
chef *m/f* d'orchestre	L4 I	Dirigent/in
chemin *m* de halage	CE 1, 6	Treidelweg
chèque *m*	L6, 3	Scheck
chercheur/-se *m/f*	L6, 3	Forscher/in
cheval *m*	L7, 2	Pferd
chouchou *m* (*fam*)	L5, 3	Liebling
chute *f* de la livre	L3 I	Sturz des (britischen) Pfundes
chute *f* du mur	L4, 1	Mauerfall
Chypre *m*	L1, 2	Zypern
cieux *mpl* (sous nos ~)	L3 I	*hier:* hierzulande
cinquième *f*	L2 I	siebte Klasse
circuler	L6 Pro	zirkulieren, fließen
citadin/e *mpl*	L3, 1	Stadtbewohner/in
citoyen/ne *m/f*	L3 I	Bürger/in
clarinette *f*	L2, 2	Klarinette
cliché *m*	L1, 3	Klischee
clim *f* (*fam*)	L9, 1	Klimaanlage
clore	L4 Pro	schließen, beenden
CM1 *m* (cours moyen 1)	L2 I	vierte Klasse (Grundschule)
CM2 *m* (cours moyen 2)	L2 I	fünfte Klasse (Grundschule)
cochon *m* d'Inde	L7, 2	Meerschweinchen
cœur *m* (par ~)	CE 2, 6	auswendig
cohabiter	L1, 2	nebeneinander existieren
col *m*	CE 7, 3	Gebirgspass
colère *f*	L2, 3	Wut
collaborateur/-trice *m/f*	L4 Pro	Mitarbeiter/in
collaboration *f*	L7 Pro	Zusammenarbeit
collectif/-ve	L1, 1	gemeinsam
colline *f*	L3, 2	Hügel
coloc *m/f* (*fam*) (colocataire)	L7 I	Mitbewohner/in
colocation *f*	L4, 3	Wohngemeinschaft
colonie *f* de vacances	L1 Pro	Ferienlager
coloration *f*	L2, 2	(Haar-)Tönung
coloré/e	L1, 2	farbig, bunt
comédien/ne *m/f*	CE 4, 4	(Theater-)Schauspieler/in
comité *m* de rédaction	L7, 2	Redaktionskomitee
comme si	L7, 2	als ob
commérage *m*	L3, 1	Gerede, Geschwätz
commettre → commis	L8, 2	begehen → begangen

Commission *f* européenne	L3 Pro	Europäische Kommission
communicatif/-ve	CE 2, 6	kommunikativ
compagnie *f* (tenir ~)	L4, 3	Gesellschaft leisten
comparable	L3 I	vergleichbar
compatible	L3 Pro	kompatibel, geeignet
complexe	CE 5, 6	komplex
comportement *m*	L5, 2	Verhalten
comportementaliste *m/f*	L7, 2	Verhaltenspsychologe/-in
composer	CE 4, 4	komponieren
compositeur-interprète *m*	L9, 1	Komponist und Interpret
compréhensif/-ve	L6 Pro	verständnisvoll
compromis *m*	L9, 2	Kompromiss
comptabilité *f*	L6 Pro	Buchhaltung
comptable *m/f*	L3 Pro	Buchhalter/in
concept *m*	L4, 3	Konzept
conclure	L8, 3	daraus folgern, schließen
concurrent *m*	CE 5, 6	Konkurrent
condamné/e (être ~ à)	L6, 2	verurteilt werden zu
confier (se ~)	L6, 1	sich anvertrauen
conformiste	L6, 1	konformistisch
confort *m* (tout ~)	CE 4, 10	mit allen Annehmlichkeiten
confortable	L4, 1	*hier:* gesichert
conjugal/e	CE 6, 6	Ehe-…, ehelich
connaissance *f* (relier ~ avec)	CE 6, 2	Bekanntschaft erneuern
conscience *f* (prendre ~ de)	L9, 1	sich einer Sache bewusst werden
consciencieux/-se	L6 Pro	gewissenhaft
conseiller/-ère *m/f*	L6, 1	Berater/in
conservateur *m*	L1 Pro	Konservierungsstoff
consister à faire *qc*	CE 8, 6	bestehen in
consommer	L5, 2	verbrauchen, konsumieren
constamment	L3, 1	dauernd, ständig
constant/e	L3 Gr	ständig, konstant
constant/e	L6, 1	beständig
constat *m* (faire le ~)	L9, 1	feststellen
Constitution *f*	L1 I	Verfassung
construire	CE 3 C	bauen
contact *m* (avoir le sens du ~)	L2 Pro	kontaktfreudig sein
contacter	L2 Pro	kontaktieren
conte *m* de fées	CE 6, 6	Märchen
contraire *m* (au ~)	L3, 2	im Gegenteil
contrebas (en ~)	L8, 2	unterhalb
contribuer à	L6, 3	beitragen zu
contribution *f*	L8 I	Beitrag
convenir	CE 8, 9	*hier:* zugeben
conversation *f* (meubler la ~)	L7 Pro	das Gespräch in Gang halten
convier	L7 Pro	*hier:* einladen
convoquer	L4 Pro	*hier:* bestellen, kommen lassen
coq *m*	CE 1 C	Hahn
corbeille *f* à papier	L7, 1	Papierkorb
coriandre *f*	L5, 3	Koriander
correction *f*	L3 Pro	Verbesserung, Korrektur
correspondre	L1, 3	entsprechen
Corse *f*	L1, 1	Korsika
corse *m*	L1 I	Korsisch (*Sprache*)
cosmétique	L1 Pro	kosmetisch
cosmopolite	L1, 1	kosmopolitisch
couche *f* d'ozone	L9, 1	Ozonschicht
coudre	L2, 2	nähen
coup *m* (sur le ~)	L8, 2	sofort
coup *m* de foudre	L6, 2	Liebe auf den ersten Blick
coupable	L2, 1	schuldig
coupe *f*	L2, 2	*hier:* Haarschnitt

courage *m*	L2, 2	Mut
couramment	L2 Pro	fließend
courgette *f*	L5, 3	Zucchini
courrier *m*	L7, 1	Post
cours *m* magistral	CE 2, 6	Vorlesung
coûteux/-se	L9 Gr	teuer
couverts *mpl* (croiser les ~)	L8 I	das Besteck kreuzen
couverture *f*	L2, 1	Decke
CP *m* (cours préparatoire)	L2 I	erste Klasse (Grundschule)
création *f*	L1 Pro	*hier:* Gründung
crevé/e (être ~) (*fam*)	L7, 1	erledigt, kaputt sein
crique *f*	L1, 2	kleine Bucht
crise *f*	L5, 3	Krise
critique *f*	L2, 3	Kritik
croisé/e	CE 7, 7	gekreuzt
cuire (faire ~ à la vapeur)	L5, 3	über Dampf garen
cuire (faire ~)	L5, 3	kochen
cuisson *f* → cuire	L1 Pro	Kochen → kochen
culpabiliser	L2, 1	sich schuldig fühlen
curiosité *f*	L2 Pro	Neugierde

D

dangereux/-se	L1, 3	gefährlich
date *f* (dépasser la ~)	CE 5, 6	das Datum überschreiten
dauphin *m*	L9, 1	Delfin
débarrasser (se ~ de *qc*)	L2, 3	etwas loswerden
débat *m*	L5, 3	Debatte, Diskussion
débile (*fam*)	L7, 3	*hier:* schwachsinnig
déchaîner (se ~)	L9, 1	sich entfesseln
déchets *mpl* du nucléaire	L9, 1	Atommüll
décider	L2, 1	entscheiden
décision *f*	L6, 1	Entscheidung
décision *f* (revenir sur sa ~)	L6, 1	seinen Entschluss überdenken, rückgängig machen
Déclaration *f* des droits de l'homme et du citoyen	L4 I	Erklärung der Menschenrechte
déclarer	L4, 1	erklären
déclencher	L8, 2	auslösen
décliner	L7 I	ablehnen
décloisonné/e (être ~)	L1 Pro	*hier:* die Trennwände wurden entfernt
décortiquer	L5, 3	schälen
dédommager	L8, 1	entschädigen
défaire	L6, 2	wieder auftrennen
défaut *m*	L1, 3	Fehler
défi *m*	L6 Pro	Herausforderung
déficit *m* de l'attention	L7, 1	Aufmerksamkeitsdefizit
définir	L2, 3	definieren
définitif/-ve	L6, 1	endgültig
dégât *m* (matériel)	L8, 2	(Sach-)Schaden
dégustation *f*	L1 Pro	Kostprobe
délit *m*	L8, 2	Straftat, Delikt
démanger	L8 I	jucken
démarche *f*	L8 Pro	Schritt
demeure *f*	L3 I	Haus, Wohnsitz
demeurer	L4, 1	bleiben
dépanneur *m*	CE 1, 6	Pannendienst
départ *m* (au ~)	L3, 3	am Anfang
département *m* d'outre-mer	L1, 2	Überseedepartement
dépense *f*	L5, 3	Ausgabe
dépenser	CE 1, 11	ausgeben
dépensier/-ière	L5, 2	verschwenderisch
déplacements *mpl* quotidiens	L3 Pro	die täglichen Fahrten
déposer	L5, 3	legen
déprimant/e	L3, 1	deprimierend
dérèglement *m*	L7, 1	Störung
dérober	L8, 2	entwenden, stehlen
déroulement *m*	L5, 1	Ablauf
dès que	L9, 1	sobald
désaccord *m*	L1, 3	Missbilligung
désagréable	L8, 3	unangenehm
désenchanté/e	L4, 1	desillusioniert
désignation *f*	L6 I	Bezeichnung
désintérêt *m*	L5, 2	Desinteresse
désireux/-se (être ~ de)	CE 6, 7	den Wunsch haben
désordonné/e	L6 Pro	unordentlich
déterminé/e	CE 3, 10	entschlossen
détournement *m* de mineur	L6, 2	Verführung Minderjähriger
détourner de	L6, 2	abbringen von
détritus *mpl*	L9, 1	Müll, Abfall
détrôner	L3 I	*hier:* verdrängen, vom Thron stoßen
deuxièmement	L5, 1	zweitens
développement *m* durable	L9 I	Nachhaltigkeit
développer (se ~)	L1, 2	sich entwickeln
devoir *m* (faire son ~)	CE 9, 7	seine Pflicht tun
diabète *m*	L6, 3	Diabetes
dialecte *m*	L1, 2	Dialekt
dialoguer	L4, 1	sprechen mit
différent/e	L3, 3	anders
difficulté *f*	L4, 1	Schwierigkeit
diffuser	L6 I	ausstrahlen, übertragen
diplômé/e	L4, 1	diplomiert, Diplom-...
dire (à vrai ~)	L3, 3	eigentlich
discrétion *f*	L7, 2	Diskretion
disparaître	L8, 3	verschwinden
disparition *f* (en voie de ~)	L9, 1	vom Aussterben bedroht
disparu/e (être porté/e ~)	L8, 2	als verschollen gelten
disposer	L6 I	verfügen
dispute *f*	L6, 1	Streit
distraction *f*	L7, 3	Zeitvertreib, Zerstreuung
distribuer	L7 Pro	verteilen
distributeur *m* automatique	L5, 2	(Verkaufs-)Automat
diversité *f*	CE 1, 6	Vielfalt
dominant/e	L1, 2	Haupt-...
dominer	L3 Pro	überwiegen
dommage *m* (Quel ~ !)	L6, 1	Wie Schade!
don *m* (faire un ~)	L6, 3	spenden
dont	L1, 2	dessen, deren
dortoir *m*	L1 Pro	Schlafsaal
dos *m* (être sur le ~ de *qn*)	L4, 1	jdm im Nacken sitzen
dose *f*	L3, 1	Dosis
douleur *f* articulaire	L7, 1	Gelenkschmerz
douter	L6, 1	bezweifeln
douter (se ~ de)	L7, 3	sich denken können, ahnen
drame *m*	L4, 2	Drama
droit *m*	L1, 2	Recht
droits *mpl* (égaux en ~)	L4 I	gleichberechtigt
dune *f*	L1, 1	Düne

E

échange *f* (en ~)	L2, 2	als Gegenleistung
échapper à	L6, 3	entkommen, verschont bleiben
échec *m*	CE 9, 2	Scheitern
échelle *f*	L8 I	Leiter
école *f* maternelle	L2 I	Vorschule

école *f* primaire	L2 I	Grundschule
écolo *m/f* (*fam*) (écologiste)	L9, 1	Grüne/r
écologie *f*	L4, 1	Umweltschutz
économies *fpl* (faire des ~)	L4, 3	sparen
effectif *m*	L1 Pro	Belegschaft
effectuer	L4, 3	ausführen
effet *m*	L7, 3	Wirkung
efficace	L6 Pro	effektiv
effort *m*	L2, 3	Bemühung
effort *m*	L6, 3	Anstrengung
égalité *f*	L4 I	Gleichheit
élancer (s'~)	L8, 2	(mit Schwung) losfahren
élection *f*	L4 I	Wahl
électricité *f*	L2, 2	*hier:* Strominstallation
élégance *f*	L1, 3	Eleganz
élu/e (être ~)	CE 4, 4	gewählt werden
embaucher (se faire ~)	L9, 3	sich einstellen lassen
emblème *m*	CE 1 C	Emblem
embourgeoiser (s'~)	L9, 3	bürgerlich werden
émission *f* (de gaz)	L9 I	Ausstoß (von Abgasen)
émotion *f*	L6 Pro	Gefühl
émouvoir	L6, 2	bewegen, rühren
emploi *m* (plein ~)	L4, 1	Vollbeschäftigung
emploi *m* stable	CE 1, 11	fester Arbeitsplatz
emporté/e (être ~)	L8, 2	mitgerissen werden
emporter	L7, 3	mitnehmen
encourager	L6 Pro	*hier:* ermutigen
endormir (s'~)	CE 9, 7	einschlafen
énervant/e	L4, 2	nervig
énerver (s'~)	L4, 2	sich aufregen
enfermer	L8, 2	einsperren
engluer	L9, 1	verschmieren
ennemi/e *m/f*	L7, 3	Feind/in
enregistrer	L7, 3	registrieren
enrichissant/e	L3, 3	bereichernd
enseignement *m* élémentaire	L2 I	Primarstufe
enseignement *m* secondaire	L2 I	Sekundarstufe
enseveli/e	L8, 2	verschüttet
ensoleiller	L8, 1	aufheitern, erhellen
entasser (s'~)	L3, 2	sich zusammendrängen
entendre parler de	L8, 3	hören von
entente *f*	L6 Pro	*hier:* Stimmung
entièrement	L1, 3	ganz, völlig
entouré/e (être ~ de)	L1, 2	umgeben sein von
entraide *f*	L3, 1	Hilfe, Unterstützung
entre eux	L8, 2	untereinander
entrée *f*	L7, 1	Eingang, Diele
entretien *m* d'embauche	L2 Pro	Bewerbungsgespräch
entretien *m* du véhicule	L9 I	Unterhalt des Fahrzeugs
envelopper	L5, 1	einpacken
envers (à l'~)	L8 I	umgedreht
envie *f*	L2, 3	*hier:* Neid
environnement *m*	L9, 2	Umwelt
envisager	L3, 1	*hier:* vorhaben
envoi *m*	L4 Pro	Abschicken
envoler (s'~)	CE 9, 7	wegfliegen
envoyer (s'~ en l'air)	L3, 2	*etwa:* in „den siebten Himmel" fliegen
épée *f*	L6, 2	Schwert
éplucher	L5, 3	schälen
époux/-se *m/f*	CE 1, 11	Gemahl/in
équilibre *m*	L2, 1	Gleichgewicht
équipé/e	L6 I	ausgestattet
équipement *m*	L6 I	Ausstattung, Einrichtung
erreur *f*	L3, 3	Fehler, Irrtum
espace *m*	L3, 2	Weltraum
espace *m* (en l'~ de)	L5, 3	innerhalb von
espèce *f*	L5, 3	Art
esprit *m* (dans cet ~)	L6 I	in diesem Sinne
esprit *m* d'initiative	L2 Pro	die Initiative ergreifend
essentiel/le	L6, 1	wesentlich
estimer à	L2 I	schätzen auf
établissement *m* public	L2 I	öffentliche Einrichtung
établissement *m* scolaire	L2, 3	Schule
éteindre	CE 8, 6	*hier:* löschen, ausschalten
ethnique	L1, 2	ethnisch
étoile *f* filante	L8 I	Sternschnuppe
étonnant/e	L2, 2	erstaunlich, verwunderlich
étonnement *m*	L2, 2	Staunen, Verwunderung
étonner	CE 7, 5	verwundern, überraschen
être *m* humain	L7, 2	Mensch
étude *f* de marché	L6 Pro	Marktstudie
étui *m*	L7, 1	(Brillen-)Etui
évaluation *f*	L2 I	Evaluation, Bewertung
évalué/e (être ~)	L2 I	benotet werden
évidemment	L5, 1	natürlich, sicher
éviter	L6 Pro	vermeiden
évolution *f*	L4, 1	Entwicklung
examen *m* (rater un ~)	CE 9, 6	bei einer Prüfung durchfallen
excepté	L6, 1	bis auf, außer
excès *m*	L9, 1	Exzess
exclure	L6, 1	ausschließen
exclusivement	L5, 3	ausschließlich
excuse *f*	L4, 2	*hier:* Ausrede
exiger	L4, 2	verlangen, fordern
expatrié/e *m/f*	L3 I	Auswanderer/-in
expatrier (s'~)	L3, 3	auswandern
expérience *f*	CE 2, 6	*hier:* Experiment
exploitation *f*	L5, 3	Betrieb
exprimer	L1, 3	ausdrücken
extinction *f* de voix	L8, 1	extreme Heiserkeit, Verlust der Stimme

F

fable *f*	L8, 3	Fabel
fabrication *f*	L1 Pro	Herstellung
face *f* (faire ~ à)	L9, 2	entgegenstellen, begegnen
façon *f* (de la même ~)	L2, 3	auf die gleiche Art
facteur *m*	L4, 1	*hier:* Faktor
facture *f*	L5 Pro	Rechnung
facultatif/-ve	L1 I	fakultativ
falaise *f*	L1, 2	Steilküste
fantaisiste	L6, 1	originell, fantasievoll
faune *f*	L1, 2	Fauna, Tierwelt
féliciter	L6 Pro	gratulieren
femelle *f*	CE 7, 7	Weibchen
ferme *f*	L3, 1	Bauernhof
fermeture *f*	L5, 2	Schließung
fidélité *f*	L6, 1	Treue
filet *m* de...	L5, 3	*hier:* ein Schuss ...
filtre *m*	L8, 3	Filter
filtrer	L8, 3	filtern
finance *f*	L3 I	Finanzwelt
financement *m*	L6, 3	Finanzierung
finir (pour ~)	L5, 1	zum Schluss
finlandais/e	L2 I	finnisch

Finlande *f*	L2 I	Finnland
fixer	L2, 3	*hier:* bestimmen
fleurir	L1, 1	blühen, erblühen
flore *f*	L1, 2	Flora, Pflanzenwelt
folie *f* (avoir la ~ de)	L3, 2	verrückt sein nach
fond *m*	L5, 3	Boden
fond *m* musical	CE 2, 6	musikalischer Hintergrund
fondateur/-trice *m/f*	L1 Pro	Gründer/in
fonds *mpl* de mer	L9, 1	Meeresboden
fontaine *f*	L8 I	Brunnen
formé/e de	L1, 2	gebildet aus
four *m*	L5, 3	Backofen
four *m* (à ~ moyen)	L5, 3	bei mittlerer Hitze
foutre (s'en ~) (*vulg*)	L9, 1	*etwa:* scheißegal sein
frais *mpl*	L9 I	Kosten
Français *m* moyen	CE 1, 11	Durchschnittsfranzose
franco-arménien/ne *m/f*	L9, 1	Franco-Armenier/in
francophile	L1, 3	frankophil
frapper	L8, 2	*hier:* treffen
frénésie *f*	L9, 2	Raserei, Wahn
fréquentation *f*	L4, 1	*hier:* Freundeskreis, Umgang
frustration *f*	L2, 3	Frust
fuite *f* (prendre la ~)	L8, 2	die Flucht ergreifen

G

Gabon *m*	L1, 1	Gabun
gâché/e	L7, 3	verdorben
galerie *f* marchande	L5, 2	Einkaufspassage
gamin/e *m/f* (*fam*)	L7, 3	Göre
garde *f* (prendre ~ à)	L6, 1	sich in Acht nehmen vor
gardien/ne *m/f*	L9, 1	*hier:* Beschützer/in
gastronome *m*	L5, 3	Gastronom
gâté/e	L7, 3	verwöhnt
gelé/e	CE 3, 10	eisig
gelée *f*	L1 Pro	Gelee
gélifiant *m*	L1 Pro	Geliermittel
gênant/e	L7, 2	*hier:* störend
gênant/e	L8 I	*hier:* peinlich
gêner	L6 Pro	*hier:* stören
Genève	CE 7, 3	Genf
gens *fpl* (petites ~)	L5, 1	die kleinen Leute
glisser (se ~ dans)	L7 Pro	sich in etw. einschleichen
glisser (se ~)	CE 9, 7	schlüpfen
Grande Bretagne *f*	L2, 3	Großbritannien
graphiste *m/f*	L3 Pro	Grafiker/in
Grèce *f*	L8, 3	Griechenland
Guerre *f* (Seconde ~ Mondiale)	L4, 1	Zweiter Weltkrieg

H

habilité/e (être ~)	L4 I	ermächtigt sein
habituel/le	L5, 2	gewöhnlich
hacher → haché/e	L5, 3	hacken → gehackt
haine *f*	L2, 3	Hass
hallucinant/e	CE 9, 7	haarsträubend
handicap *m*	L6 I	Behinderung
handicapé/e	L6, 3	behindert
hard *m* discount	L5, 2	Discounter
harmonieusement	CE 5, 8	*hier:* regelmäßig
hélicoptère *m*	L2, 1	Hubschrauber
herbe *f*	CE 9, 10	Gras
hivernal/e	L7, 3	winterlich
hommes *mpl* (réservé/e aux ~)	L4 I	den Männern vorbehalten
honoré/e (être ~)	L7, 3	geehrt sein
honte *f*	L6, 1	Scham
horaire *m* souple	L3 Pro	Gleitzeit
hospitalisé/e (être ~)	L6, 3	im Krankenhaus liegen
huiler	L5, 3	einfetten
huit *m* (grand ~)	L7, 3	Achterbahn
humain/e	L5, 1	menschlich
humide	L1, 2	feucht
humidifier	L9 I	befeuchten
hypermarché *m*	CE 5, 6	großer Supermarkt
hypocrite	L6, 1	heuchlerisch

I

il paraît que…	L8, 3	es heißt, dass …, es scheint, dass …
il vaut mieux	L6, 1	es ist besser
île *f*	L1, 2	Insel
îles *fpl* Marquises	CE 4, 4	Markise-Inseln
illustré/e	L4 I	illustriert
imaginaire	L6, 2	imaginär
imaginer (s'~)	L3, 3	sich vorstellen
immédiatement	L2, 1	sofort
impact *m*	L9, 2	Auswirkung, Folge
impatience *f*	L4, 2	Ungeduld
importance *f* (accorder de l'~)	L6 Pro	wichtig finden
importation *f*	L5, 3	Import
imposant/e	L1, 1	beeindruckend
impunément	L9, 1	ungestraft
incendie *m*	L8, 2	Brand
incertain/e	L4, 1	unsicher
incident *m*	L5, 1	Zwischenfall
inciter	CE 5, 6	verführen
inclus/e	L1 Pro	inbegriffen
inconvénient *m*	L1 I	Nachteil
Inde *f*	L3, 3	Indien
indécis/e	L7, 2	unentschlossen
Indien/ne *m/f*	L1, 2	Inder/in
indispensable	L2, 1	unbedingt notwendig
individu *m* (en tant qu'~)	CE 1, 11	als Individuum
individualiste	CE 1, 11	individualistisch
industrie *f* du bois	L9, 3	holzverarbeitende Industrie
infirmerie *f*	L1 Pro	Krankenstation
ingrédients *mpl*	L5, 3	Zutaten
inhabituel/le	CE 6, 7	ungewöhnlich
initiation *f*	L2, 2	Einführung
inondation *f*	L8, 2	Überschwemmung
insatisfaction *f*	L2, 3	Unzufriedenheit
inscription *f*	L2, 2	Anmeldung
inséparable	L6, 1	unzertrennlich
insouciant/e	L4, 1	unbekümmert
inspirer	L6, 2	inspirieren
installation *f*	L2, 2	*hier:* Anbringen, Montieren
instruction *f*	L2 I	(schulische) Bildung
instruit/e	L2 I	*hier:* unterrichtet
intégration *f*	L6 I	Integration
intégré/e	L3, 3	integriert
intérêt *m* (digne d' ~)	L4, 3	beachtenswert
intergénérationnel/le	L4, 3	Mehrgenerationen-…
interrompre	L5, 2	unterbrechen
intervention *f*	L9 Pro	Einsatz
intimité *f*	L6, 1	Vertrautheit

introduire (s'~)	L8, 2	sich Zutritt verschaffen, eindringen
introuvable	L7, 1	unauffindbar
invention *f*	L5 I	Erfindung
Irlande *f*	L1 I	Irland
islamique	L1, 2	islamisch
isolé/e	L6, 3	einsam, isoliert

J

jalousie *f*	L6, 1	Eifersucht
jamais, au grand jamais	CE 5, 6	nie und niemals
jouir de	L7, 2	genießen
jour *m* de repos	L1 Pro	Ruhetag
journal *m* intime	CE 3, 10	Tagebuch
jugement *m*	L7, 3	Urteil

K

klaxonner	L3, 1	hupen

L

label *m*	L6 I	Logo, (Güte-)Siegel
lagon *m*	L1, 2	Lagune
laideur *f*	L9, 1	Hässlichkeit
lamelle *f*	CE 5, 8	dünner Streifen
lamenter (se ~)	L8, 2	klagen, lamentieren
lancer	L5, 3	*hier:* eröffnen, anstoßen
lancer (se ~ dans)	L9, 3	es versuchen mit
Landes *fpl*	L1, 1	*großes Waldgebiet in Südwestfrankreich*
langue *f* minoritaire	L1 I	Minderheitensprache
langue *f* régionale	L1 I	Regionalsprache
lapin *m* nain	CE 7, 7	Zwergkaninchen
latin *m*	CE 2, 11	Latein
légalisation *f*	L4 I	Legalisierung
lentement	L3, 1	langsam
libération *f* sexuelle	L4, 1	sexuelle Revolution
lien *m*	L8, 2	Verbindung
liens *mpl* (tisser des ~)	L4, 3	Verbindungen knüpfen
lieu *m* (au ~ de)	CE 7, 3	statt
lieu *m* d'implantation	L1 Pro	Standort
limiter	L9 I	beschränken
limites *fpl* (sans ~)	L4, 1	grenzenlos
linge *m* (blanc comme un ~)	CE 6, 1	*etwa:* weiß wie eine Wand
lion *m*	L7, 2	Löwe
lit *m* (d'un premier ~)	CE 8, 9	aus erster Ehe
local *m* / les locaux *mpl*	L1 Pro	Räumlichkeit/en
locavore *m*	L5, 3	*Person, die Produkte aus der Region isst*
loger (se ~)	L4, 3	unterkommen, eine Wohnung finden
logis *m*	L4, 3	Wohnmöglichkeit, Unterkunft
loi *f*	L4 I	Gesetz
long (de ~ en large)	L1, 1	landauf, landab
lourd/e	CE 4, 4	*hier:* schwerfällig, plump
ludique	L7, 3	spielerisch
lurette *f* (il y a belle ~) (*fam*)	CE 4, 11	schon seit ewigen Zeiten

M

M. Tout-le-monde *m*	CE 1, 11	Otto Normalverbraucher
maçon/ne *m/f*	L4 I	Maurer/in
magique	L8 I	magisch
Mahorais/e *m/f*	L1, 2	*Einwohner/in von Mayotte*
maître-mot *m*	L9, 1	das Wichtigste
maladresse *f*	L8 I	*hier:* Fauxpas
malchance *f*	CE 8, 10	Pech
mâle *m*	CE 7, 7	Männchen
malentendant/e *m/f*	L6 I	Hörbehinderte/r
malfaiteur/-trice *m/f*	L8, 2	Übeltäter/in
Malgache *mf*	L1, 2	Madagasse/-in
malgré	CE 3, 10	trotz
malheur *m*	L2, 3	Unglück
malvoyant/e *m/f*	L6 I	Sehbehinderte/r
Manche *f* (outre ~)	L3 I	jenseits des Ärmelkanals
manège *m*	L7, 3	Karussell, Fahrgeschäft
manières *fpl* (mauvaises ~)	CE 4 C	schlechtes Benehmen
manifester	L2, 2	*hier:* ausdrücken, zeigen
manifester	L7, 2	*hier:* zeigen
manque *m* de	L2, 1	Fehlen an
manquer	L3, 3	fehlen
maquette *f*	L7, 3	Modell
marée *f* noire	L9, 1	Ölpest
Marseillaise *f*	L1, 1	*französische Nationalhymne*
masqué/e	L8, 2	maskiert
matériel *m*	L3 Pro	Material
mazout *m*	L9, 1	*hier:* Rohöl
mec *m* (*fam*)	L7 I	Kerl, Typ
méchant/e	L6, 1	böse
mélancolique	L5, 1	melancholisch
mélanger	L5, 3	mischen
menacer	L8, 2	bedrohen
mener à	L9, 1	führen zu
mensonge *m*	CE 7, 3	Lüge
mental	L6 I	geistig
merde *f* (*vulg*)	CE 1 C	Scheiße
merle *m*	CE 7 C	Amsel
message *m*	L9, 1	Botschaft
Métis/se *m/f*	L1, 2	Mischling
metteur/-euse *m/f* en scène	CE 8, 9	Theaterregisseur/in
mettre (se ~ à)	L2, 2	anfangen mit
Mexique *m*	L8, 2	Mexiko
miracle *m* (comme par ~)	CE 9, 7	wie durch ein Wunder
mise *f* aux normes	L1 Pro	Anpassung an die Norm
misère *f*	L6, 1	Elend
mission *f*	L4 Pro	Aufgabe
mission *f* spatiale	L7, 3	Weltallmission
mixeur *m* (passer au ~)	L5, 3	mit dem Mixer pürieren
mobile	L2 Pro	*hier:* örtlich flexibel
mobilité *f*	L4, 1	Mobilität
mode *f* (à la ~)	L3, 1	modisch
mode *f* (passé/e de ~)	L2, 1	aus der Mode gekommen
mode *m* d'emploi	CE 2, 6	Gebrauchsanweisung
modéré/e *m/f*	L3, 1	Gemäßigte/r
monnaie *f*	L1, 2	*hier:* Währung
montée *f*	CE 1, 6	Steigung
montrer	L8, 3	zeigen, beweisen
moquer (se ~ de)	CE 4 C	sich lustig machen über
morale *f*	L8, 3	Moral, Lehre
moteur *m*	L6 I	Bewegungs-..., motorisch
moule *m*	L5, 3	(Back-)Form
moulin *m* à légumes	L5 I	Passiersieb
moustique *m*	L1, 2	Moskito
moyen/ne	L5, 3	*hier:* mittelgroß
moyens *mpl* (avoir les ~ de)	L2, 3	es sich leisten können
multitâche	L7, 1	multitasking-fähig
musulman/e	L1, 2	muslimisch
mygale *f*	L7, 2	Vogelspinne
mystérieux/-se	L7, 2	geheimnisvoll

N

natal/e	L1, 2	Geburts-...
navette *f* (faire la ~)	L3 I	pendeln
navré/e (être ~ de)	L7 I	untröstlich sein
neige *f*	L1, 1	Schnee
nettement	L3, 1	*hier:* deutlich
nettoyer	L6, 3	reinigen, putzen
nid *m*	CE 9, 7	Nest
niveau *m* de vie	L3 I	Lebensstandard
Nivernais *m*	CE 1, 6	*Gegend um die Stadt Nevers*
Noir/e *m/f* africain/e	L1, 2	Schwarzafrikaner/in
non-voyant/e *m/f*	L6 I	Nichtsehende/r, Blinde/r
Norvège *f*	L3, 3	Norwegen
nounou *f*	L2, 2	Tagesmutter
nourrir (se ~)	L5, 3	sich ernähren
nouveauté *f*	L4, 1	Neuerung
novateur/-trice	L4, 3	innovativ
nuancer	L1, 3	nuancieren
nul ne...	L9, 1	niemand
nulle part	L1 I	nirgendwo

O

objection *f*	L3, 2	Einwand
objet *m* (faire l'~ de)	L8, 2	Gegenstand sein für
obligation *f* (se voir dans l' ~)	L7 I	sich gezwungen sehen
obligatoire (être ~)	L2 I	obligatorisch, Pflicht sein
obsédé/e	L4, 1	besessen
observatoire *m*	L8, 2	Observatorium
obtention *f*	L4 I	Erhalt
occitan *m*	L1 I	Okzitanisch (Sprache)
océan *m* Indien	L1, 2	Indischer Ozean
œnologie *f*	CE 2, 5	Önologie, Lehre vom Wein(bau)
œuvre *f*	L8, 2	Werk
offre *f* promotionnelle	L5, 2	Sonderangebot
oiseau *m* aquatique	CE 1, 6	Wasservogel
oisif/-ve	L3, 1	müßig, nichtstuend
ONU *f* (Organisation des Nations Unies)	L9, 1	UNO
opérer → opération *f*	CE 4, 4	operieren → Operation
ordinaire	L2, 3	gewöhnlich
Organisation *f* Internationale de la Francophonie (OIF)	L3, 3	Internationale Organisation der Frankophonie
outre (en ~)	CE 8, 9	außerdem
ouverture *f*	L5, 2	Öffnung

P

pacte *m* d'amour	L6, 2	Liebespakt
page *f* d'accueil	L1 Pro	Webseite, Homepage
pain *m* grillé	L5, 3	getoastetes Brot
paire *f*	L2, 2	Paar
paisible	L1, 1	friedlich
palmarès *m*	L9 I	Hitliste, Ranking
paniquer	L5, 1	in Panik geraten
pantouflard/e *m/f*	L3, 1	Stubenhocker/in
paraître	L5, 1	scheinen
parc *m* à thème	L7, 3	Themenpark
parc *m* d'attractions	L7, 3	Vergnügungspark
parc *m* de loisirs	CE 1, 11	Freizeitpark
parcourir → parcouru	L9 I	fahren → gefahren
paresseux/-se	L4, 2	faul
parité *f*	L4 I	Parität, Gleichheit
part *f* (de votre ~)	L7 I	von Ihnen
participation *f*	L4, 1	Beteiligung
particulièrement	L6 I	besonders
pas *m* sur la lune	L7, 3	Schritt auf dem Mond
passer	L4, 1	*hier:* passen
passer (se ~ de)	L9, 3	entbehren
passe-temps *m*	L5, 2	Zeitvertreib
passionnant/e	CE 4, 4	faszinierend
passionnément	L6, 2	leidenschaftlich
pâte *f* brisée	CE 5, 8	Mürbeteig
patience *f*	L2, 1	Geduld
patient/e	L3 Gr	geduldig
patrie *f*	L1, 1	Vaterland
patrimoine *m*	L7, 3	Erbe
pauvre	L3, 2	arm
pavillon *m*	CE 1, 11	Einfamilienhaus
péage *m* urbain	CE 9, 2	Stadtmaut
pêche *f* à la ligne	L3, 2	Angeln
pédibus *m*	L9 I	*etwa:* Schulwegbegleiter
peine *f* (faire de la ~)	L6, 1	traurig machen
peine *f* (valoir la ~)	L2, 1	sich lohnen
peinture *f*	L2, 2	*hier:* Malen
pénible	L4, 2	anstrengend
permanent/e	L9, 2	ständig, permanent
permettre	L3, 1	hier: ermöglichen
perpétuel/le	L3, 1	ständig, dauernd
perpétuer	L1 Pro	*hier:* weitergeben
perroquet *m*	L7, 2	Papagei
perruche *f*	L7, 2	Wellensittich
personne *f* à mobilité réduite	L6 I	Gehbehinderte/r
persuader	L9, 2	überreden
perte *f*	L8, 1	Verlust
pétrole *m*	L9, 1	Erdöl
photocopieur *m*	L9 Pro	Kopierer
pièce *f* de théâtre (monter une ~)	CE 4, 4	ein Theaterstück inszenieren
pied *m* (donner un coup de ~)	CE 9, 7	einen Tritt versetzen
piger (*fam*)	L7 I	kapieren
piloter	L2, 1	steuern
pilule *f*	L4 I	(Antibaby-)Pille
pin *m*	L1, 1	Kiefer, Pinie
pion *m* (avancer son ~)	L9, 1	seine Spielfigur nach vorne bringen
piquer	CE 5, 8	einstechen
piquer (*fam*)	L6 Pro	klauen
piqûre *f*	L1, 2	*hier:* Stich
piste *f* (hors ~)	L8, 2	abseits der Pisten
pistonner (se faire ~) (*fam*)	L8 Pro	seine Beziehungen spielen lassen
place *f* (faire ~ à)	L1 Pro	weichen
place *f* (mettre en ~)	L7 Pro	einführen
plaindre (se ~)	L3, 1	sich beschweren
plainte *f* (porter ~)	L6, 2	Anzeige erstatten
planète *f*	L4, 1	Planet
plastique *m*	L9, 1	Plastik
plein de (*fam*)	CE 2, 6	viele, eine Menge
poche *f* (connaître comme sa ~)	L1, 1	wie seine Westentasche kennen
poêle *f*	L5, 3	die Pfanne
poêle-cheminée *m*	L9 I	Kaminofen
poète *m* / poétesse *f*	L1, 3	Dichter/in
poignée *f* de...	L5, 3	eine Handvoll ...
point *m* (mettre au ~)	L4 Pro	ausarbeiten
point *m* faible	L2 Pro	Schwachpunkt
point *m* fort	L2 Pro	*hier:* Stärke
poison *m*	CE 2 C	Gift

poisson *m*	L7, 1	Fisch
Pôle *m* Emploi	L8 Pro	*französische Agentur für Arbeit*
polémique	CE 9, 2	polemisch
politesse *f*	L4, 1	Höflichkeit
polluer	L9, 1	verschmutzen
pollution *f*	L3, 1	Umweltverschmutzung
polyglotte	L1 I	polyglott, mehrsprachig
polyvalence *f*	L4, 1	Vielseitigkeit
port *m*	L1, 2	Hafen
porte *f* de prison	CE 6, 12	Gefängnistor
porte-bagages *m*	L9, 3	Gepäckträger
porte-bonheur *m*	L8 I	Glücksbringer
porte-malheur *m*	L8 I	etwas, das Unglück bringt
portrait *m* (faire le ~)	CE 1, 11	das Portrait zeichnen, schildern
portrait *m* chinois	L1, 3	*Spiel, bei dem Personen verschiedene Gegenstände / Begriffe zugeordnet werden*
poste *m*	L2 Pro	Arbeitsstelle
postuler	L2 Pro	sich bewerben
potage *m*	L5 I	Gemüsesuppe
poterie *f*	L2, 1	Töpfern
potion *f* magique	L7, 3	Zaubertrank
poule *f*	CE 4, 11	Huhn
poursuivre	L8, 3	*hier:* weitersprechen, fortfahren
pousser	L1, 2	wachsen
pousser à	CE 5, 6	treiben
pousser *qn* à faire *qc*	L9 Gr	jdn dazu bringen, etw. zu tun
pouvoir *m* d'achat	L3 I	Kaufkraft
pratique *f* (mettre en ~)	L2, 1	in die Praxis umsetzen
pratiquement	L4, 1	praktisch
précaire	L4, 1	ungewiss, prekär
précédent/e	L1, 1	vorhergehend
précéder	L9 Pro	vorangehen
précieux/-se	L6, 1	wertvoll
précis/e	L2 I	präzise
préfabriqué/e	L7, 3	vorgefertigt
première *f*	L2 I	elfte Klasse
premièrement	L5, 1	erstens
prendre (comment s'y ~)	L5, 1	was soll man da machen
prestige *m*	L7, 2	Prestige, Ansehen
prêt/e (être ~)	L2, 3	bereit sein
prétentieux/-se	L1, 1	überheblich
prêter	CE 3, 11	*hier:* ausleihen
prêter	L5 Pro	leihen
prince *m* / princesse *f*	L6, 2	Prinz / Prinzessin
principe *m*	L5, 3	Prinzip
pris/e (être ~)	L7, 3	*hier:* beschäftigt sein
prison *f*	L6, 2	Gefängnis
privilegié/e	L4, 1	bevorzugt
prix *m* (à tout ~)	L3, 1	unbedingt, um jeden Preis
problème *m* (résoudre un ~)	L9 I	ein Problem lösen
prochainement	L2 Pro	demnächst
produire (se ~)	CE 4, 11	sich ereignen
profondeur *f* (en ~)	L9, 1	tief, in der Tiefe
progression *f*	L7, 2	Steigerung
projet *m*	L2 Pro	*hier:* Plan
projeter	L1, 2	planen, vorhaben
projeter	L6 I	vorführen
promis → promettre	L4, 2	versprochen → versprechen
promotion *f* (en ~)	CE 5, 6	im Angebot
promouvoir	L1 I	fördern
prononcer	CE 3, 10	aussprechen
propos *m* (à ~ de)	L8, 3	über
propre	L2, 2	*hier:* eigen
provenir de	L2, 3	von etwas kommen
provincial/e	CE 4, 4	provinziell
provisoire	L6, 1	provisorisch
provoquer	L8, 2	verursachen
prudent/e	CE 4, 8	vorsichtig
pub *f* (*fam*)	CE 5, 5	Werbung
publicitaire	L7, 1	Werbe-...
pur/e	CE 2, 6	rein

Q

quatrième *f*	L2 I	achte Klasse
Quelle drôle d'idée !	L2, 2	Was für eine merkwürdige Idee!
quitte (être ~)	CE 8, 9	quitt sein

R

raison *f*	L3, 2	*hier:* Vernunft
râler (*fam*)	L7 I	meckern
rangement *m*	L4, 1	Aufräumen
raser	CE 9, 7	*hier:* platt machen
rassurant/e	L4, 1	beruhigend
rat *m*	L3, 1	Ratte
ravi/e	L7, 3	begeistert
réalisateur/-trice *m/f*	L6, 2	*hier:* Filmregisseur/in
réaliser (un film)	CE 4, 4	*hier:* drehen
réalité *f*	L1, 1	Wirklichkeit
rebord *m* de la fenêtre	L7, 1	Fensterbank
recherche *f*	L6, 3	Forschung
récit *m*	CE 7, 3	Erzählung, Bericht
récital *m*	CE 4, 4	Konzert, Liederabend
récompense *f*	L8, 2	Belohnung
réconcilier (se ~)	L6, 1	sich versöhnen
recours *m*	L4, 1	Ausweg, Rettung
recruteur *m*	L8 Pro	Headhunter, Personalvermittler
recyclé/e	CE 1, 11	wiederverwertet
recycler (se ~)	L9, 3	*hier:* neu anfangen
redoublement *m*	L2 I	Sitzenbleiben, Wiederholen einer Klasse
redouter	L7, 3	(be)fürchten
réduire	L5, 3	reduzieren, senken
réel/le	L6, 2	real
réfectoire *m*	L1 Pro	Speisesaal
réflexe *m*	L8 I	Reflex
refuser	L1 I	ablehnen
regard *m*	L5, 1	Blick
régime *m*	CE 8, 12	Diät
registre *m* courant	L7 I	Alltagssprache
registre *m* de langue	L4 I	Sprachniveau
registre *m* familier	L7 I	(lässige) Umgangssprache
registre *m* soutenu	L7 I	gehobene (Schrift-)Sprache
régler	L9 I	*hier:* zahlen
regrettable	L6, 1	bedauerlich
régulièrement	L3, 1	regelmäßig
rejoindre	CE 7, 3	erreichen
relancer	L5, 3	(wieder) aufleben lassen
relatif/-ve à	L4, 1	betreffend
relation *f* étroite	L4, 1	enge Beziehung
relativement	L3, 1	ziemlich
relativiser	L2, 3	relativieren
relever (se ~)	L5, 1	wieder aufstehen
remarquer	L7, 1	merken
remettre (se ~ à)	L2, 2	wieder anfangen
remettre (se ~ de)	L6, 2	sich erholen von

remplacer	L9 Pro	ersetzen
renforcer	L9 I	verstärken
renoncer à	L9, 3	verzichten auf
répartir	L4 Pro	verteilen
repas *m*	CE 1, 11	Mahlzeit
repassage *m*	L2, 2	Bügeln
repasser	L2, 1	bügeln
repérer	L2 I	*hier:* herausfinden
répétition *f*	CE 5, 5	Wiederholung
reposer sur	L9 I	beruhen auf
représentant *m* permanent	L9, 1	ständiger Vertreter
reptile *m*	L7, 2	Reptil
requin *m*	CE 4, 8	Hai(fisch)
réseau *m* informatique	L3 Pro	Intranet
réseau *m* social	L6 Pro	soziales Netz
réseau *m* social professionnel	L8 Pro	berufliches Netzwerk
réserver	L7, 3	*hier:* bereithalten
résidence *f* secondaire	L3 I	zweiter Wohnsitz
résoudre (se ~ à)	L6, 2	sich entschließen
respect *m*	CE 4 C	Respekt
responsabiliser	CE 7, 7	Verantwortungsbewusstsein wecken
ressources *fpl* (plein/e de ~)	CE 3, 10	voller Initiative, belastbar
restant *m*	L2, 3	Restliches, Verbleibendes
résumer (se ~)	CE 3, 10	sich zusammenfassen lassen
retenir	CE 2, 6	*hier:* behalten, sich merken
retirer (se ~)	CE 4, 4	sich zurückziehen
retourner	L8 I	*hier:* umdrehen
retrouvailles *fpl*	CE 6, 2	Wiedersehen
réuni/e (être ~)	L4, Pro	versammelt sein
réussir	L2 Pro	*hier:* erfolgreich sein
réussite *f*	CE 9, 2	Erfolg
rêve *m*	L1, 1	Traum
revenir (faire ~)	L5, 3	andünsten
rêver de	L3, 3	träumen von
ribambelle *f* (en ~)	L9, 1	zahlreich, hintereinander
richesse *f*	CE 1, 6	Reichtum
rivalité *f*	L6, 1	Rivalität
rivière *f*	L1, 2	Fluss
rondelle *f*	L5, 3	Scheibe
rongeur *m*	L7, 2	Nagetier
ronronnement *m*	L7, 2	Schnurren
rouler	L5, 1	rollen
rupture *f*	L6, 2	Bruch

S

sable *m*	L1, 1	Sand
sac *m* à dos	L5 I	Rucksack
sac *m* de couchage	CE 9, 7	Schlafsack
sacré/e	CE 9, 7	heilig
sagesse *f*	L8, 3	Weisheit
sain/e	L5, 3	gesund, gut für die Gesundheit
Saint-Christophe *m*	L8 I	heiliger Christophorus
SAMU *m* (service d'aide médicale urgente)	L5, 1	Rettungsdienst
sang *m*	CE 7, 3	Blut
Sardaigne *f*	L1, 2	Sardinien
saupoudrer	CE 5, 8	bestreuen
sauver	L9, 1	retten
scénario *m*	L5, 1	Drehbuch
scénario *m* préfabriqué	CE 6, 7	vorgefertigtes Drehbuch
scénariste *m/f*	CE 8, 9	Drehbuchautor/in
scolaire	L2, 3	Schul-..., schulisch
scoop *m*	L8, 1	*hier:* Knüller
sculpteur *m* sur bois	L9, 3	Holzschnitzer
sculpteur/-trice *m/f*	L6, 2	Bildhauer/in
sculpture *f*	L9, 3	*hier:* Holzschnitzerei
sec/sèche	L1, 2	trocken
sécheresse *f*	L9, 1	Trockenheit, Dürre
seconde *f*	L2 I	zehnte Klasse
Secours *m* Populaire	L6, 3	*französische Wohltätigkeitsorganisation*
secret (en ~)	L6, 2	heimlich
secteur *m*	L1, 2	Sektor, Bereich
section *f* (grande ~)	L2 I	dritte Klasse Vorschule
section *f* (moyenne ~)	L2 I	zweite Klasse Vorschule
section *f* (petite ~)	L2 I	erste Klasse Vorschule
sécuriser	L9 I	sichern, sicher machen
selon	L1 Pro	nach, je nach
sembler	L2, 3	scheinen
sens *m* de l'équilibre	L2, 1	Gleichgewichtssinn
sens *m* dessus dessous	L9, 1	durcheinander
sensibilité *f*	L6, 3	Sensibilität
sentiment *m*	L2, 3	Gefühl
sentir (se ~)	L3, 3	sich fühlen
séparer (se ~)	L6, 1	sich trennen
séquence *f*	L6, 2	Abschnitt
sérieux (se prendre au ~)	L2, 3	sich ernst nehmen
serpent *m*	L7, 2	Schlange
service *m*	L2, 2	*hier:* Dienstleistung
service *m* (rendre un ~ à *qn*)	L4, 3	jdm einen Dienst erweisen
service *m* après-vente	L5 Pro	Kundendienst
servir	CE 2 C	servieren
servir (se ~ de)	L5, 2	*hier:* sich bedienen
sexe *m*	L4 I	Geschlecht
sexualité *f*	L4, 1	Sexualität
Si c'était à refaire...	L2, 2	Wenn ich nochmal von vorne anfangen könnte ...
Si j'étais toi...	L2, 2	Wenn ich du wäre ...
Sicile *f*	L1, 2	Sizilien
sida *m*	L4, 1	AIDS
siffler	L7, 2	pfeifen
sigle *m*	L7, 1	Abkürzung
signal *m* sonore	CE 6, 7	Gong, Tonsignal
signaler	L5, 2	signalisieren
signe *m*	L4, 1	Zeichen
signe *m* (faire ~)	L7, 3	Bescheid sagen
signer	L1 I	unterschreiben
simplicité *f*	CE 5, 6	Einfachheit
simplicité *f* volontaire	L9, 3	bewusst gewählte Einfachheit, Natürlichkeit
sixième *f*	L2 I	sechste Klasse (Realschule/Gymnasium)
skieur/-euse *m/f*	L8, 2	Skifahrer/in
slave	L8, 2	slawisch
soi (en ~)	L6, 1	in sich
soixante-huitard/e *m/f*	L4, 1	Achtundsechziger/in
sol *m* (marcher sur le ~)	CE 9, 7	den Boden betreten
soldes *mpl*	L5, 2	Schlussverkauf
solidaire	L4, 1	solidarisch
solitaire	L3 Pro	einsam
solitude *f*	L6, 3	Einsamkeit
sommeil *m*	CE 3, 10	Schlaf
sommet *m*	L1, 2	Gipfel
sonner bien	L8, 1	gut klingen
souci *m*	L3, 3	Sorge
soucier (se ~ de)	L9, 1	sich Gedanken machen über

souffrance *f*	L6, 3	Schmerz, Leid
souillé/e	L9, 1	verschmutzt
soulagement *m*	L8, 1	Erleichterung
souple	L9 I	flexibel
source *f* d'information	L8, 3	Informationsquelle
sourd/e	L6 I	taub
sourd/e-muet/te	CE 8, 9	taubstumm
sous *m*	CE 8, 9	Groschen
soutenir	L6, 3	unterstützen
soutien *m*	L4, 1	Unterstützung
spacieux/-euse	L4, 3	geräumig
spécial/e	L6 I	speziell, Sonder-...
spectateur/-trice *m/f*	L6 I	Zuschauer/in
spot *m*	CE 5, 5	Werbespot
standing *m*	L9, 3	(hoher) Lebensstandard
stationnement *m*	CE 7, 3	Parkplatz
statut *m* administratif	L1, 2	Verwaltungsstatus
stockage *m*	L1 Pro	Lagerung
structure *f*	L4, 1	Struktur
subitement	L5, 1	plötzlich
suggestion *f*	L5, 3	Vorschlag
suicider (se ~)	L6, 2	Selbstmord begehen
sujet *m*	L4, 1	Thema
superflu *m*	CE 7 C	Überflüssiges
superstitieux/-se	L8 I	abergläubisch
superstition *f*	L8 I	Aberglaube
supportable	L3, 1	erträglich
supporter	L6 Pro	ertragen
supposer	L8 Pro	annehmen
suppression *f* d'emploi	L3 I	Stellenabbau
sûrement	L6, 3	sicherlich
surface *f* (grande ~)	L5, 2	Einkaufszentrum
surprendre	L2, 2	überraschen
sursis *m* (avec ~)	L6, 2	auf Bewährung
système *m* de management	CE 1, 11	Management

T

table *f* ronde	L4 Pro	runder Tisch
tableau *m*	L8, 2	*hier:* Gemälde
tabou *m*	L4, 1	Tabu-...
tâche *f* domestique	L4, 3	Hausarbeit
tâche *f* ménagère	L4, 1	Arbeit im Haushalt
tactile	CE 2, 6	*hier:* haptisch
taire (se ~)	L2, 1	schweigen
tant de	L3, 3	so viel/e
tant que	L7 Pro	solange
tapisser	L5, 3	auslegen
tapisserie *f*	L6, 2	*hier:* Webtuch
tarama *m*	L5, 3	*Paste aus Fischrogen*
tatie *f* (*fam*)	L8, 1	Tante
téléachat *m*	L5, 2	Teleshopping
télécommande *f*	L7, 1	Fernbedienung
télécopieur *m*	L9 Pro	Faxgerät
téléphérique *m*	L8, 2	Seilbahn
télétravail *m*	L2 Pro	Telearbeit
tellement	L3, 1	so viel
tellement	CE 9, 7	so (sehr)
tempête *f*	L8, 2	Sturm
temps (à ~ complet)	L1 Pro	ganztags
temps *m* (en même ~ que)	L5, 1	in dem Moment, als
temps *m* (être dans l'air du ~)	L2, 1	*hier:* zeitgemäß sein
tendance *f* (être ~)	L5, 3	trendy sein
tendu/e	L6 Pro	gespannt
terme *m* (à long ~)	L2 Pro	langfristig
terminale *f*	L2 I	zwölfte Klasse / Abiturklasse
terroir *m*	L5, 3	Gegend, Landstrich
textile	L1 Pro	textil
thermique	L9 I	thermisch, Wärme-...
ticket *m* de caisse	L5 Pro	Kassenbon
ticket *m* de rationnement	L4, 1	Essensmarke
tigre *m*	CE 6, 12	Tiger
timidité *f*	L2, 1	Schüchternheit
tissage *m*	L9, 3	Weben
tisserand *m*	L9, 3	Weber
tissu *m*	L9, 3	Stoff
titre *m* (sortir un ~)	CE 4, 4	*hier:* ein Lied herausbringen
toile *f*	L8, 2	Gemälde
toit *m*	L4, 3	Dach
tomber	L5, 1	hinfallen, stürzen
tomber sur *qc/qn*	L2, 1	zufällig auf etwas / jdn stoßen
tortue *f*	L7, 2	Schildkröte
toucher	L6, 3	betreffen
tourisme *m* de proximité	L7, 3	Nahtourismus
tournage *m*	CE 4, 4	Dreharbeiten
tourner	L7, 3	drehen
tourner (se ~ vers)	L4, 1	sich wenden an
toutefois	L8, 2	jedoch
traducteur/-trice *m/f*	L3 Pro	Übersetzer/in
traduction *f*	L3 Pro	Übersetzen
traduire	L3 Pro	übersetzen
trait *m* (ayant ~ à)	L8, 2	betreffend
tranquillement	L3, 1	ruhig, in aller Ruhe
transmettre	L1, 2	übertragen
transposer	CE 8, 1	übertragen
travaux *mpl* de rénovation	L1 Pro	Renovierungsarbeiten
travers (à ~)	L6, 3	*hier:* über, mit Hilfe von
trèfle *m* à quatre feuilles	L8 I	vierblättriges Kleeblatt
trentaine *f*	L1, 2	ca. dreißig
Trente Glorieuses *fpl*	L4, 1	die 30 „goldenen" Nachkriegsjahre
tri *m* (faire un ~)	CE 6, 7	sortieren
triangle *m*	L5, 3	Dreieck
tricot *m*	L2, 1	Stricken
triomphe *m*	CE 4, 4	Triumph
tristesse *f*	L7, 2	Traurigkeit
troc *m* de compétences	L2, 2	*hier:* Tausch von Dienstleistungen
troisième *f*	L2 I	neunte Klasse
tropical/e	L1, 2	tropisch
trou *m*	L5 Pro	Loch
troupe *f* de théâtre	CE 4, 4	Theaterensemble
truc *m*	L2, 1	*hier:* Tipp
tuer (se ~)	L6, 2	*hier:* sich umbringen
turquoise	L1, 2	türkis
tyran *m*	CE 4 C	Tyrann

U

uni/e	L6, 2	vereint
uniquement	L1 Pro	ausschließlich
usager/-ère *m/f*	L9 I	Benutzer/in
usité/e	L4 I	gebräuchlich
utilisateur/-trice *m/f*	L9 I	Nutzer/in
utiliser	L9 I	benutzen
utilité *f*	L8, 3	Nützlichkeit

V

vachement (*fam*)	L7, 3	sehr
va-et-vient *m*	L3, 1	Kommen und Gehen
vague *f* (une ~ déferle)	L2, 3	eine Welle schwappt über auf ...
valable	CE 5, 6	gültig
valeur *f*	L8, 2	Wert
valorisé/e (être ~)	L2 I	*hier:* anerkannt werden
vanille *f*	L1, 2	Vanilleschote
vécu *m*	L4, 3	Erlebtes
véhicule *m* de secours	L8, 2	Rettungswagen
veille *f*	CE 9, 7	am Tage zuvor
vélo *m* d'acrobatie	L2, 1	Einrad
véritable	CE 6, 7	echt
vétérinaire *m/f*	L7, 2	Tierarzt/-ärztin
vice *m*	L6, 1	Laster
victime *f*	CE 8, 12	Opfer
victoire *f* (chanter ~)	L9, 1	jubeln
vider	L7, 1	leeren
vie *f* affective	L4, 1	Gefühlsleben
violence *f*	L1, 2	Gewalt
visible	L8 Pro	sichtbar
vision *f*	L3, 3	Sichtweise, Blick
visuel/le	CE 2, 6	visuell
vivant/e	L1, 1	lebendig
vœu *m* (faire un ~)	L8 I	sich etwas wünschen
voix *f* (à haute ~)	CE 2, 6	laut
volet *m*	L2, 2	Fensterladen
volonté *f* (bonne ~)	CE 3, 10	guter Wille
Vosges *fpl*	L1, 1	Vogesen
voter	L4 I	wählen
voyage *m* de noces	L9, 2	Hochzeitsreise
vue *f* (se perdre de ~)	CE 6, 2	sich aus den Augen verlieren

Y

yeux *mpl* (sauter aux ~)	L7, 1	ins Auge springen

Z

zapper	CE 5, 5	zappen
zone *m* libre	L4, 1	unbesetzte Zone

Die CDs enthalten alle mit dem Symbol (2 / 30) gekennzeichneten Dialoge, Hörtexte und *chansons*.

CD 1 / Track	Aktivität	Seite
Leçon 1		
1-2	activité 3 b / c	S. 15
3	exercice 6 a / b	S. 20
Leçon 2		
4	activité 1 c	S. 26
5-7	activité 2 a / b / c	S. 28
8	Info-zapping	S. 33
9-12	Objectif *Profession*	S. 34
13-15	exercice 5	S. 35
Leçon 3		
16	activité 2 a / c : Ridan : *L'agriculteur*	S. 42
17	activité 3 b	S. 44
18	Info-zapping a	S. 47
19	Info-zapping b	S. 47
20	Objectif *Profession*	S. 48
21	exercice 5	S. 50
22	exercice 9	S. 51
Leçon 4		
23-25	activité 2 b	S. 60
26-27	activité 3 d	S. 62
28	Objectif *Profession*	S. 66
29	exercice 10	S. 69
Leçon 5		
30	activité 1 b : J. Prévert : *Chez la fleuriste*	S. 72
31-32	activité 2 e	S. 74
33	Objectif *Profession*	S. 79
34	exercice 1	S. 80
35	exercice 8	S. 83
36-38	exercice 10	S. 83
Leçon 6		
39	activité 1 c	S. 86
40	activité 2 a : Bizet : *Carmen*	S. 87
41-42	Objectif *Profession*	S. 93
43-46	exercice 1	S. 94
47	exercice 4 b	S. 95
Avant d'aller plus loin.. II		
48-53	activité 1	S. 99

CD 2 / Track	Aktivität	Seite
Leçon 7		
1-3	activité 2 d	S. 104
4	activité 3 c	S. 106
5-8	Info-zapping b	S. 109
9-10	Objectif *Profession* c	S. 110
11-14	exercice 9	S. 113
Leçon 8		
15-19	activité 1 c	S. 116
20	Objectif *Profession* b	S. 123
21	Objectif *Profession* d	S. 123
22-26	exercice 2	S. 124
27	exercice 3	S. 124
Leçon 9		
28	activité 1 b : Ch. Aznavour : *La terre meurt*	S. 130
29	activité 2 c	S. 133
30	activité 3 b	S. 134
31-33	Info-zapping b	S. 137
34	Objectif *Profession* b	S. 138
35-37	exercice 5 a	S. 140
38	exercice 7 b	S. 141
Coin lecture		
39	A. de St. Exupéry : *Le Petit Prince*	S. 150
40	J.-P. Miller : *Concerto pour huîtres*	S. 151
41	M. Carême : *Le chat et le soleil*	S. 153
Test B1		
42-46	Partie A 41-45	S. 160
47	Partie B	S. 160
48-52	Partie C 56-60	S. 161

Gesamtlaufzeit: 109 Minuten
CD 1: 56 Minuten
CD 2: 53 Minuten

Sprecher:
Julien Chatelet,
Bérengère Gilberton,
Marie-Laure Gilberton,
Nicole Laudut,
Jean-Paul Millier,
Christiane Ogoubi,
David dos Santos,
Frédéric Souterelle,
Annick Terriot

Produktion:
Éditions Pilick Production,
Cergy le Haut

Tontechnik:
Jean-Paul Millier

Wir danken
Herrn Jean-Paul Millier
für die Komposition
und Interpretation der
Instrumentalmusik, des
chansons *Concerto pour
huîtres* und des Jingles.

Charles Aznavour :
„La terre meurt" aus dem
Album „Colore ma vie",
EMI, 2007

Ridan : „L'agriculteur" aus
dem Album „Le rêve ou la vie",
Epic, 2004

U2: © www.cartomedia-karlsruhe.de
Seite 11: © Nicole Laudut, Freiburg
Seite 12: von links © PantherMedia/Stephan Köhler; © Nicole Laudut, Freiburg; © PantherMedia/Manuel Lesch; © iStockphoto/thomas lambelin
Seite 13: von oben © Nicole Laudut, Freiburg; © fotolia/moonrun; © PantherMedia/Andreas Jung
Seite 14: von oben © www.welt-atlas.de; © fotolia/Papayoyo94; © Hoa-Qui/laif
Seite 15: © fotolia/Alexander Oshvintsev
Seite 17: Zeichnung © Françoise Ménager
Seite 18: © Les Confitures du Climont – www.confituresduclimont.com
Seite 19: © iStockphoto/Maybaybutter
Seite 20: © Bourgogne Tourisme – conception : Temps Réel – www.le-tour-de-bourgogne-a-velo.com
Seite 22: © fotolia/iofoto
Seite 25: © fotolia/moodboard
Seite 26: oben 1 © PantherMedia/Iris Speth; 2 © fotolia/Herby Meseritsch; 3 © irisblende.de; 4 © fotolia/pdesign; 5 © iStockphoto/Ana Abejon; 6 © fotolia/Mosquidoo; unten 1 © iStockphoto/absolut_100; 2 © PantherMedia; 3 © fotolia/Yuri Arcurs
Seite 28: © fotolia/absolute
Seite 29: von oben © iStockphoto/cjp; © iStockphoto/nikitje; © irisblende.de
Seite 30: © irisblende.de
Seite 33: © iStockphoto/bonnie jacobs
Seite 34: © iStockphoto/AdamGregor
Seite 35: © fotolia/Claudia Paulussen
Seite 39: © Fabrice CATHIER – www.dernieretage.fr
Seite 40: von oben © iStockphoto/Juanmonino; © iStockphoto/andipantz; © iStockphoto/jsnover
Seite 41: © fotolia/Oleg Kozlov
Seite 42: © Catarina Eric/Gamma/Eyedea Presse/laif; „L'agriculteur" Musik: Nadir Kouidri, Alain Luc Olivier Felix, Text: © Nadir Kouidri, © Universal Music Publ. MGB France SAS, Les Fleurs Le Beton SVL. Musik Edition Discoton GmbH (Universal Music Publishing Group, Germany)
Seite 43: von links © iStockphoto/VikaValter; © digitalstock/Behringer
Seite 44: © PantherMedia/Andrea Hilpert
Seite 45: © Catherine Patte-Möllmann, Toulouse (2)
Seite 47: von links © Associated Press/Bob Edme; © Aéroport Bergerac Dordogne Périgord
Seite 48: © irisblende.de
Seite 49: © iStockphoto/Yuri Arcurs
Seite 50: von oben © iStockphoto/Petegar; © digitalstock
Seite 51: von links © PantherMedia/Andrea Haase; © iStockphoto/stocksnapper; © iStockphoto/felinda; © fotolia/dkimages; Text aus „Une année étrangère", Brigitte Giraud © Éditions Stock, 2009
Seite 57: © Isabelle Dupasquier, München
Seite 58: von oben © Catherine Patte-Möllmann, Toulouse (2); © Nicole Laudut, Freiburg
Seite 61: Text © Béatrice Fuchs – http://damepolitiqueetlebiencommun.blog.tdg.ch
Seite 62: von links © iStockphoto/wdstock; © iStockphoto/Melbye
Seite 65: von oben © L'Humanité/Keystone-France/laif; © Air France/Guillaume Grandin
Seite 68: © imago/ZUMA/Keystone
Seite 66: von oben © fotolia/pressmaster; © iStockphoto/Angelika Stern
Seite 69: © fotolia/Richard Carey
Seite 71: © ullstein bild/sipa
Seite 72: © fotolia/Marina Lohrbach
Seite 73: © laif/RAPHO/Gilles EHRMANN; Gedicht „Chez la fleuriste", Jacques Prévert © Éditions Gallimard
Seite 74: von links © Monoprix; © MHV-Archiv
Seite 75: © Le Nouvel Observateur; Texte von oben © www.coutdefourchette.fr; © Alexis Botaya, www.guide-ecofood.fr
Seite 76: von oben © PantherMedia/Elke Elizabeth Rampfl-Platte; © fotolia/Sandra Willauer
Seite 78: 1 © Isabelle Dupasquier, München; 2 © fotolia/VIPDesign; 3 © Nicole Laudut, Freiburg; 4 © fotolia/Frédéric Combes ; 5 © Nicole Laudut, Freiburg; 6 © iStockphoto/frytka
Seite 79: © fotolia
Seite 80: von oben © laif/RAPHO/Gilles EHRMANN; © PantherMedia/Marina Bartel
Seite 82: von oben © fotolia/Jean-Marie MAILLET; © fotolia/Photosani; © PantherMedia/Henry Smits-Bode; © Nicole Laudut, Freiburg; Text aus „Les tribulations d'une caissière" von Anna Sam © Éditions Stock 2008, Seiten 65-66
Seite 83: © Nicole Laudut, Freiburg (2)
Seite 85: © Nicole Laudut, Freiburg
Seite 87: © action press/Everett Collection, INC.
Seite 89: von oben © irisblende.de; © iStockphoto/AlexRaths; © www.secourspopulaire.fr
Seite 90: von oben © www.petitsfreres.asso.com; © www.restosducoeur.org; © Fondation 30 Millions d'Amis – www.30millionsdamis.fr
Seite 92: 1 – 3 © fotolia/Onidji; unten © Association Tourisme et Handicaps; Text nach www.bretigny91.fr
Seite 94: © PantherMedia/Erik Reis; Text © Fanny Tizon pour paperblog.fr – http://www.paperblog.fr/926311/facebook-myspace-ou-copains-d-avant-a-quoi-bon-finalement
Seite 95: © fotolia/martinlee
Seite 96: © irisblende.de
Seite 99: von links © Nicole Laudut, Freiburg; © PantherMedia/Robert Kneschke; Nicole Laudut, Freiburg (2); © iStockphoto/Razvan
Seite 101: © Nicole Laudut, Freiburg
Seite 102: © irisblende.de
Seite 103: Mitte von links © digitalstock; © PantherMedia/Ina Penning; © fotolia/Mellimage; © PantherMedia; unten © Nicole Laudut, Freiburg
Seite 104: von oben © fotolia/Jason Stitt; © iStockphoto/jaroon
Seite 105: © www.parcasterix.fr; Text 1 © Delphine Dumont – NaviSurf aus www.plus-de-loisirs.com; Text 2 © AFP, 28.09.2009
Seite 106: oben von links © www.swissminiatur.ch; © www.parcasterix.fr; unten © www.eurospacecenter.be
Seite 110: © fotolia/Bastian Bartsch; Text © Le Guide du savoir vivre : tout bien dire, tout bien faire de Claudine Wayser / Ed. Solar
Seite 111: Text aus „L'Adversaire", Emmanuel Carrère, P.O.L, 2000
Seite 112: oben © fotolia/helix; unten von links © iStockphoto/dip2000; © fotolia/Mellimage
Seite 115: © Getty Images/Ojo Images/Paul Bradbury
Seite 116: oben von links © iStockphoto/mammamaart; © iStockphoto/Jacom Stephens; © Banana Stock; unten von links © fotolia/alterfalter; © PantherMedia
Seite 117 Text nach „Sud-Ouest", 11.02. 2010
Seite 118: Text © AFP, 11.02.2008; Fotos von links © irisblende.de; © Nicole Laudut, Freiburg; © PantherMedia/Martin Benik; © iStockphoto/apelletr
Seite 122: von links © fotolia/Heike Loechel; © irisblende.de; © PantherMedia; © fotolia/Photofranck
Seite 123: © MHV-Archiv
Seite 126: © picture-alliance/ Imagno/Schostal Archiv; Text aus „Mémoires d'un tricheur", Sacha Guitry, © Éditions Gallimard
Seite 129: © Randy Faris/Corbis
Seite 130: 1 © iStockphoto/Matthias Haas; 2 © iStockphoto/dickysingh; 3 © iStockphoto/Lya_Cattel; 4 © fotolia/ArTo; 5 © fotolia/mystock; 6 © fotolia/Anton Prado PHOTO; unten © action press/Bauer – Griffin LLC
Seite 131: © iStockphoto/George Clerk; „La terre meurt", Paroles et Musique de Charles AZNAVOUR © MELODIUM MUSIC
Seite 133: © Anais Laguens www.voyagespourlaplanete.com
Seite 134: von oben © fotolia/Momentum; © fotolia/meailleluc.com
Seite 135: © fotolia/contrastwerkstatt
Seite 137: von oben © fotolia/Susanne Güttler; © LPA; © ullstein bild/sipa
Seite 139: © fotolia/steve estvanik
Seite 140: © fotolia/Nikolai Korzhov
Seite 141: D'après le conte africain „L'ingénieur et la forêt sacrée" de Binda N'Gazolo
Seite 145: Text aus „35 kilos d'espoir", Anna Gavalda © Éditions Bayard, hier: Reclam-Ausgabe
Seite 146: Text aus „Le Petit Nicolas", © Éditions Denoël, 1960, 2002, by Sempé/Goscinny, hier: Reclam-Ausgabe
Seite 147: Prospekt © www.aquitaine-navigation.com; «Si», Jean-Luc Moreau aus « L'arbre perché » © Éditions ouvrières/Éditions de l'Atelier, 1980
Seite 148: Text aus „Le voyage d'Hector", François Lelord © Éditions Odile Jacob, 2002, p. 206 – 208; Zeichnung © Pef, Encyclopefdie, Éditions Gallimard jeunesse
Seite 149: Text aus « Passage du gué », Jean-Philippe Blondel © Éditions Robert Laffont, 2006; Comic Wolinski © Paris Match / Wolinski / scoop
Seite 150: Text aus „Le Petit Prince", Antoine de Saint-Exupéry, Éditions Gallimard, p. 45 – 46; Foto: © Getty Images/AFP
Seite 151: Paroles et Musique de Jean-Paul Millier, Cergy Le Haut
Seite 152: Prospekt © PETITDEMANGE, Emilie; Foto © fotolia/drx; Text aus „Nouvelles histoires pressées", Bernard Friot, © Éditions Milan Poche Junior 2007, p. 39 – 40
Seite 153: Foto © Nicole Laudut, Freiburg; „Le chat et le soleil" – extrait de „L'arlequin", Maurice Carême © Fondation Maurice Carême, tous droits réservés; Cover © www.afriquemagazine.com
Seite 154: © fotolia/Gabriel-Ciscardi; „Je suis guadeloupéen", Sonny Rupaire, © Édition Seghers
Seite 157: Text nach Michel Hutt, Journal Dernières nouvelles d'Alsace (DNA), samedi 16 janvier 2010 – www.ville-munster68.fr
Seite 162: von oben © fotolia/Foto Zihlmann; © Nicole Laudut, Freiburg
Seite 215: © www.cartomedia-karlsruhe.de

Französischsprachige Länder / Regionen

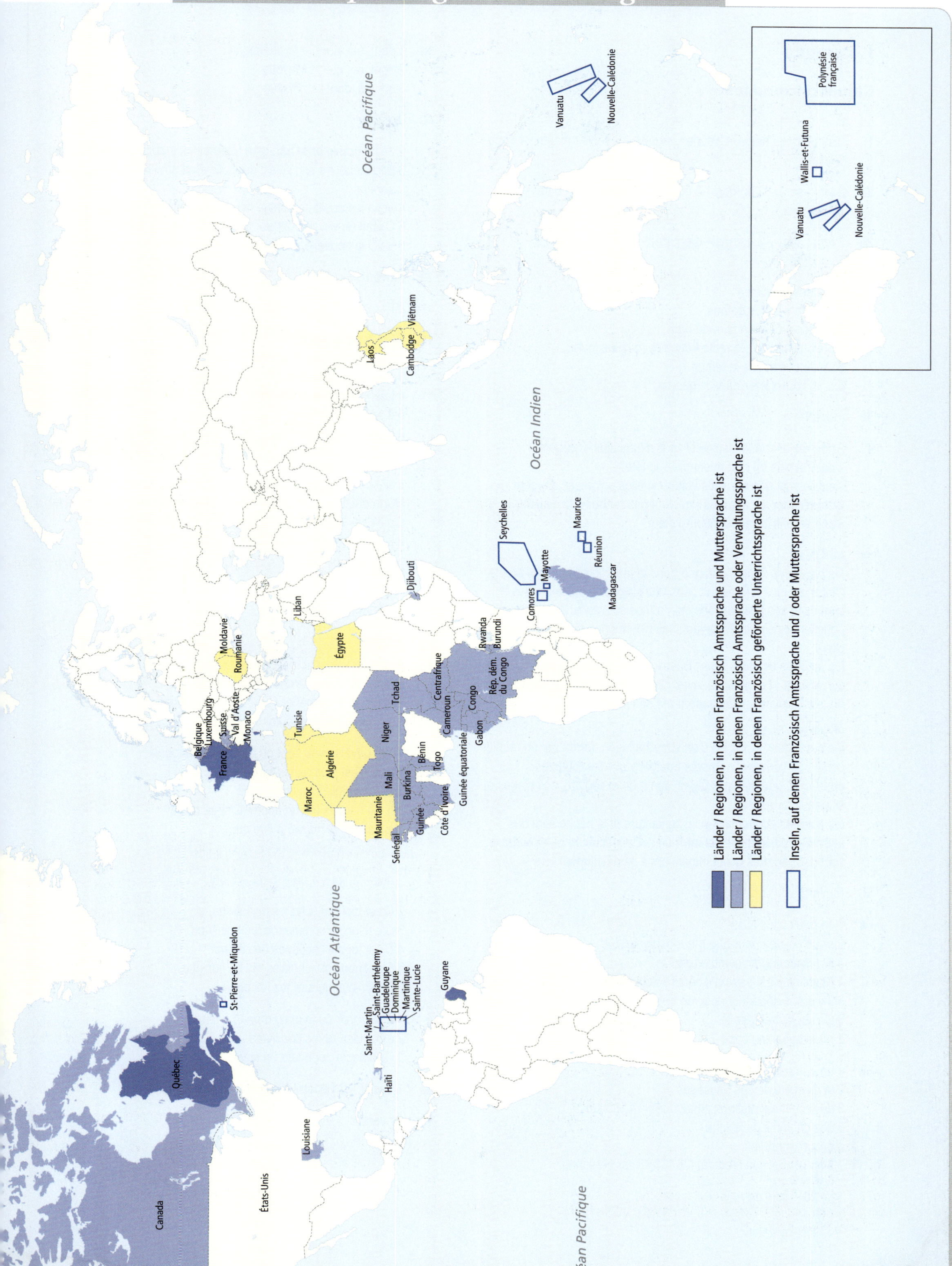

Lösungen

Cahier d'exercices

L1

1 1 montagne ; neige – 2 dune ; vagues – 3 sable ; plage – 4 pins – 5 rivière

2a 2 fera ; sera – 3 aurons – 4 pouvez – 5 viendront – 6 ira – 7 pars ; veux

2b 2 fera ; sera – 3 aurons – 4 pourrez – 5 viendront – 6 ira – 7 voudras

3a *réponses possibles*
2 … s'il n'y a plus de bus.
3 S'ils continuent à faire du bruit, …
4 Si vous écoutez la radio française tous les jours, …
5 … si nous avons le temps.
6 … si vous venez dans le quartier.

3b (ouvert)

4 2 pourrez aller à la piscine si vous n'êtes plus malade/s.
3 partirai plus tôt si je m'ennuie à la fête.
4 achèteront une nouvelle voiture si elles ont assez d'argent.
5 dormira sur le canapé s'il ne veut pas rentrer à la maison.
6 annulerons la randonnée s'il pleut.

5a ***La Corse***
les paysages : une montagne dans la mer ; le sommet (le Monte Cinto) atteint 2710 mètres ; ses 200 plages de sable fin, ses criques et ses falaises, ses montagnes sauvages, ses forêts où poussent pins et châtaigniers, ses rivières aux piscines d'eau claire.
les activités économiques : Bastia, centre économique dynamique ; Le tourisme, avec plus de 2 millions de visiteurs par an, est l'activité la plus importante de l'île de Beauté.
Mayotte
les paysages : entourée d'un superbe lagon, formé par un récif de corail ; un véritable « paradis tropical » que les touristes apprécient pour ses paysages, sa faune et sa flore, ses plages et ses eaux turquoise.
les activités économiques : L'agriculture et la pêche sont des activités traditionnelles et familiales. L'aquaculture et le tourisme sont des secteurs qui commencent à se développer.

5b (ouvert)

6a 1 Je peux vous aider ?
2 Vous pouvez peut-être me renseigner ?
3 Et l'itinéraire fait combien de km ?
4 Alors, ce n'est pas un itinéraire trop difficile ?
5 Il y a des dépanneurs sur le trajet ?
6 Ça vous intéresse ?
7 Vous avez une carte ?

6b 1 un des plus beaux d'Europe
2 la diversité de ses paysages
3 de nombreux oiseaux aquatiques – 4 180 km
5 des chemins de halage
6 peu de montées
7 bien vérifier son matériel – 8 433 € par personne

7 1c – 2a – 3d – 4e – 5b

8a 1 dont, qui, dont → le châtaignier
2 dont, où, qui → Mayotte
3 qui, où, dont → l'Alsace

8b (ouvert)

9 2 Je ne trouve pas l'annuaire téléphonique dont j'ai besoin.
3 Elle a épousé son voisin dont elle était amoureuse depuis des années.
4 Voilà les dossiers dont je m'occupe personnellement.
5 C'était un voyage extraordinaire dont il parle encore.
6 Voici la nouvelle stagiaire dont je vous ai parlé hier.

10 (ouvert)

11a 1 F – 2 F – 3 V – 4 F – 5 V – 6 F

11b 1 le Français moyen
2 essayer de faire le portrait-robot
3 Les parcs de loisirs affichent complet.
4 Les Français grandissent.
5 Il possède 4 pièces.
6 Il consacre 15 min à son petit déjeuner.

11c *réponse possible*
L'allemand moyen est plus grand (1,78 m), ses enfants s'appellent Marie et Leon, il produit 173,4 kg de déchets par an.
(*source p. ex.* : http://www.lisa-freundeskreis.de/magazin/top-thema/im-durchschnitt-die-deutschen-in-der-statistik)

12 (ouvert)

13 1 montagne ; c – 2 mer ; a – 3 forêt ; b

L2

1 1 faire du vélo d'acrobatie / de la poterie
2 repasser des chemises / des pantalons
3 apprendre un métier / une langue étrangère
4 savoir se taire / écouter les autres

2 1 a je devais avoir sept ou huit ans à l'époque
b ce n'est plus dans l'air du temps
2 a Vous n'allez pas me croire
b Ça n'a pas été un apprentissage facile
3 a J'ai passé ma vie à dire oui.
b Il y a quelques années, je suis tombé sur…

3 2 que – 3 qui – 4 qu' – 5 qu' – 6 qui

4 2 C'est moi qui écris les invitations.
3 C'est lui qui commande les boissons.
4 C'est toi qui t'occupes des fleurs.
5 C'est nous qui choisissons la musique.
6 C'est vous qui prenez les photos.

5 1 à se servir de la main droite ; à l'école
2 à bricoler ; avec des livres
3 l'œnologie ; pendant un stage

6a 1 auditif – 2 visuel – 3 tactile – 4 communicatif

6b (ouvert)

7 j'étais ; tu serais
vous aviez ; nous aurions
tu parlais ; je parlerais
on finissait ; ils finiraient
je faisais ; vous feriez
elle allait ; on irait
nous prenions ; je prendrais

8 1 Si j'habitais à la campagne, j'aurais un chien. / J'aurais un chien si j'habitais à la campagne.
2 S'il faisait beau, ils iraient à la plage. / Ils iraient à la plage s'il faisait beau.
3 Si tu avais le temps, on pourrait aller au cinéma. / On pourrait aller au cinéma si tu avais le temps.
4 Si vous pouviez nous aider, ce serait bien. / Ce serait bien si vous pouviez nous aider.

9 *réponses possibles*
2 Si vous veniez nous voir,
3 vous auriez plus de temps pour vos loisirs.
4 Si tu faisais plus de sport,

10 1 Ce cours connaît aujourd'hui un énorme succès. / rencontre un grand succès.
2 La France, elle, ne semble pas encore prête à enseigner cette matière dans ses écoles.
3 Personne n'est heureux de la même façon ni des mêmes choses. / Le bonheur est subjectif et difficile à définir.
4 Les 50 % restants dépendraient de notre mode de vie et surtout de nos efforts personnels.

11 1b – 2a

L3

1 *solutions possibles*
2 ~~le béton~~ → la campagne
3 ~~les transports~~ → le théâtre
4 ~~l'entraide~~ → les embouteillages
5 ~~le soleil~~ → le chien
6 ~~la boutique~~ → l'appartement

2a 1 prochaine
2 discrète
3 merveilleuse
4 facultative
5 ponctuelle
6 européenne

2b 1 douce – 2 longue – 3 sèche – 4 folle

3a 1 longue
2 officiel / officiellement
3 discret / discrètement
4 agréable / agréablement
5 parfait / parfaite
6 rapide / rapidement

3b 1 agréablement
2 longuement
3 parfaitement
4 officiellement
5 discrètement
6 rapidement

4 2 ~~complètement~~ – 3 actuel – 4 rare – 5 chaleureusement – 6 calme

5a 2 – 4 – 5

5b *ce qui pourrait lui manquer* : les sorties, les musées, la culture, ses amis.
ce qu'elle ne regrettera pas : le temps perdu dans les transports en commun ou les embouteillages, la mauvaise humeur des gens, le climat horrible.

6 (ouvert)

7a 2 <u>Wetter</u> – 3 <u>Befehl</u> – 4 <u>verdienen</u> – 5 <u>stehlen</u>

7b 1 le bouchon / (ouvert)
2 le souvenir / (ouvert)
3 la bourse / (ouvert)

8 2 Celui – 3 Ceux – 4 celle – 5 celles – 6 celle

9 3 – 4 – 1 – 2

10a 1 en Allemagne / dans une gare
2 Laura / ses parents / Mme Bergen
3 grande / belle
4 fatiguée / déterminée
5 17 ans / perfectionner son allemand

10b (ouvert)

11 1 à mi-temps
2 chef / pas d'accord
3 travail plutôt solitaire
4 m'occupe du
5 a mis / à ma disposition
6 Que du

12 1c – 2a – 3d – 4b

L4

1 *verticalement*
1 divorcer – 2 compagnon – 3 électricité – 4 veuve – 5 précaire – 6 guerre

horizontalement
5 polyvalence – 7 mobilité – 8 retraite – 9 sida – 10 mur – 11 chômage

2 2 La voiture était en panne, j'ai essayé de la réparer, j'ai finalement appelé Auto-dépannage.
3 J'ai commandé une soupe à l'oignon. Elle était trop salée et j'ai réclamé auprès du serveur.
4 J'avais rendez-vous. Il y avait une grève des bus, j'ai pris un taxi.

3 (ouvert)

4 1 Jacques Brel naît…
2 À 18 ans, il monte…
3 À partir de 1952…
4 En 1957, c'est…
5 En 1964, il sort…
6 Il réalise son premier film…
7 En 1974, il est opéré…
8 Brel meurt à Paris…

5 (ouvert)

6 1 -e – 2 -iez – 3 -ent – 4 -e – 5 -ions – 6 -es

7 1 que je travaille ; qu'il travaille ; que nous travaillions
2 qu'elle lise ; que nous lisions ; qu'ils lisent
3 que tu boives ; que vous buviez ; qu'ils boivent
4 que je sois ; qu'il soit ; que vous soyez
5 que je fasse ; qu'elle fasse ; que nous fassions
6 que tu aies ; qu'il ait ; que vous ayez

8 2 finisses – 3 vienne – 4 sois – 5 reçoivent – 6 rencontriez

9 1 passiez – 2 prenne – 3 va – 4 fassiez – 5 rentriez – ai

10a *réponses possibles*
1 La dame n'est pas très sympathique.
2 La chambre est petite.
3 Elle est sombre / n'est pas très claire.
4 Utiliser la cuisine pose un problème.
5 Il y a beaucoup de petits services à rendre.

10b (ouvert)

11 1 Quand les poules auront des dents.
2 Il y a belle lurette.
3 Il a fait son temps.

L5

1a texte 2

1b 1 La fleuriste lui conseille de prendre des roses rouges.
2 Il découvre qu'il n'a pas d'argent.
3 Il veut acheter des fleurs pour sa femme.

2 en allant
nous voyons ; en voyant
nous surfons ; en surfant
nous faisons ; en faisant
nous choisissons ; en choisissant

3 1 … pendant qu'elle conduit
2 Si tu vas sur le Net…
3 … quand je suis sorti du restaurant
4 … parce qu'il a fait du sport
5 (ouvert)

4 *réponses possibles*
2 en comparant les prix / en n'achetant que des choses utiles
3 en lisant les journaux / en écoutant la radio
4 (ouvert)

5a *pour la pub* : Une soirée devant la télé sans pub, c'est très ennuyeux. – Ça permet de bouger un peu, d'aller chercher quelque chose ou de faire pipi. – Ça permet aussi de découvrir de nouveaux produits. – Certains spots sont très drôles et très créatifs. – En petite quantité, c'est cool et ça détend.

contre la pub : Ces pubs à répétition, c'est l'horreur. – Pendant les films, c'est énervant. – Le film finit plus tard. – Quand on doit se lever tôt, comme moi, c'est nul. – Les coupures sont trop longues et il y en a trop. C'est gênant pendant les films.

5b (ouvert)

6a 2 – 5

6b 9 cadeaux publicitaires : un doudou-chat – un jeu de fléchettes – un compotier en plexi – un voyage à Eurodisney – un lecteur DVD portable – un chèque-cadeau – un jeu de 54 cartes – un nounours en polyester – un appareil à fondue'
(ouvert)

6c (ouvert)

7 1 Il y a *plus* de plages en France qu'en Allemagne.
3 Les Allemands consomment *plus* de bière que les Italiens.
4 En France, on boit *moins* de champagne que de vin.
6 (ouvert)

8a 7 à 8 pommes : Reinette ou Boskop
4 à 5 cuillères de gelée de coings ou de confiture de votre choix
70 g de sucre en poudre
le jus d'un citron
20 g de beurre

8b 1 étaler – 3 éplucher – 4 couper – 5 ajouter – 6 sortir – 7 tapisser – 8 disposer – 10 faire cuire

9 (ouvert)

10 2 – 3 – 1
dialogue n° 1 : l'ami du client a déjà le livre.
Le vendeur ne peut rien faire. Il manque le ticket de caisse.
dialogue n° 2 : la cliente est allergique à l'angora.
Elle peut échanger le pull.
dialogue n° 3 : la voiture du client fait un drôle de bruit.
Le garagiste propose un autre contrôle.

11 1 Pierre veut tout à la fois.
2 Alex fait des économies.
3 Dès qu'il a de l'argent, Léo le dépense.

L6

1 1 Elle est tombée ; elle était rouge comme une tomate.
2 la jalousie ; Ça me rend folle.
3 la peur ; une voiture n'a pas respecté le stop.
4 la joie ; bon entretien d'embauche ; je suis aux anges.

2a 2 ligne 5 ; vrai – 3 ligne 6 ; vrai – 4 ligne 14 ; vrai – 5 ligne 15 ; faux

2b (ouvert)

2c (ouvert)

3 preniez – sortes – ayez – dormes – dorment – soient – sortions – aient – finissent – se repose – se reposent

4a 1 puisse – 2 partions – 3 fasse – 4 réussisse

4b A3 – B1 – C4 – D2

5 (ouvert)
subjonctif pour 1, 2, 3, 5

6 1 amours adolescentes
2 amours conjugales
3 amours assassines
4 amours intellectuelles
5 amour à la folie
6 amour de conte de fées
7 amours interdites

7a 1b – 2e – 3a – 4f – 5d – 6c

7b (ouvert)

8a 1 y – 2 en – 3 y – 4 en – 5 en – 6 y

8b (ouvert)

9 *réponses possibles*
1 y ; aux devoirs de français
2 en ; d'argent
3 y ; au foot
4 en ; du ménage
5 en ; d'un thé chaud
6 (ouvert)

10a *expressions relatives à la souffrance* : enfants handicapés, personnes âgées et hospitalisées ; oubliés des vacances; les personnes vivant avec le diabète ; au moment des fêtes, la solitude est encore plus durement ressentie ; aident 840 000 personnes à s'en sortir; vous n'avez pas peur de nettoyer leurs cages, de les nourrir… ni de les laisser partir.

expressions relatives à l'aide recherchée : vous accorderez quelques heures par semaine à tous ceux qui ont envie et besoin d'être distraits et d'oublier un peu leur souffrance ; L'organisation cherche des bénévoles pour les encadrer ; Grâce à votre don vous aiderez ; Mettez votre empathie et votre temps au service de ces personnes isolées en partageant avec elles un repas de fin d'année ; Vous pouvez y contribuer en faisant un don ; Contactez-nous

10b (ouvert)

11 (ouvert)

12 1 a une patience d'ange.
2 est mauvaise langue.
3 est jaloux comme un tigre.
4 est aimable comme une porte de prison.

L7

1 1 imparfait : était ; était organisée
2 futur simple : sera ; sera organisée
3 futur proche : va être ; va être organisée
4 conditionnel présent : serait ; serait organisée
5 passé composé : a été ; a été organisée

2 1 a été annulée
2 est utilisé
3 a été fabriqué
4 est annoncé
5 ont été invités
6 est parlé

3a Il allait tous les jours à L'OMS. Il prenait [la route] de Gex et Divonne. Il s'arrêtait dans une maison de la presse. Il achetait une brassée de journaux. Puis il allait les lire.
Il se garait sur un parking. Il restait là des heures, lisant, prenant des notes, somnolant. Il déjeunait d'un sandwich.
Il continuait à lire l'après-midi. Il flânait en ville. Il allait dans le Jura. Il suivait la route en lacets. Il prenait un verre. Il marchait dans les bois.

3b (ouvert)

4 1 Personne n'a nettoyé l'aquarium.
2 On livrera la marchandise ce soir.
3 Nous avons vendu tout le matériel.
4 Quelqu'un a volé les bagages des touristes.

5 1 ce qui – 2 ce qui – 3 ce que – 4 ce qui – 5 ce que – 6 ce qu'

6 2 Ce qui – 3 Ce que – 4 Ce qui – 5 Ce que
fin des phrases : (ouvert)

7 (ouvert)

8 (ouvert)

9a 1 Et ton boulot, ça marche ?
3 Je cherche un appart. Tu connais pas quelqu'un qui louerait à une étudiante ?
4 Bon, moi, j'suis crevé, j'vais m'coucher. Bonne nuit tout le monde.
2 J'en ai ras le bol de ce truc. J'crois que j'vais arrêter.

9b 1 (le) boulot
2 j'en ai ras le bol : j'en ai assez
3 (l')appart : l'appartement
4 crevé : fatigué.

10 2 Il s'appelle comment ? ; Comment est-ce qu'il s'appelle ?
3 Qu'est-ce qu'il mange ? ; Que mange-t-il ?
4 Il dort où ? ; Où dort-il ?

11a 1 un appétit d'oiseau
2 une fièvre de cheval
3 une mémoire d'éléphant
4 un caractère de cochon

11b (ouvert)

L8

1 2 dit qu'on lui a volé son portefeuille.
3 dit qu'il a vu le voleur.
4 et 5 disent qu'ils veulent parler au commissaire.

2 2 … comment va se passer son entretien d'embauche.
3 … où il sera dans un an.
4 … pourquoi sa femme est partie.
5 ce qu'il fera demain.

3b la joie : 2, 5
l'étonnement : 4
l'énervement : 3, 6

4 1d – 2c – 3e – 4b – 5a

5 *réponses possibles*
1 … était arrivée en avance.
2 … tout le monde était déjà parti.
3 … parce qu'elle était tombée en panne.
4 … nous nous étions renseignés sur les curiosités touristiques.

6 *horizontalement :*
2 alerte – 3 inondation – 5 cyclone – 7 incendie – 10 malfaiteur
verticalement :
1 catastrophe – 4 avalanche – 6 meurtre – 8 policier – 9 dérober

7a 2

7b (ouvert)

8 1 Où – 2 Pourquoi ? – 3 Comment ? – 4 Qui ? – 6 Quand ? – 7 Lequel ? – 8 Combien d'enfants ? – 9 Qu'est-ce que ?

9a Sacha Guitry a perdu toute sa famille à l'âge de douze ans. Un vol lui a sauvé la vie.

9b (ouvert)

9c *passé composé* : je suis né, tu as volé
passé simple : laissa
imparfait : tenaient, laissait
plus-que-parfait : j'avais volé, avait cueillis

10 (ouvert)

11 (ouvert)

12 1c – 2b – 3d – 4a
3 Bientôt l'été : quel régime est vraiment efficace ?
1 En exclusivité : Britney Spears victime de la grippe A
4 La nouvelle grippe ressemble à celle de 1918 et pourrait tuer autant de personnes.
2 Cet automobiliste roulait sans permis depuis... 1997.

L9

1a 1 poubelles – 2 détritus – 3 nucléaire – 4 terre – 5 pétrole – 6 disparition – 7 couche – 8 marées – 9 mazout – 10 sécheresse

1b (ouvert)

2a 1 Le but est de limiter la pollution dans les grandes agglomérations.
2 Singapour
3 C'est une réussite : le trafic routier diminue, la pollution aussi et l'argent du péage permet de financer un nouveau réseau des transports publics.
4 La France fait des expérimentations mais n'a pas encore vraiment introduit ce système.

2b (ouvert)

3a afin que, bien que, pour que, avant que

3b 1 pour que – 2 parce que – 3 avant que – 4 si, bien que – 5 Pendant que – 6 lorsque

4 (ouvert)

5a 1 Il est curieux et aime voyager seul.
2 Ils ne parlent pas l'anglais et préfèrent donc voyager en groupe avec un guide.
3 Il n'est pas curieux et choisit les voyages organisés.

5b (ouvert)

6 1 la vôtre – 2 la sienne – 3 la leur – 4 les leurs – 5 le sien – 6 les miens

7a *pays francophones d'Afrique* :
Burkina Faso, Tchad, Guinée, Sénégal, Côte d'Ivoire, Congo, Gabon, Cameroun…

7b 1 Magbonga, un ingénieur, un arbre, un oiseau
2 en Afrique, au Cameroun ?
3 Magbonga rase la forêt mais elle repousse, il découvre le mystère de la forêt, il tue et mange l'oiseau magique, il meurt.

7c (ouvert)

8 (ouvert)

9 (ouvert)

10 1 Quand les éléphants se battent, c'est l'herbe qui souffre : b
2 Pour qu'un enfant grandisse, il faut tout un village : c
3 Tous les Blancs ont une montre mais ils n'ont jamais le temps : a

Avant d'aller plus loin... I

Grammaire

1a que – dont – où – qui

1b (ouvert)

2 *réponses possibles*
2 Si je gagnais au loto, j'irais vivre à l'étranger.
3 Si je parlais espagnol, j'irais en Amérique Latine.
4 Si je n'avais pas d'enfants, je m'ennuierais.

3 1 patiemment – 2 mal – 3 actuellement – 4 complètement – 5 bien – 6 couramment

Avant d'aller plus loin... II

1 1 colocation
2 une réunion
3 habitudes alimentaires
4 demande de remboursement
5 collègue désagréable
6 rencontre coup de foudre

2 (ouvert)

3 1 J'en ai marre de tout ce bruit, il va falloir déménager si ça continue.
2 Mais calme-toi, c'est bientôt fini.
3 Tu permets que je finisse ma phrase ?
4 Je n'ai pas d'avis sur la question.
5 C'est vrai ? Ce n'est pas possible !
6 Quel dommage qu'ils ne puissent pas venir.

4 *réponse possible*

Salut Marine
J'ai retrouvé ton adresse mail et je voulais reprendre contact avec toi depuis longtemps : c'est fait ! Qu'est-ce que tu deviens ? Comment vas-tu ?
De mon côté, pas grand-chose de nouveau…

5 (ouvert)

6 (ouvert)

7 1 … en achetant
2 … en attendant
5 … en allant

8 1 en – 2 y – 3 y – 4 y – 5 en – 6 en

Avant d'aller plus loin... III

1a *réponses possibles*
3 Tu préfères lire des romans ou des documentaires ?
4 Si ce sont des romans : quel genre de roman ?
5 Quels sont les thèmes qui t'intéressent le plus ?
6 Où / Quand est-ce que tu lis en général : au lit, dans le métro ?

1b et **c** (ouvert)

2a ***Texte A*** **: Anna Gavalda, *35 kg d'espoir***
3 personnages : « je » c'est-à-dire le petit garçon et ses parents – pas d'informations sur le lieu et l'époque où se déroule la scène – ton parfois familier, plutôt sérieux – phrases courtes et longues – vocabulaire simple dans l'ensemble – présent, passé composé, imparfait, passé simple – l'école, l'enfance
L'auteur : romancière française née le 3.12. 1970 à Boulogne-Billancourt, professeur de français. Troisième roman de la romancière, paru en 2002, *35 kilos d'espoir* est son unique tentative, à ce jour, dans la littérature jeunesse. La plupart des ses nouvelles et romans sont devenus des best-sellers.

Texte B **: Goscinny et Sempé, *C'est papa qui décide***
3 personnages : Papa, Maman, Nicolas – pas d'informations sur le lieu et l'époque où se déroule la scène – ton vivant et drôle – phrases longues dans le récit, phrases courtes dans les dialogues – vocabulaire assez simple – présent, passé composé, imparfait, conditionnel présent, futur proche – les vacances, l'enfance
L'auteur : écrivain, humoriste et scénariste de bande dessinée française, né le 14 août 1926 à Paris et mort le 5 novembre 1977 ; créateur d'Astérix, du Petit Nicolas et principal scénariste de Lucky Luke.

2b, c, d, e (ouvert)

Test B1

1 **Partie A**
1d – 2h – 3i – 4f – 5e

1 **Partie B**
6b – 7b – 8c – 9a – 10c

1 **Partie C**
11a – 12c – 13l – 14d – 15 f – 16 b – 17h – 18 i – 19g – 20j

2 **Partie A**
21l – 22e – 23j – 24n – 25a – 26g – 27c – 28m – 29k – 30d

2 **Partie B**
31b – 32b – 33b – 34a – 35a – 36b – 37a – 38b – 39b – 40a

3 **Partie A**
41 faux – 42 vrai – 43 vrai – 44 faux – 45 faux

3 **Partie B**
46 (+), 47 (–), 48 (+), 49 (+), 50 (–), 51 (+), 52 (+), 53 (–), 54 (–), 55 (+)

3 **Partie C**
56 (+), 57 (–), 58 (–), 59 (+), 60 (–)

4 *réponse possible*

Lieu, Date

Madame, Monsieur

J'ai trouvé votre annonce sur www.petitjournal.com et elle m'intéresse beaucoup car je suis étudiante en langues à Paris et voudrais perfectionner mon allemand. Je souhaiterais encore avoir quelques informations complémentaires :
– L'appartement est situé à quel étage ? Y a-t-il une terrasse ou un balcon ?
– Qui sont les trois autres étudiants et que font-ils ?
Bien cordialement

5 **Parties A, B, C** (ouvert)

Leçon 3 – solutions du test, p. 40

Additionnez vos points à l'aide de la grille ci-dessous :

1) A = 0	B = 1	C = 2
2) A = 1	B = 0	C = 2
3) A = 0	B = 1	C = 2
4) A = 1	B = 0	C = 2
5) A = 0	B = 1	C = 2
6) A = 0	B = 2	C = 1
7) A = 2	B = 1	C = 0
8) A = 0	B = 1	C = 2